Lisa Herzog

Freiheit gehört nicht nur den Reichen –

Plädoyer für einen zeitgemäßen Liberalismus

C.H.Beck

Originalausgabe

© Verlag C.H.Beck oHG, München 2013
Satz: Druckerei C.H.Beck, Nördlingen
Druck und Bindung: Pustet, Regensburg
Umschlagentwurf: Kunst oder Reklame, München
Printed in Germany
ISBN 978 3 406 65933 1

www.beck.de

Inhalt

I.

Einleitung: Kann man heute noch liberal sein wollen?

Was hat «Liberalismus» mit «Freiheit» zu tun?

«Free at last!» Damit endet die berühmte Rede von Martin Luther King «I have a dream». Zahlreiche Songs wurden seitdem so genannt, und die Zahl der Gedichte, Lieder und Bilder, die allgemein von der Freiheit handeln, ist noch viel größer. Der Traum von einem freien Leben, ohne Zwang und Knechtschaft, ist so alt wie die Menschheit selbst. Was aber bedeutet es, im Deutschland des 21. Jahrhunderts ein freies Leben zu führen? «Frei» zu sein darin, was man tun oder lassen will? «Frei» von existenziellen Sorgen um die Zukunft zu sein? Genügend «freie» Zeit zu haben, um sich eigenen Interessen widmen zu können? «Frei» zu sein, sich politisch zu engagieren, oder auch, es bleiben zu lassen? Ein freies Leben hat viele Dimensionen, und ein wichtiger Aspekt von Freiheit ist gerade, dass jeder und jede Einzelne selbst entscheiden kann, wie er oder sie von diesen Dimensionen Gebrauch machen möchte.

In politischen Kontexten werden Ideen oder Maßnahmen, die sich auf Freiheit beziehen, mit dem Begriff «liberal» beschrieben – zumindest ist dies die ursprüngliche Bedeutung des Wortes. Was «liberale» Politik aber heute bedeuten kann und was sie mit einem «freien» Leben zu tun hat, ist alles andere als klar. In einem kulturellen Sinn meint «liberal» oft ganz allgemein eine gewisse Toleranz gegenüber den Weltanschauungen anderer Menschen. Vor allem aber galten in den letzten Jahren Positionen in der Wirtschaftspolitik als «liberal» – Märkte wurden «liberalisiert», Handelshemmnisse abgeschafft oder Steuern gesenkt. Fast alles, was dem Zurückfahren der

Staatsquote diente, wurde in die Schublade «liberal» gesteckt. Insgesamt aber hat sich der Begriff verwässert. Befragt, was der Begriff «liberal» bedeutet, nennen Menschen in Deutschland eine ganze Reihe von Punkten: nicht nur die Verwirklichung von Freiheit, sondern zum Beispiel auch den Abbau von Einkommensunterschieden, die Einführung von Mindestlöhnen oder die Förderung junger Familien.[1] Was hat all dies damit zu tun, dass die Mitglieder einer Gesellschaft ein Leben führen können, das man als «frei» beschreiben würde?

Dieses Buch – ein «Essay» im ursprünglichen Sinne des «Versuchs» – ist ein Plädoyer dafür, «Liberalismus» wieder so zu verstehen, dass er sich an der Idee eines freien Lebens orientiert und diese als Grundlage der Politik sieht. Dabei möchte ich ein Verständnis des Liberalismus entwickeln, das der heutigen Welt gerecht wird. Den Vorschlag dazu nenne ich «komplexen Liberalismus». Er ist ein Plädoyer dafür, die Freiheit aller Menschen, ihr Recht auf ein selbstbestimmtes Leben, als zentralen Wert der Moderne ernst zu nehmen, trotz all des Missbrauchs, der mit diesem Begriff getrieben wurde. Und er ist ein Plädoyer dafür, sich von alten Denkmustern zu verabschieden und beim Nachdenken über Freiheit neue Wege zu gehen. Denn sowohl das, was unter Freiheit verstanden wird, als auch die Wege zu einer freiheitlichen Gesellschaft müssen mehrdimensionaler gedacht werden, als dies in der Vergangenheit der Fall war. Die zentralen Ideen des Liberalismus haben eine lange Geschichte, doch nicht alles, was im 18. oder 19. Jahrhundert dazu gedient hat, ein freies Leben zu ermöglichen, tut dies auch heute noch.

Im Mittelpunkt meiner Überlegungen steht die Frage danach, was ein zeitgemäßer Liberalismus für die wirtschaftliche Ordnung einer Gesellschaft bedeuten kann. Über diesen Aspekt des Liberalismus hat es vielleicht in den letzten Jahrzehnten die meisten Missverständnisse gegeben. Und weil wirtschaftliche Fragen eng mit politischen, sozialen und kulturellen Fragen verknüpft sind, hat er weitreichende Auswirkungen auf das Verständnis des Liberalismus insgesamt. Karl Marx mag in vielem falsch gelegen haben, aber eine seiner zentralen Einsichten gilt bis heute: Wenn man die ökonomischen Strukturen, die sozialen Phänomenen zugrunde liegen, nicht berücksichtigt, läuft man Gefahr, in naiven Utopismus abzugleiten.

Ich will einige der zentralen Stränge vorwegnehmen, um die es im Folgenden gehen soll: Ich werde diskutieren, was es bedeutet, ein realistisches Menschenbild – aber gerade *nicht* den berüchtigten «Homo oeconomicus» – als Grundlage einer liberalen Theorie zu verwenden. Anschließend soll es darum gehen, welche Facetten von Freiheit ein zeitgemäßer Liberalismus beachten muss. Dabei ist es jedoch wichtig, nicht von vereinfachten Denkmodellen auszugehen, die der Komplexität heutiger Gesellschaften nicht gerecht würden; deshalb muss ein zeitgemäßer Liberalismus die Einsichten der Psychologie und der Soziologie ebenso ernst nehmen wie die der Ökonomie. Und schließlich muss sich ein Liberalismus, der im 21. Jahrhundert zukunftsfähig sein will, davon verabschieden, dass «mehr Freiheit» auch ein «Immer-mehr» an materiellen Gütern bedeutet. Das Bild, gegen das ich anschreibe, ist das einer Frontstellung von Markt und Staat, in der der Markt ausschließlich als Reich der Freiheit und der Staat ausschließlich als Reich von Zwang und Unterwerfung gesehen wird. So wichtig dieses Bild in bestimmten historischen Epochen gewesen sein mag – heute läuft es Gefahr, uns den Blick zu verstellen. *Auch* im Namen von Freiheit und des Rechts auf ein selbstbestimmtes Leben können Einschränkungen des Marktes gefordert werden, nicht nur im Namen anderer Werte wie Gleichheit oder Solidarität. Gleichzeitig ist eine Verdammung «des» Marktes oder «der» Wirtschaft weder sinnvoll noch hilfreich – und das nicht nur, weil der Fall des Ostblocks gezeigt hat, dass Planwirtschaft im sowjetischen Stil keine Alternative ist. «Der Staat» ist nicht per se besser als «der Markt»; beide können in zahlreichen Spielarten auftreten, die von perfekten Idealtypen bis hin zu traurigen Schreckensbildern reichen. Es gibt nicht nur «den Staat» und «den Markt», sondern ganz unterschiedliche Varianten von beiden, die jeweils auf ihre Stärken und Schwächen hin abgeklopft werden müssen – und darauf, wie sie zur Verwirklichung von Freiheit beitragen können.

Obwohl ich studierte Ökonomin bin, schreibe ich als Philosophin. Was aber kann die Philosophie leisten, wenn es um
wirtschaftliche Fragestellungen geht? Sie kann sicher keine Pa-
tentrezepte dafür anbieten, die Probleme der deutschen, europäischen und globalen Wirtschaft zu lösen. Aber sie kann helfen, einen kritischen Blick auf die Begriffe und Bilder zu werfen, mit denen wir uns der Wirklichkeit annähern. Dabei geht
es um eine Reflexion über die Modelle, mit denen wirtschaftliche Phänomene betrachtet werden – zum Beispiel, wie schon
erwähnt, um die Frage, welches Menschenbild ihnen zugrunde
liegt und ob dieses mit dem, was wir aus anderen Disziplinen
über menschliches Verhalten wissen, kompatibel ist. Was passiert, wenn man die idealisierten Annahmen der Theorien lo-
ckert? Sind die Modelle dann immer noch als gute Annäherun-
gen an die Wirklichkeit verwendbar oder passen sie möglicherweise überhaupt nicht mehr?

Von Friedrich August von Hayek (1899–1992), selbst Träger
des Ökonomie-Nobelpreises,[2] stammt der Ausspruch: «Ein
Physiker, der nur Physiker ist, kann durchaus ein erstklassiger
Physiker und ein hochgeschätztes Mitglied der Gesellschaft
sein. Aber gewiss kann niemand ein großer Ökonom sein, der
nur Ökonom ist – und ich bin sogar versucht hinzuzufügen,
daß der Ökonom, der nur Ökonom ist, leicht zum Ärgernis,
wenn nicht gar zu einer regelrechten Gefahr wird.»[3] Die Gefährlichkeit rührt daher, dass ökonomisches Denken es nicht
mit lebloser Materie zu tun hat, sondern mit Menschen, ihrem
Verhalten und den Beziehungen zwischen ihnen. Deswegen
bleiben ökonomische Ansätze keine abstrakten Theorien, sondern können zu Lösungsansätzen für praktische Fragen werden, unter Umständen auch in der Form, dass das Verhalten
der Menschen *gemäß* der Theorie diese selbsterfüllend oder
-zerstörend macht. Dabei lassen sich normative Fragen – Fragen danach, was man tun *soll* – nie völlig von der Frage nach
der *Beschreibung* der sozialen Wirklichkeit trennen. Ob sie
es will oder nicht: Die Ökonomie ist eine Sozialwissenschaft,
und als solche muss sie sich fragen lassen, welche moralischen
Werte sie implizit oder explizit transportiert. Deswegen

braucht ökonomisches Denken den Dialog mit anderen Formen der Reflexion. Die Philosophie ist dafür besonders geeignet, nicht nur, weil die Beschäftigung mit normativen Fragen
zu ihrem Kerngeschäft gehört, sondern auch, weil sie im Idealfall ein feines Gespür für die Zusammenhänge zwischen Begriffen und Argumenten besitzt. Umgekehrt gilt: Wenn Philosophie «die eigene Zeit in Gedanken fassen» will, wie Georg
Wilhelm Friedrich Hegel (1770–1831) ihre Aufgabe formuliert
hat,[4] darf sie keine Scheu davor haben, sich mit wirtschaftlichen Fragen zu beschäftigen und sich weg von abstrakten Begriffen hin zu den «schmutzigen Details» von Wirtschaftstheorie und Wirtschaftspolitik zu begeben.

Eine wichtige Ressource ist dabei die Geschichte philosophischen und ökonomischen Denkens. Der historische Ursprung von Ideen, Begriffen und Bildern sagt, für sich alleine
genommen, noch nichts über ihre Gültigkeit aus. Aber die Beschäftigung mit ihrer Geschichte kann helfen, diese Ideen, Begriffe und Bilder besser einzuordnen und die zugrunde liegen-
den Weltbilder sowie die Perspektive zu verstehen, die sich aus
ihnen ergibt. Denn vieles, was wir aus der Tradition übernom-
men haben, ist nur noch bedingt geeignet, um die heutigen
Probleme zu verstehen und nach Lösungen zu suchen. Dieser
begriffliche Werkzeugkasten ist für bestimmte Fragen syste-
matisch «farbenblind». Aber wie John Maynard Keynes sagte:
«Praktiker, die sich ganz frei von intellektuellen Einflüssen
glauben, sind gewöhnlich die Sklaven irgendeines längst verstorbenen Ökonomen.»[5] Sich mit den Ideen dieser toten Denker zu beschäftigen, ist hilfreich, um besser zu verstehen, was
Liberalismus damals und heute bedeutet: Auf diese Weise kann
die Ideengeschichte eine befreiende Wirkung entfalten, weil sie
hilft, sich von problematisch gewordenen Vorstellungen zu
verabschieden.

Aus dem Gesagten sollte klar geworden sein, dass ich den
Begriff «Liberalismus» nicht parteipolitisch verstehe. Allein
schon die Tatsache, dass der Begriff im englischsprachigen
Raum ganz anders verwendet wird, zeigt, dass dies verkürzt
wäre. Mein Vorschlag eines «komplexen» Liberalismus enthält

verschiedene Elemente, die man traditionellerweise als eher «links» oder eher «rechts» einordnen würde – doch die Verhärtung zwischen «linken» und «rechten» Positionen ist eher Teil des Problems als Teil der Lösung. Um Liberalismus neu zu denken und als Maßstab für heutige Politik zu verstehen, müssen diese alten Grabenkämpfe überwunden werden. Ebenso muss die Trennung zwischen ökonomischen, politischen und sozialen Fragen überwunden werden, die so oft praktiziert wird, nicht zuletzt aufgrund der disziplinären Trennungen an den Universitäten. In der Praxis lassen sich die Fragen nicht trennen, und viele Probleme und Ungerechtigkeiten werden übersehen, weil sie an den Rändern der Disziplinen liegen. Aber wie zentral eine Frage für eine akademische Disziplin ist, sagt nichts darüber aus, wie wichtig sie im echten Leben ist.

Die soziale Dimension der Freiheit

Ich werde im Folgenden einen Freiheitsbegriff zugrunde legen, der vom Recht jedes Menschen auf ein selbstbestimmtes Leben ausgeht. Dieses Verständnis von Freiheit entstand schon in der Antike und ist tief in der westlichen Tradition verankert. Der englische Sozialphilosoph John Stuart Mill (1806–1873) schreibt zum Beispiel: «Die sozialen Einrichtungen sowie die praktische Moral würden […] ihre Vollkommenheit erreicht haben, wenn allen Personen völlige Unabhängigkeit und Freiheit des Handelns gesichert wäre, ohne alle Beschränkung als nur die, andere nicht zu beeinträchtigen.»[6]

Ein derartiger Begriff von Freiheit enthält sowohl Elemente, die das Individuum selbst betreffen, als auch solche, die seine Umgebung betreffen. Das Individuum soll *selbst* wählen können (also nicht fremdbestimmt sein, sondern autonom den eigenen Ideen folgen können[7]), und es soll *wählen* können (also nicht nur getrieben sein von unreflektierten Wünschen oder Trieben). Die Umgebung des Individuums muss ihm einerseits Freiräume und Optionen geben (also von Zwang und Manipulation absehen), andererseits aber auch Ressourcen bereitstellen, die das Individuum zu einem selbstbestimmten Leben befähigen, wenn es dazu andernfalls nicht in der Lage wäre (also das Individuum nicht sich selbst überlassen, wenn dies Unfreiheit bedeuten würde). Diese Bedingungen sind bei verschiedenen Individuen unterschiedlich gut erfüllt, sodass sich unterschiedliche Antworten auf die Frage ergeben, wie ihre Freiheit unterstützt werden kann und soll. Wesentlich ist aber, dass dieser Freiheitsbegriff nur dann seine Kraft entfalten kann, wenn mitgedacht wird, dass es um die Freiheit *aller* geht. Wie sich zeigen wird, ist eines der größten Probleme eines verkürzten Freiheitsbegriffs, wie er in der Rede vom «freien Markt» verwendet wird, dass er verdeckt, dass *diese* Freiheit für verschiedene Individuen sehr unterschiedlich ausgeprägt ist. Den berühmten Ausspruch Rosa Luxemburgs (1871–1919), dass Freiheit immer die Freiheit der Andersdenkenden ist,[8] müssen alle Theorien der Freiheit ernst nehmen.

Menschen sind soziale Wesen. Wir leben in Gemeinschaften, nicht nur, weil alles andere kaum praktikabel wäre, sondern auch, weil dies eine der wichtigsten Quellen von Glück und Sinnstiftung im menschlichen Leben ist. Ein Mensch zu sein, wäre ohne die Gemeinschaft anderer Menschen kaum vorstellbar, jedenfalls nicht im vollen Sinne dessen, was wir mit «Mensch» meinen. Wer von der Freiheit des Individuums spricht, setzt sich leicht dem Verdacht aus, diese soziale Dimension des Menschen nicht mitzudenken. Aber es geht hier gerade nicht um die Freiheit eines Robinson Crusoe auf einer einsamen Insel. Wir brauchen Freiheit als die sozialen Tiere, die wir sind, nicht als imaginäre Wesen, die alleine ihr volles Potential entfalten können.[9] Vielleicht träumt jede und jeder von uns zuweilen davon, «frei» zu sein im Sinne einer vollständigen Unabhängigkeit von anderen Menschen. Aber was wären die konkrete Optionen, die einem dafür zu Verfügung stünden – die Hütte im nordischen Wald, das unbewohnte Südseeatoll? «Freier» wäre ein solches Leben nur, wenn man Freiheit strikt als die Abwesenheit von gesetzlichen Regelungen oder anderen zwischenmenschlichen Zwängen verstünde. Es wäre kaum freier in dem Sinne, dass man eine Vielzahl von

Optionen hat und über die Gestaltung des eigenen Lebens in höherem Maße selbst entscheiden kann.

Weil menschliche Freiheit Freiheit für soziale Wesen ist, reicht es nicht, sie als Freiheit gegenüber einer nicht-menschlichen Umwelt zu verstehen. Es geht immer um Freiheitsansprüche, die *Menschen* aneinander richten. Wer von Freiheit spricht, dem geht es darum, wie zwischenmenschliche Verhältnisse gestaltet werden sollen. Die Freiheit des einen muss von anderen *gewährt* werden. Es geht nicht darum, dass man in einer Wüstenlandschaft frei ist, nach rechts oder nach links zu laufen. Es geht darum, wie unsere Gesellschaft organisiert ist und wer wann das Recht hat, jemand anderes an etwas zu hindern, das er oder sie tun möchte. Und es geht darum, wer über welche Freiräume und Ressourcen verfügt und wie Menschen ihr Leben gestalten, einzeln und in der Gemeinschaft.

Somit scheint der Dreiklang der Französischen Revolution – Freiheit, Gleichheit, Brüderlichkeit – in dem hier verwendeten Verständnis von Freiheit auf: Es geht um *Freiheit* im Sinne von Selbstbestimmung, die für alle Individuen *gleichermaßen* gefordert wird, und es geht um Freiheit für Menschen als soziale Wesen, für die sich die Frage stellt, wie sie ihre Brüderlichkeit ausgestalten. Allerdings sind die Werte der Französischen Revolution nicht gerade die jüngsten – manchmal könnte es scheinen, sie hätten den Charme abgegriffener Klassiker, ohne für die Gegenwart noch von Bedeutung zu sein. Besonders wird ihre Gültigkeit aus bestimmten «postmodernen» Diskursen heraus hinterfragt, die immer wieder daran erinnern, dass es die Werte weißer, westlicher Männer waren, die zu einem bestimmten Zeitpunkt eine bestimmte Wirkung entfaltet haben – und keine ewigen Werte aus einem platonischen Ideenhimmel. Es wäre naiv und gefährlich, so das Credo dieser Kritiker, die sofortige Durchsetzung dieser Werte in allen Ländern der Welt einzufordern. Wer dies tue, versuche im Zweifelsfall, damit Interessens- oder Machtansprüche zu vertuschen, denn alle Werte seien letztlich relativ.

Man kann diese Kritik ernst nehmen, ohne sich jedoch Sand in die Augen streuen zu lassen. Ein *vollständiger* Werterelativismus verrennt sich schnell in Paradoxien: Er kann die Thesen über die Relativität aller Werte und Wahrheiten, die er in den Raum stellt, selbst nicht als allgemeingültig behaupten. Außerdem laufen solche Positionen Gefahr, letztlich ebenfalls als ideologischer Vorwand für ökonomische Interessen oder Machtspiele zu dienen, zum Beispiel, wenn die Menschenrechte der Bevölkerung eines nichtwestlichen Landes mit der Begründung abgestritten werden, dies sei westlicher Kulturimperialismus – um dann zur Enteignung ihrer Länder zum Zweck des Ressourcenanbaus fortzuschreiten. Ich gehe daher im Folgenden davon aus, dass jeder einzelne Mensch, egal wo er oder sie lebt, grundlegende Rechte hat – das Recht auf die Dinge, die rein biologisch zum Leben nötig sind, und darüber hinaus auf die Möglichkeit, ein zumindest in Ansätzen selbstbestimmtes Leben führen zu können.[10] Legitime Begrenzungen dieser Freiheit entstehen nicht dadurch, dass dieses Recht an manchen Orten nicht gültig wäre, sondern dadurch, dass auch andere Menschen Rechte haben, die mit ihnen in Konflikt geraten können, und dass die Welt, in der wir leben, uns bestimmte Grenzen der Machbarkeit auferlegt. Diese Beschränkungen und die Frage, wer welche Lasten trägt, sind genau die Punkte, an denen die politische Diskussion ansetzen muss.

Die Frage nach einem zeitgemäßen Liberalismus dreht sich darum, was es bedeutet, diese Rechte der Menschen durch konkrete Institutionen und Praktiken zu verwirklichen. Auch darüber gibt es naturgemäß zahlreiche Kontroversen, aber sie drehen sich nicht darum, ob diese Rechte überhaupt fundamental begründbar sind. Vielmehr geht es darum, *welche* Rechte *welcher* Individuen oder Gruppen begründbar und praktisch umsetzbar sind. Dabei geht es oft um schmerzhafte Kompromisse und Abwägungen. Wesentlich ist jedoch, dass die Freiheit aller Individuen als grundsätzlich gleichberechtigt in Betracht gezogen wird. Dies mag nach einer schwachen normative Grundlage aussehen. Doch in einer Welt, die von massiven Ungleichheiten geprägt ist, trägt sie sehr weit. Wie sich zeigen wird, erfordert sie in einigen Bereichen ein grundsätzliches Umdenken.

Das Bild vom guten Markt

Es gibt ein Bild der politischen Landschaft, das tief im politischen Denken des Westens verankert ist. Demnach lassen sich Fragen nach der wirtschaftlichen Ordnung einer Gesellschaft auf drei Ebenen verteilen. 1) Der Staat ist dafür zuständig, die grundlegenden Rechte aller Bürger zu schützen. 2) Der Markt ist das, was die Individuen innerhalb dieses Rechtsrahmens tun: Er ist ein Ort der Freiheit, an dem jeder tun und lassen kann, was er oder sie will. Dies führt zum «freien» Spiel von Angebot und Nachfrage. Ärgerlicherweise bringt der «freie» Markt ein gewisses Maß an Ungleichheit mit sich – das dann wiederum 3) durch staatliche Maßnahmen eingedämmt werden muss, indem von den Reichen genommen und an die Armen verteilt wird.

Dieses Dreierschema lässt sich – mit einigen Zugeständnissen an die historischen Umstände – bis zurück zu Adam Smith (1723–1790) verfolgen, der gemeinhin als Begründer der Ökonomie als eigenständiger Wissenschaft gilt.[11] Es schien wunderbar geeignet, um die bundesrepublikanische Wirklichkeit der «sozialen Marktwirtschaft» zu erfassen – ein Begriff allerdings, der inzwischen von den verschiedensten Gruppen mit den unterschiedlichsten Schwerpunktsetzungen verwendet wird. Es schien die beste aller möglichen Welten zu beschreiben: die optimale Mischung aus einer leistungsfähigen Wirtschaft und sozialem Ausgleich. Sicherlich, ein paar Details müsste man hinzufügen, etwa die Rolle der Kartellbehörden, der Tarifparteien oder öffentlicher Schulen. Doch im Wesentlichen schien sich das Dreierschema von Staat (für Grundrechte) – Markt (als «Motor» der Wirtschaft) – Staat (für Umverteilung) durch die meisten Debatten hindurch zu ziehen. Über Ebene eins herrschte weitgehender Konsens, während sich politische Kämpfe auf das Verhältnis der Ebenen zwei und drei bezogen: Mal wurde mehr «soziale Gerechtigkeit» eingefordert, mal «mehr Markt». Auch das Parteienspektrum schien sich anhand dieser Linien wunderbar aufreihen lassen. Nach dem Fall der Mauer wurde das «Ende der Geschichte»[12] ausgerufen; das kapitalistische System hatte sich gegen das kommunistische durchgesetzt. Das schien das Gütesiegel für besagtes Dreierschema zu sein, und auch «linke» Parteien bewegten sich hin zu einer stärkeren Befürwortung des Marktes.

Aus dem Kontext des Kalten Krieges heraus lässt sich allerdings auch verstehen, wieso sich, insbesondere seit den 1980er Jahren, die Gewichte zwischen Markt und Staat verschoben haben. Der «freie» Markt wurde, insbesondere von den Ökonomen der «Chicago School», nicht nur als Instrument der wirtschaftlichen Ordnung, sondern als Grundprinzip von Gesellschaft überhaupt gesehen. Jegliches politisches Handeln wurde als Ausdruck von Zwang betrachtet, während Marktprozesse als grundsätzlich positiv galten, weil sie auf individuellen anstatt kollektiven Entscheidungsprozessen beruhen würden. Die «Liberalisierung» von Märkten, insbesondere im Finanzsektor, wurde als Ausdruck von Freiheit gesehen. Die Möglichkeit, dass der Triumph des Kapitalismus allzu überschwänglich werden könnte, wurde nicht in Betracht gezogen.

Dabei schien die Kraft bestimmter Metaphern viele Fragestellungen völlig überflüssig zu machen. Ludwig Wittgensteins (1889–1951) Bemerkung aus den *Philosophischen Untersuchungen* scheint selten passender gewesen zu sein als für die Beschreibung dieser Jahre: «Ein *Bild* hielt uns gefangen. Und heraus konnten wir nicht, denn es lag in unsrer Sprache, und sie schien es uns nur unerbittlich zu wiederholen.»[13] Das Bild war jenes vom «freien» Markt, von seiner wohlwollenden «unsichtbaren Hand», von den «selbststeuernden Kräften» und der «spontanen Ordnung». Dabei wurde «der Markt» als ein einheitliches Phänomen betrachtet. Die Unterschiede zwischen Märkten, je nachdem, welche Güter in ihnen gehandelt werden, was die Struktur der in ihnen aktiven Unternehmen ist, welcher gesetzliche Rahmen gilt und welche kulturellen Muster in ihnen herrschen, wurden weitgehend übersehen; wohl auch deswegen fragte kaum jemand danach, was genau hinter den immer komplexeren Finanzprodukten steckte, die den Händlern an den Börsen von London und New York Gewinne in schwindelerregender Höhe ermöglichten. «Reaganomics» und «Thatcherism», die wirtschaftsfreundliche Politik der 1980er Jahre in den USA und Großbritannien, wollte man auf dem europäischen Festland vielleicht nicht eins zu eins übernehmen. Trotzdem war man auch hier davon überzeugt, dass grundlegende Annahmen dieses Denkens stimmten, vor allem, dass «mehr Markt» gut für die Freiheit der Individuen sei. Schließlich, so die Vorstellung, wäre das Wachstum an der Spitze eine «Flut, die alle Boote anhebt».[14] Der Reichtum würde zu denjenigen am unteren Rand der Gesellschaft «hinunter sickern».[15] Dies wurde als Begründung dafür gesehen, dass man sich über wachsende Ungleichheit, besonders in Bezug auf die obersten ein Prozent der Gesellschaft, kaum Gedanken machte.

Auch in der wissenschaftlichen Ökonomie wurde dieses Verständnis des Marktes weitgehend geteilt. Vor 2008 hatte man sich mit der Rede von der «great moderation»[16] der Illusion hingegeben, dass die Auf- und Abschwünge der Wirtschaft der Vergangenheit angehörten. Führende Theoretiker gingen davon aus, dass die Teilnehmer in Märkten rational und Blasen deshalb unmöglich seien.[17] Die ökonomische Zunft als Ganze hatte durch den Fokus auf ökonomische Modelle, in denen alle Akteure gleich sind, die Probleme, die durch ungleiche Macht entstehen können, weitgehend aus dem Blick verloren. Es schien der Eindruck vorzuherrschen, dass man die wirtschaftliche Welt verstanden hatte und durch das Drehen an bestimmten «Schrauben» im Rahmenwerk der Ökonomie deren Dynamik gesteuert werden könnte wie bei einer gut geölten Maschine.

Spätestens seit der Finanzkrise von 2008 geriet der Glaube an dieses Modell ins Wanken – vor allem auch deswegen, weil die meisten Beobachter vom Einbruch des amerikanischen Immobilienmarktes, der folgenden Pleitewelle von Finanzinstitutionen und der Notwendigkeit massiver staatlicher Eingriffe völlig überrollt wurden. Inzwischen hat sich herumgesprochen, dass die Modelle der Ökonomen, die dem Lob des freien Marktes zugrunde lagen, Schwächen haben. Viele Marktbefürworter geben zähneknirschend zu, dass die Eingriffe durch

Regierungen und Notenbanken nötig waren, um Schlimmeres zu verhindern. Der Fokus der Krise hat sich seitdem verschoben: Vor allem die überschuldeten Staaten haben derzeit Probleme, besonders wenn sie keine Möglichkeit haben, durch Währungspolitik ihre Position zu verbessern. Betrachtet man die Politik seit 2008, könnte der Eindruck entstehen, dass seitdem nur noch planloses «Durchwurschteln» herrscht, dass hektisch «gerettet» wird, wo es gerade am meisten brennt, und dass kaum noch jemand nach Prinzipien handelt, anstatt den jeweils drängendsten «Sachzwängen» zu folgen.

Es lässt sich nicht bestreiten, dass dringend Handlungsbedarf bezüglich der wirtschaftlichen Grundstrukturen unserer Gesellschaft besteht. Aber wer nur auf die gegenwärtigen Krisenphänomene schaut, läuft Gefahr, Symptome zu bekämpfen, ohne die tieferliegenden Probleme zu verstehen. Was es bedeuten könnte, die Freiheit der Einzelnen und ihr Recht auf ein selbstbestimmtes Leben als Maßstab der Politik zu sehen, kann man nicht beantworten, wenn man wie das sprichwörtliche Kaninchen vor der Schlange auf das Tagesgeschehen starrt. Ich möchte daher den Versuch unternehmen, einen Schritt zurückzutreten und gewissermaßen eine Vogelperspektive einzunehmen. Es soll darum gehen, wo die Ideen herkommen, die den Blick auf den Markt derart einseitig machten. Die Beschäftigung mit den «Klassikern» des politischen und ökonomischen Denkens ermöglicht eine Distanzierung, mit deren Hilfe sich die heutigen Phänomene besser verstehen lassen.

Allerdings ist die heutige Welt in vieler Hinsicht komplexer als die Welt, aus der die Ideen des klassischen Liberalismus stammen. Dies hat in erster Linie mit den technischen Möglichkeiten zu tun, die auf zahlreichen Ebenen – von Kommunikation über Handel bis hin zu Tourismus – eine stärkere globale Vernetzung gebracht haben, als dies für die Gründerväter liberalen Denkens vorstellbar war. Um dies zu illustrieren: Adam Smith diskutiert in seiner *Theorie der ethischen Gefühle* die begrenzte Fähigkeit des Menschen, mit anderen zu fühlen, die weit weg sind. Ein Erdbeben in China, so sein Beispiel, sei für die Menschen nur abstrakt vorstellbar und würde sie kaum um ihren gesunden Schlaf bringen.[18] Aber das sei auch kein Problem, so Smith: Die Menschen sollten ihr Mitgefühl und ihre Hilfe für andere lieber auf diejenigen konzentrieren, die in ihrer unmittelbaren Umgebung lebten und auf deren Schicksal sie direkten Einfluss hätten. Smiths Vorstellung war, dass Gott die Welt so eingerichtet hat, dass jeder Mensch nur einen begrenzten Einflussbereich hat, der aber praktischerweise mit dem Bereich zusammenfällt, den er überschauen kann und innerhalb dessen sein Mitgefühl gut funktioniert.[19]

Heute dagegen sind wir über zahlreiche Kausalketten mit den Menschen in anderen Erdteilen verbunden, zum Beispiel, wenn wir elektrische Geräte kaufen, die in anderen Ländern gefertigt wurden, aus Rohstoffen, die wiederum an anderen Orten abgebaut wurden. Außerdem ist die Art von Konsum, bei der dies stattfindet, eine ganz andere, als der Kauf lebensnotwendiger Güter, den Smith vor Augen hatte. Auch die psychischen Mechanismen, die dabei eine Rolle spielen, sind komplexer, als viele ökonomische Theorien aus dem klassischen Liberalismus dies annahmen. Ob wir dabei immer so handeln, wie es unserem wohlüberlegten Interesse entspricht, ist gar nicht so klar.

Die Lösungen, die Smith und seine Zeitgenossen vor Augen hatten, taugen daher nur bedingt für die heutige Welt – auch wenn sie sich in vielen Köpfen hartnäckig halten. In Zeiten, in denen die Möglichkeiten der Menschen enorm eingeschränkt waren, *konnten* die Einzelnen längst nicht so viel tun – oder auch nur so viel erfahren –, wie wir dies heute können. Begrenztes Wissen und begrenzte Handlungsmöglichkeiten bedeuteten, dass sich viele Fragen bezüglich dessen, was Menschen in einer liberalen Gesellschaft tun dürfen oder sollen, einfach nicht stellten. Heute sind die Optionen für Einzelne und für Gesellschaften zahlreicher und vielfältiger – und damit stellen sich neue Fragen, was die Möglichkeit eines selbstbestimmten Lebens für alle betrifft.

Die Notwendigkeit, ein neues Verständnis des Liberalismus zu entwickeln, hat aber auch damit zu tun, dass manche der Ideen, über die im 18. Jahrhundert nachgedacht wurde, Wirklichkeit geworden sind. Dies führt einerseits dazu, dass sich so manche Nebenwirkung zeigt, die vorher nicht absehbar war. Andererseits bedeutet es, dass manche Schlachten geschlagen sind und man sich neuen Fragen zuwenden kann. Zum Beispiel ist in vielen westlichen Ländern die Versorgung mit Grundgütern wie Lebensmitteln, rein quantitativ betrachtet, kein Problem mehr. Es gibt keine Hungerwinter oder Versorgungskrisen. Wir haben uns an die ständige Verfügbarkeit einer breiten Palette von Gütern so sehr gewöhnt, dass es uns schon schlechte Laune bereitet, wenn ein bestimmtes Produkt im nächstgelegenen Supermarkt nicht vorrätig ist. Dies aber bedeutet, dass wir uns verstärkt anderen Fragen zuwenden können: zum Beispiel bezüglich der Verteilung von Gütern und der Auswirkungen, die unser Konsum auf andere Teile der Weltbevölkerung hat. Wir können verstärkt darüber nachdenken, ob unser Verhältnis von Arbeit und Freizeit dem entspricht, was wir wirklich wollen – und generell darüber, ob unser Wirtschaftssystem uns ermöglicht, ein Leben zu führen, das wir als sinnvoll erleben.

Es ist daher an der Zeit, wieder grundsätzliche Fragen über den Sinn und Zweck unserer Wirtschaftsordnung zu stellen. Denn es ist keineswegs so, dass wir den «Gesetzen» des Marktes hilflos ausgeliefert wären. Natürlich gibt es Eigendynamiken des wirtschaftlichen Systems – wenn der Preis eines Gutes erhöht wird, wird dies in der Regel (keineswegs immer!) zu einer Verringerung der Nachfrage führen –, und natürlich sind auch und gerade bei Fragen der Wirtschaftsordnung schmerzhafte Kompromisse zwischen den Anliegen verschiedener Gruppen unvermeidbar. Trotzdem wäre es falsch, «den Markt» wie ein Naturphänomen zu behandeln, das nur als Ganzes akzeptiert oder abgelehnt werden kann. Märkte – im Plural, denn «den» Markt an sich gibt es nicht – sind soziale Phänomene, und als solche sind sie geprägt von dem sozialen Umfeld, in dem sie stattfinden. Gesetzliche Regelungen, technische Möglichkeiten und auch kulturelle Prägungen bestimmen darüber, welche konkrete Gestalt Märkte annehmen und welche Freiheiten welcher Gruppen sie befördern oder untergraben. Das Ziel einer «liberalen» Wirtschaftspolitik muss sein, Märkte so zu gestalten, dass sie wirkliche Freiheit, und zwar für alle Mitglieder einer Gesellschaft, unterstützen. Was dies bedeuten kann und wo es Änderungen an derzeit vorherrschenden Vorstellungen und Institutionen verlangt, dazu möchte dieses Buch einige Impulse geben.

Dabei möchte ich den Weg zwischen der Skylla eines bloßen «Weiter-so» und der Charybdis eines naiven «Alles-muss-sich-ändern» finden. Ersteres scheint mir keine vertretbare Position, nicht nur, weil in der heutigen Welt die Möglichkeiten, ein freies Leben zu führen, sehr ungleich verteilt sind, sondern auch, weil durch Ressourcenverknappung und Klimawandel Handlungsdruck besteht. Letzteres würde das Kind mit dem Bade ausschütten. Denn eine der großen Stärken eines liberalen Systems ist die Möglichkeit seiner Weiterentwicklung, und diese Möglichkeit gilt es voranzutreiben. Wir brauchen dringend eine Evolution des Systems, die dessen Schieflagen korrigiert und verhindert, dass Liberalismus zu einer leeren Floskel und der Begriff der Freiheit zu einer zynischen Maske für den Erhalt bestehender Machtverhältnisse wird.

Ausblick

Im nächsten Kapitel geht es um das Problem, dass das *Individuum* anders ist, als der klassische Liberalismus es sich vorstellt. Vor dem Hintergrund einer feudalen Vergangenheit betonten liberale Denker besonders das Recht des Menschen auf ein selbstbestimmtes Leben. Gleichzeitig legten sie viel Wert darauf, ein *realistisches* Menschenbild zur Grundlage ihrer Theorien zu machen. Nimmt man diesen Gedanken heute ernst und berücksichtigt man Ergebnisse aus der empirischen Forschung, ergibt sich eine neue Perspektive für den Liberalismus: Menschen sind um einiges sozialer, aber auch um einiges anfälliger dafür, Fehler zu machen, als der berühmt-berüchtigte «Homo oeconomicus». Diese Faktoren müssen berücksichtigt werden, damit aus einer Gesellschaft, der es um Freiheit für alle Individuen geht, nicht unter der Hand ein gnadenloses «survival of the fittest» wird. Wer es ernst meint mit Freiheit, muss auch erwägen, inwieweit Menschen manchmal vor sich selbst geschützt werden müssen.

In Kapitel III geht es darum, dass *Freiheit* etwas anderes ist, als manche Strömungen des Liberalismus in den letzten Jahrzehnten vertreten haben. Sie haben die Vielschichtigkeit dessen übersehen, was ein selbstbestimmtes Leben bedeutet, die in der liberalen Tradition von verschiedenen Denkern beschrieben wurde: Freiheit bedeutet sowohl, Handlungsfreiräume für das Ausleben einer eigenen Lebensvorstellung zu haben, als auch, über die nötigen Ressourcen zu verfügen, damit ein selbstbestimmtes Leben wirklich möglich ist. Und nicht zuletzt hat Freiheit auch mit dem Status freier Bürger zu tun, die keine Untertanen sind, sondern an politischen und gesellschaftlichen Entscheidungsprozessen mitwirken können.

Um diese Position stark zu machen, muss man sich allerdings mit einer Denkkategorie auseinandersetzen, die selten offen diskutiert wird und doch tief in unserem Denken verwurzelt ist: der Kategorie des «Verdiensts», die sowohl in Bezug auf den Markt als auch in Bezug auf den Staat problematische Züge annehmen kann. Wenn man sich klarmacht, dass die Voraussetzungen dafür, etwas zu «verdienen», nicht nur in den Individuen, sondern vor allem auch in den sozialen Strukturen liegen, ergibt sich ein neues Verständnis von sozialer Gerechtigkeit: als einer möglichst weiten Verteilung *aller* Dimensionen von Freiheit für *alle* Mitglieder einer Gesellschaft.

In Kapitel IV geht es darum, dass die *Sozialstrukturen* moderner Gesellschaften anders sind, als der klassische Liberalismus es sich vorstellte. Menschen sind keine einzelnen, unabhängigen Atome, sondern soziale Wesen, und die formellen und informellen Beziehungen zwischen ihnen spielen eine wichtige Rolle dafür, wie Gesellschaften gestaltet werden. Die erhöhte Komplexität freiheitlicher Gesellschaften bedeutet, dass bei der Frage nach der Steuerung gesellschaftlicher Prozesse neue Wege beschritten werden müssen und wir uns von allzu einfachen Denkmodellen aus der Vergangenheit lösen müssen. Besonders wichtig ist dies, um zu sehen, wie nicht nur

formelle, sondern auch informelle Strukturen von Problemen ungleicher Macht und ungleicher Chancen geprägt sind,
die in einer liberalen Gesellschaft nicht gleichgültig sein dürfen.

In Kapitel V schließlich geht es darum, wie ein Liberalismus aussehen kann, der sich von dem simplen Dogma eines
«Immer-mehr» verabschieden will. Dies betrifft einerseits die
Frage nach der Vereinbarkeit unseres Wirtschaftsmodells mit
der nachhaltigen Sicherung menschlichen und anderen Lebens
auf einem endlichen Planeten. Andererseits betrifft es das
Thema, wie Menschen ihr Leben jenseits des «Gewinnmaxi-
mierungsprinzips» so gestalten können, wie dies ihren eigenen
Vorstellungen entspricht – und welche Auswirkungen dies auf
die Arbeitswelt hat. Zum Dritten geht es darum, was die Freiheit von «uns im Westen» für die Freiheit der Menschen in
anderen Ländern bedeuten kann und soll: Wie könnte die
globalisierte Wirtschaft so umgestaltet werden, dass für *alle*
Seiten Freiheitsgewinne möglich sind? Bei all diesen Themen
sind Veränderungen am bestehenden System unvermeidlich,
um das Versprechen auf Selbstbestimmung auch in Bezug auf
die Wirtschaft einzulösen, individuell und kollektiv.

Dank

Ich möchte an dieser Stelle denjenigen danken, die dazu beigetragen haben, dass dieses Buch entstehen konnte. Auch und
gerade Theoretiker sind soziale Wesen, und ein Text wie dieser
ist nie das Werk einer einzigen Person, sondern verdankt sich
dem Dialog mit zahlreichen anderen, durch den man in die
Lage versetzt wird, eigene Positionen zu formulieren. Ich
möchte all denen danken, von deren Einsichten ich während
meiner Dissertation und den folgenden Jahren als Postdoc
profitiert habe, insbesondere meinen Kollegen an den Universitäten St. Gallen und Frankfurt sowie den Interviewpartnern,
mit denen ich für mein laufendes Projekt faszinierende Ge-
spräche über Ethik und Kapitalismus führen durfte. Der wichtigste Gesprächspartner war, wie seit sieben glücklichen Jah-

ren, mein Partner, der der erste Leser dieses Textes war und mir bei der Schlussüberarbeitung zur Seite stand.

Ganz konkreten Dank schulde ich Elisabeth von Thadden und Rainer Hank, die mir die ersten Schritte hin zum publizistischen Schreiben ermöglicht haben, sowie Florian Grosser, der den Kontakt zum Verlag C.H.Beck hergestellt hat. Raimund Bezold war ein wunderbarer Gesprächspartner und Lektor, und Jan Dreßler hat mir als externer Lektor ebenfalls wertvolle Hilfe geleistet. Catherine Davies und Rosemarie Mayr danke ich für die Unterstützung bei den letzten Schritten vom Manuskript zum Buch.

II.

Liberalismus ohne Psychologie – Wie ein einseitiges Menschenbild den Liberalismus unfreiwillig herzlos machte

Einleitung

In den Feuilletons wurde in den vergangenen Jahren viel auf den «Homo oeconomicus» eingeprügelt, jene Vorstellung von einem völlig rationalen, nur auf sein Eigeninteresse bedachten Wesen, die durch Wirtschaftslehrbücher geistert. Er maximiert seinen Nutzen ohne Wenn und Aber, kühl kalkulierend und ohne Rücksicht auf andere. Aber auch wenn er gelegentlich zum Zerrbild wurde: Der «Homo oeconomicus» ist kein Menschenbild, sondern lediglich ein Denkmodell. Wenn man in die Geschichte liberalen Denkens zurückgeht, zeigt sich, dass das Menschenbild des Liberalismus immer schon vielschichtiger, aber auch spannungsreicher war als der eindimensionale «Homo oeconomicus». Einerseits wurde in vielen liberalen Strömungen Wert darauf gelegt, ein möglichst realistisches Menschenbild als Grundlage der Theorie zu verwenden: Nur nicht utopisch werden und auf Altruismus und andere edle Triebe im Menschen setzen, die am Ende nur edle Hirngespinste sind! Andererseits wird dem Menschen im Liberalismus in *einer* Hinsicht eine Menge zugetraut: dann nämlich, wenn es darum geht, für sich selbst zu sorgen. Während der Altruismus der Menschen *unter*schätzt wurde, wurden diese Fähigkeiten eher *über*schätzt. Aus diesen Faktoren ergibt sich eine Gemengelage, die manche Formen liberalen Denkens zu einer ziemlich kaltherzigen Angelegenheit werden ließ: Da jeder für sein Schicksal selbst verantwortlich sei, müsse auch jeder selbst schauen, wo er bleibt.

Aber wie ich im Folgenden zeigen werde, verwechselt, wer so denkt, verschiedene Ebenen: Die Freiheit des Einzelnen, der moralische Kern des Liberalismus, ist ein Ideal und keine Beschreibung der Wirklichkeit, wie sie immer schon ist. Wem es mit dem Ideal des freien Menschen ernst ist, der muss den Einzelnen dabei *unterstützen*, frei sein zu können – und das bedeutet nicht nur, Freiheitshindernisse aus dem Weg zu räumen, sondern auch, die individuellen Vorbedingungen und konkreten Möglichkeiten dafür zu sichern, dass Menschen ein freies Leben führen können. An *dieser* Stelle ist Realismus gefragt, und die Möglichkeit muss in den Blick genommen werden, dass Menschen Unterstützung dabei brauchen, für sich selbst zu sorgen und ein freies Leben zu führen.

Ich werde zunächst beschreiben, wie das Ideal des freien und selbstbestimmten Menschen durch die liberalen Theorien des Herrschaftsvertrags gegen das traditionelle hierarchische Denken in Stellung gebracht wurde. Im Anschluss daran geht es um einen Strang der Ideengeschichte, der besonders auf ein realistisches Menschenbild pochte, und darum, wie aus dieser Denkrichtung eine heute vielleicht kurios anmutende Idee entstand: die Idee, dass freie Märkte uns zu besseren Menschen machen – und somit genau diejenigen menschlichen Eigenschaften gestärkt würden, die die Vertragstheorien voraussetzen. Allerdings wecken sowohl der gesunde Menschenverstand als auch die empirische Forschung Zweifel an diesen Vorstellungen. Vereinfacht gesagt: Menschen sind um einiges stärker sozial orientiert als der «Homo oeconomicus», aber auch anfälliger für Fehler, wenn es um ihr eigenes langfristiges Wohl geht. Diese Tatsache bedeutet sowohl Chancen als auch Herausforderungen für eine Gesellschaft, die sich am Ideal der Freiheit orientiert. Anstatt dieses Ideal einfach zu postulieren, muss sie sich fragen, wie man es verwirklichen kann, ohne dass dies zum Prinzip des «survival of the fittest» führt und nur diejenigen ein freies Leben führen können, die sich den Bedingungen des freien Marktes am besten anpassen. Die «Bedingungen der Möglichkeit»[1] eines freien Lebens für alle Mitglieder der Gesellschaft muss von einem Liberalismus, der seine eigenen Grundlagen ernst nimmt, mitgedacht werden.

Die Herren des Vertrags

Am Anfang des modernen Liberalismus steht der Vertrag. Nicht irgendein Vertrag, sondern ein Vertrag unter Gleichen. Er betrifft nicht dieses oder jenes Tauschgeschäft, sondern in ihm geht es um das große Ganze: um das Recht auf Herrschaft in einer Gesellschaft. Dann und nur dann, so der Grundgedanke, wenn alle wie bei einem Vertragsschluss zustimmen, kann Herrschaft legitimiert werden. Freie, gleichberechtigte Bürger entscheiden gemeinsam darüber, welche politische Gestalt ihr Gemeinwesen annehmen soll. Sie bestimmen über die Rechte des Herrschers und die grundlegenden institutionellen Strukturen.

Das Modell des Herrschaftsvertrags und die dahinterstehende Vorstellung eines gleichen Rechts auf politische Teilhabe sind uns heute so geläufig, dass sich nur schwer erahnen lässt, wie revolutionär sie auf die Menschen der Frühen Neuzeit wirken mussten. Statt der Gleichheit aller Menschen, die heute grundrechtlich verankert ist, war es für sie eine Selbstverständlichkeit, dass die Welt hierarchisch aufgebaut ist. Oben standen die Könige und Fürsten, die von Gottes Gnaden in ihrem Amt eingesetzt waren. Darunter kamen Würdenträger verschiedener Art, dann die einfachen Menschen; Frauen standen grundsätzlich niedriger und galten als fundamental andere Wesen als Männer. Die hierarchische Ordnung bezog sich nicht nur auf die menschliche Gesellschaft. Dahinter stand eine noch weitergehende Vorstellung vom ganzen Kosmos – von Gott im Himmel über die Engel, Menschen, Tiere und Pflanzen bis hin zu verschiedenen Gesteinsformen – als einer großen, zusammenhängenden Kette des Daseins, die sich über Himmel und irdische Welt erstreckt und in der kein Glied fehlen darf. Wie es bei dem englischen Dichter Alexander Pope (1688–1744) heißt:

Vast chain of being! which from God began,
Natures aethereal, human, angel, man,
Beast, bird, fish, insect, what no eye can see,
No glass can reach; from Infinite to thee,
From thee to nothing.[2]

Der Ideenhistoriker Arthur Lovejoy, der diese «Great Chain of Being» untersucht hat, zeigt, dass dieser Gedanke einer graduellen Abstufung allen Daseins von Platon und Aristoteles ausgehend durch das Mittelalter hindurch bis in die Frühe Neuzeit das Nachdenken über den Menschen beeinflusst hat. Diese Vorstellung weist jedem Individuum einen Platz in der Gesellschaft zu, der es einordnet in die Struktur des Kosmos. Bestimmt wurde dieser Platz in erster Linie durch Geburt; die Kraft der Tradition regelte weite Teile des Lebens. Noch im 17. Jahrhundert schrieb einer der Gründerväter des Liberalismus, John Locke (1632–1704), gegen einen Denker namens Robert Filmer an, der das Herrschaftsrecht der englischen Könige durch deren Abstammung von Adam und Eva, über Noah und dessen Söhne und dann munter durch alle Generationen hindurch rechtfertigte und politische Herrschaft generell nach dem Modell der Herrschaft des Vaters über die Familie verstand.[3] Tradition, Hierarchie, Familie – das waren die Mächte, denen die Individuen sich unterzuordnen hatten.

Im Vergleich hierzu war es ein revolutionärer Gedanke, dass politische Herrschaft dadurch legitimiert wird, dass sie dem entspricht, was freie und gleiche Bürger in einer freiwilligen Übereinkunft beschließen würden. Allerdings entstand das heute vielleicht bekannteste Modell[4] eines derartigen Vertrags nicht aus der Lust an Revolution, sondern, ganz im Gegenteil, aus der Furcht: Thomas Hobbes' (1588–1679) berühmter *Leviathan* entstand in Reaktion auf den englischen Bürgerkrieg zwischen Königstreuen und Parlamentariern. Hobbes versuchte, in Analogie zur Naturwissenschaft eine streng wissenschaftliche Lösung für die Frage zu finden, welche Form von Herrschaft über Menschen gerechtfertigt werden kann. Seine wichtigste Prämisse ist, dass in einem Leben *ohne* staatliche Herrschaft das Leben der Menschen unerträglich wäre: «solitary, poor, nasty, brutish, and short» (einsam, armselig, scheußlich, tierisch und kurz), wie es in einer berühmten Passage heißt.[5] Deswegen sei völlig klar, dass Menschen zustimmen müssten, wenn sie die Chance bekämen, sich einem absoluten Herrscher zu unterwerfen, der den Zustand des «Kriegs aller gegen alle» beenden würde.[6]

Weil die Prämisse extrem ist, ist auch die Schlussfolgerung extrem: Nach Hobbes muss die Herrschaft absolut sein, um den Naturzustand zu überwinden; jede Form von Gewaltenteilung oder von dem, was später als «checks and balances» bekannt wurde, hätte für ihn nur die Saat für weitere Konflikte bedeutet. Was heute wenig beachtet wird, in Hobbes' Lebzeiten aber ebenfalls essentiell war, ist, dass auch die Herrschaft über die zentralen Bestandteile der christlichen Lehre absolut sein sollte: Uneinigkeiten über kirchliche Dogmen sollten nie wieder Anlass dafür sein können, dass die Bürger eines Landes Krieg gegeneinander führten.[7] Den resultierenden Staat nennt Hobbes in Anlehnung an die Beschreibung eines Seemonsters im Buch Hiob «Leviathan» – und das Titelbild des Buches zeigt ihn denn auch als überragende Gestalt, die sich aus unzähligen Menschen zusammensetzt und die in der einen Hand das Schwert – das Symbol weltlicher Herrschaft – und in der anderen den Bischofsstab – das Symbol geistiger Herrschaft – hält.

Insofern wird manchmal die Frage aufgeworfen, ob Thomas Hobbes überhaupt zum Stammbaum des Liberalismus gehört – ist sein «Leviathan» nicht geradezu das Gegenteil eines liberalen Staats? Bei Hobbes hat der Einzelne kein Widerstandsrecht gegen den Staat; erst der Staat definiert, welche Gerechtigkeitsprinzipien gelten. Den gleichberechtigten Status der Bürger erklärt Hobbes nicht etwa aus der Würde jedes Individuums heraus – sondern aus der Tatsache, dass jeder jeden umbringen kann, selbst der Schwächste den Stärksten, wenn nicht durch pure Gewalt, dann durch List.[8] Die furchtsamen Kreaturen, die den Hobbes'schen Staatsvertrag abschließen, scheinen nicht dem Bild freier und souveräner Bürger, das der Liberalismus gerne zeichnet, zu entsprechen. Trotzdem hat Hobbes dem liberalen Denken ein wichtiges Erbe mitgegeben: den Gedanken nämlich, von möglichst minimalen Prämissen und einem «realistischen» Menschenbild auszugehen.

Aus heutiger Sicht weitaus sympathischer ist ein zweiter Vertragstheoretiker, nämlich der schon erwähnte John Locke. Der Ausgangspunkt für Locke ist nicht der Krieg aller gegen alle im vorstaatlichen Zustand. Sein Naturzustand ist friedlicher und hat ein klares historisches Vorbild: die Situation europäischer Siedler in Amerika.[9] «Am Anfang war alle Welt Amerika»,[10] stellt Locke lapidar fest, und das heißt für ihn: ein Naturzustand, in dem die Leute recht gut miteinander auskommen. Schließlich sei genug Land vorhanden, sodass jeder für sich und die Seinen sorgen könne und mit seiner eigenen Hände Arbeit Wohlstand schaffen könne. Locke geht davon aus, dass die Menschen auch im Naturzustand schon einen moralischen Kompass haben, der ihnen vorgibt, andere nicht grundlos zu schädigen. Im Gegensatz zu Hobbes glaubt er nicht, dass Ruhmsucht und materielles Streben sie automatisch zu gegenseitigen Feinden machen. Als unabhängige Landbesitzer können sie in friedlicher Nachbarschaft leben, sodass man sich bei der Lektüre fast fragt, wozu überhaupt ein Staat nötig ist. Locke befürwortet ihn dennoch: Er kann die Einhaltung von Recht und Gesetz gewährleisten und verhindern, dass die überzogene Selbstjustiz Einzelner zu Rachefehden führen könnte. Deswegen tun sich die Bürger zusammen und vereinbaren, dass es eine Regierung geben soll – die sie aber jederzeit abberufen können, wenn sie nicht tut, was sie soll. Die Befugnisse des Staates sind bei Locke durch das begrenzt, was die Bürger gemeinsam beschließen; alles andere ist für ihn ein unzulässiger Eingriff in ihre Rechte. Das bezieht sich unter anderem auf die Frage, ob der Staat Steuern erheben darf – der Schlachtruf der amerikanischen Unabhängigkeitsbewegung, «No taxation without representation», ließ sich mit Locke'schem Gedankengut wunderbar unterfüttern.

Hobbes und Locke stellen zwei Varianten der Vertragstheorie und damit auch zwei Stränge dar, die seitdem zum Liberalismus gehören: einerseits die Begründung eines starken Staates, der die Rechte der Einzelnen schützt; andererseits die Begrenzung des Staates durch die Rechte der Einzelnen, die schon vorstaatlich gegeben sind. Je schrecklicher der Naturzustand vorgestellt wird, ein desto stärkerer Staat lässt sich rechtfertigen; ist der Naturzustand an sich schon recht friedlich, ergeben sich begrenztere Aufgaben für den Staat. Die erste Variante hat den Vorteil, dass sie mit schwächeren Prämissen auskommt – die zweite allerdings bietet eine bessere Grundlage dafür, die Macht des Staates einzuschränken. Damit zeigt sich, dass die eigentliche Schaltstelle gar nicht der Vertragsschluss ist, sondern vielmehr die Vorstellungen über den Naturzustand und die Annahmen über die Natur des Menschen, von denen Hobbes und Locke ausgehen. Gemeinsam ist ihnen jedoch, dass es gleichberechtigte Individuen sind, die den Vertrag aus freien Stücken abschließen. Gottesgnadentum und natürliche Hierarchien haben in ihrem Denken keinen Platz mehr. Das ist der emanzipatorische Impuls der Vertragstheorien, der bis heute als Ablehnung aller ungleicher Privilegien und aller Vorrechte, die sich nur auf Tradition berufen, lebendig ist.

In der zweiten Hälfte des 20. Jahrhunderts hat die Vertragstheorie eine Renaissance erlebt. Denker, die an sehr verschiedenen Punkten des politischen Spektrums standen, verwendeten sie, um ihre Vision einer gerechten Gesellschaft zu beschreiben. Auf der libertären Seite ist Robert Nozick (1938–2002) der berühmteste Vertreter: Sein Naturzustand ähnelt dem Lockes, und sein Staat ist der sprichwörtliche Nachtwächterstaat. Auf der links-liberalen Seite steht vor allem John Rawls (1921–2002), dessen *Theory of Justice*[11] oft als das größte Werk der politischen Philosophie des 20. Jahrhunderts betrachtet wird. Auch sie reiht sich ein in die Tradition der Vertragstheorie, Rawls gibt ihr jedoch eine ganz eigene, neue Deutung. Die Individuen, die sich bei Rawls treffen, um über eine gerechte Gesellschaftsordnung nachzudenken, befinden sich in einem Urzustand, in dem ein imaginärer «Schleier des Nichtwissens» vor ihnen verbirgt, welche Position sie in der zukünftigen Gesellschaft einnehmen werden: welche Begabungen sie haben, aus welcher Familie sie kommen, wie gut es um ihre Gesundheit bestellt ist und wo sie weltanschaulich stehen. Dadurch werden sie dazu gebracht, sich mit der Frage auseinanderzusetzen, wie es der am schlechtesten gestellten Gruppe in der Gesellschaft geht – sie könnten schließlich nach dem Lüften des Schleiers zu genau dieser Gruppe gehören. Laut Rawls einigen die Mitglieder der Gesellschaft sich daher auf zwei grundlegende Prinzipien: Erstens soll jeder die größtmöglichen Grundfreiheiten erhalten, die mit den gleichen Grundfreiheiten für alle anderen vereinbar sind. Zweitens kann Ungleichheit in der Verteilung bestimmter Güter gerechtfertigt werden, wenn sich zeigen lässt, dass sie die am schlechtesten gestellte Gruppe besserstellt. Dies nennt er das «Differenzprinzip» oder auch die «maxi-min»-Regel: Es geht um die *Maxi*mierung der Position derjenigen, die im Vergleich zum Rest der Gesellschaft das *Mini*mum erhalten. Das Differenzprinzip führt zu einer weitergehenden Rolle des Staates, als dies bei Nozick der Fall ist: Bei Rawls geht es auch um die Umverteilung von Gütern und die aktive Gestaltung der Wirtschaftspolitik zugunsten der am schlechtesten gestellten Bürger.[12] Wieder zeigt sich, dass die Denkfigur des Gesellschaftsvertrags enorm flexibel ist, je nachdem, wie der Naturzustand und die Akteure, die sich in ihm befinden, beschrieben werden.

Immer wieder wurde den liberalen Vertragstheoretikern verschiedener Couleur jedoch eines vorgeworfen: Ihr Vertrag, so hieß es, sei rein fiktiv – ein nettes Modell, doch nirgends in der Wirklichkeit zu finden. Nur selten sind in der Geschichte der Menschheit explizite Vertragsschlüsse vorgekommen, die auch nur im Entfernten an diese Theorien erinnern; am nächsten kommen ihnen vielleicht die Eidgenossen mit dem sagenumwobenen Rütlischwur oder die Amerikanischen Revolutionäre, die sich von der englischen Krone lossagten. Damit wäre das Legitimationsmodell «Vertrag» nur in wenigen Ausnahmenfällen fähig, legitime Herrschaft zu erklären. Dies ist aber nicht der Sinn der Übung. Vertragstheorien sind Denkmodelle, und als solche sind sie auch wirkmächtig geworden: Sie helfen dabei, sich klarzumachen, ob Herrschaftsformen *hypothetisch* zustimmungsfähig wären. Betrachtet man die Akteure dieser verschiedenen Modelle, so fallen verschiedene Dinge ins Auge. Da ist zunächst die schon mehrfach erwähnte Annahme der Gleichheit, sei es aufgrund des Sich-gegenseitig-umbringen-Könnens oder aufgrund gleicher natürlicher Rechte. Die Individuen, die den Vertrag abschließen, treten abstrahiert von ihrem sozialen Kontext auf. Ihr Familienleben zum Beispiel oder ihre Einbettung in die Gemeinschaft eines Dorfes oder einer Stadt kommen allenfalls in den hinteren Kapiteln der jeweiligen Theorien vor. Die Herren des Vertrags – dass es Herren, nicht Damen, sind, davon muss man zumindest bei den Autoren des 17. und 18. Jahrhunderts ausgehen – sind selbstbestimmt. Sie folgen ihrer Vernunft und ziehen kühl und reflektiert die Schlüsse aus den Argumenten über den Naturzustand und die Notwendigkeit von Herrschaft, die ihnen vor Augen geführt werden. Sie wissen, was sie wollen, und sie wissen, was gut für sie ist.

Eine Gemeinsamkeit all der verschiedenen Vertragstheorien ist somit, dass überall mit einem Menschenbild gearbeitet wird, das die Menschen als gleich, und gleichermaßen selbstbestimmt, beschreibt. Genau darin lag die Kraft, der mittelalterlichen Tradition mit ihren hierarchischen Vorstellungen ein neues Bild der Gesellschaft entgegenzusetzen. Waren es zuvor Fürsten von Gottes Gnaden und Familienväter, die in ihrem Herrschaftsgebiet oder ihrem Haushalt das Sagen hatten, ging es jetzt um gleichberechtigte Bürger. Das dritte Schlagwort der Französischen Revolution, die «Brüderlichkeit», die neben Freiheit und Gleichheit steht, wurde übrigens auch in diesem Sinn gedeutet: Nicht mehr der König, als Vaterfigur der Gesellschaft, hat das Sagen, sondern die Bürger, die sich als gleichberechtigte Brüder zusammentun, um die Gesellschaft auf eine neue Grundlage zu stellen.[13]

Als *Ideal* ist die Vorstellung vom selbstbestimmten Menschen und von der Gleichheit aller Menschen als selbstbestimmte Wesen bis heute gültig. Auch das deutsche Grundgesetz drückt sie aus, wenn es von der unantastbaren Würde aller Menschen und dem «Recht auf die freie Entfaltung [der] Persönlichkeit»[14] spricht. Probleme können jedoch dann entstehen, wenn man *Ideal* und *Wirklichkeit*, die *normative* und die *deskriptive* Ebene, zu schnell in eins setzt. Dann kann es passieren, dass man alle möglichen Fragen übersieht, die sich daraus ergeben, dass die Wirklichkeit dem Ideal leider nicht immer entspricht. Dem *Ideal* nach sind wir alle freie, selbstbestimmte und vernünftige Individuen, die gleiche Rechte haben. In Wirklichkeit sind wir jedoch manchmal alles andere als vernünftig und selbstbestimmt, und unsere Gleichheit ist zwar formalrechtlich gesichert, als konkrete Individuen aber sind wir sehr verschieden. Wenn man aber ein anspruchsvolles normatives Menschenbild zum Ideal hat, muss man darauf achten, wie viel davon in der Wirklichkeit schon gegeben ist – nur dann kann man überhaupt die richtigen Fragen stellen, wenn es darum geht, wie dieses Ideal am besten *verwirklicht* werden soll.

Die Betonung von Freiheit und Eigenverantwortung hat dazu geführt, dass liberale Denkerinnen und Denker immer wieder Gefahr liefen, die konkreten Voraussetzungen für ein freies, selbstbestimmtes Leben zu übersehen – und damit auch die Tatsache zu vernachlässigen, dass diese Voraussetzungen nicht gleich verteilt und nicht für alle Menschen gleich zugänglich sind. Aus der ursprünglichen Vorstellung von den souveränen Herren des Vertrags kann dann eine ziemlich herzlose Angelegenheit werden, vielleicht sogar, ohne dass böser Wille zugrunde liegt. Zum Beispiel wird dann Hilfestellung für diejenigen, die es mit ihrer Freiheit nicht so leicht haben, verweigert mit dem Hinweis darauf, dass sie selbst für ihr Leben verantwortlich seien. In einem allgemeinen Sinne ist das nicht falsch; schließlich ist es geradezu das Merkmal eines erwachsenen Individuums, das alle seine Sinne beisammen hat, dass es Verantwortung übernehmen kann. Aber ein derartiges Denken übersieht, wie ungleich die Startbedingungen für verschiedene Menschen dabei sind und wie schwierig es für viele ist, im eigenen langfristigen Interesse zu handeln.[15]

Wenn dies nicht berücksichtigt wird, geht man das Risiko ein, bei einer – freiwillig oder unfreiwillig – ziemlich zynischen Position anzukommen, frei nach dem Motto: Jeder ist seines Glückes Schmied (wir sind schließlich alle gleich und frei), und wem es nicht gut geht, der ist selber schuld. Dies jedoch ist eine Haltung, die echte Freiheit für alle gerade *nicht* befördert. Im Gegenteil: sie eignet sich wunderbar dazu, missbraucht zu werden für die Interessen derjenigen, die mit ihrer eigenen Freiheit besonders gut zurechtkommen, oder dies zumindest von sich selbst glauben oder hoffen. Dabei wird das *Ideal* gleicher Freiheit und Verantwortlichkeit ungerechtfertigterweise in eins gesetzt mit einem Ist-Zustand, in dem die *Befähigung* zu einem freien Leben in Wirklichkeit sehr ungleich verteilt ist.

Ein zeitgemäßer Liberalismus muss sich die Frage stellen, was geschehen kann und soll, damit *jeder* Mensch eine Chance hat, sein Leben so zu führen, wie die Vertragstheoretiker es sich für freie Bürger vorstellen: selbstbestimmt, souverän, überlegt und das eigene Wohl langfristig im Blick behaltend. Er muss, wie oben formuliert, die «Bedingungen der Möglichkeit» seiner eigenen Verwirklichung mitdenken.

Ein «realistisches» Menschenbild?

Eine bekannte Devise der politischen Philosophie lautet, dass man die Menschen so nehmen solle, wie sie sind, und die Gesetze, wie sie sein könnten.[16] Im vorliegenden Kontext ist besonders die erste Hälfte dieser Aussage relevant. Auf den ersten Blick besitzt sie enorme Plausibilität: Wie sonst sollte man realistische Vorschläge für die Gestaltung eines Gemeinwesens machen? Der Haken an der Sache ist allerdings, dass «wie die Menschen sind» nicht unumstritten ist – ob zum Beispiel Jean-Jacques Rousseau (1712–1778), der diese Devise formuliert hat, sich selbst an sie gehalten hat, wird von vielen bezweifelt.[17] Die Geschichte des politischen Denkens zeigt, in welchem Maße Denker von den Menschenbildern und Erfahrungen ihrer Zeit beeinflusst waren. Ob es einen «gemein-

samen Kern» des Menschseins durch alle Epochen hindurch
gibt, der auch gehaltvoll genug ist, um darauf eine Theorie aufzubauen, ist selbst wiederum eine heiß umstrittene Frage. Für
den Liberalismus ist besonders ein Ansatz wichtig, mit dem
politische Denker seit der Frühen Neuzeit versucht haben, den
Menschen zu nehmen, «wie er ist». Dies ist der Versuch, die
egoistischen, selbstsüchtigen Züge der menschlichen Natur
immer schon mitzudenken, wenn man sich die Frage stellt, wie
eine gerechte Gesellschaft aussehen kann.

Der Impuls, diese egoistischen Züge zu berücksichtigen, ist
nachvollziehbar: Tut man es nicht, läuft man Gefahr, dass die
eigene Theorie von vornherein nicht praxistauglich ist. Wer zu
sehr an das Gute im Menschen glaubt und sich entsprechend
verhält, während andere es nicht tun, hat am Ende das Nach-
sehen. Diese Botschaft hat Niccolò Machiavelli (1469–1527) in
seinem berühmten Werk *Der Fürst*[18] Lorenzo de Medici nahegelegt, und spätestens seitdem geistert sie durch die abend-
ländische Ideengeschichte, regelmäßig begleitet von Entrüs-
tungsrufen und Skandalisierungen. Was der Fürst nach Machiavelli beachten muss – dass die Menschen kleingeistig und
kurzsichtig und vor allem immer auf ihren eigenen Vorteil bedacht seien –, ist bei Hobbes, in einer etwas anderen Spielart,
Grundlage seiner gesamten Staatstheorie. Die Individuen müssen sich durch den schon erwähnten Vertrag dem «Leviathan»,
dem allmächtigen Staat, unterwerfen, weil ihr Leben ohne dessen Gewaltmonopol unerträglich wäre. «Der Mensch ist dem
Menschen ein Wolf», heißt das berühmte Diktum, das Hobbes
in diesem Kontext verwendet.[19] Schließlich, so Hobbes, würden Menschen durch drei Dinge angetrieben: durch Wettbewerb untereinander, durch Misstrauen und durch das Streben
nach Ruhm. Daher können sie sich gegenseitig nicht trauen –
denjenigen, die das nicht glauben, hält Hobbes vor, dass vermutlich auch sie nachts ihre Häuser abschlössen und ihre
Wertsachen in Sicherheit brächten; soweit könne es mit ihrem
Glauben an das Gute im Menschen also nicht her sein.[20] John
Locke war insofern optimistischer, als er davon ausging, dass
Menschen durchaus auch friedlich nebeneinander her leben

könnten, aber diese Annahme hat viel mit den Umständen zu tun, die er im Naturzustand vorliegen sah, nämlich genügend freies Land, das die Einzelnen sich aneignen können, ohne anderen zu schaden. Wo Güter knapper sind, scheint das Hobbes'sche Szenario wahrscheinlicher. Und selbst da, wo es nicht um materielle Güter geht, traut Hobbes dem Frieden nicht: Das menschliche Streben nach Ruhm und der Wunsch, höher angesehen zu werden als andere, seien auch dann noch ein Problem, wenn es sonst nichts gibt, um das man sich streiten könnte.

Hobbes' Menschenbild passte gut zu bestimmten protestantischen Strömungen seiner Zeit, in denen die sündhafte Natur des Menschen betont wurde. Dies gilt noch stärker für einen der faszinierendsten Denker der westlichen Ideengeschichte, bei dem, wie bei Hobbes, nicht ganz klar ist, wie er politisch eigentlich einzuordnen ist: Bernard de Mandeville (1670–1733). Mandeville war Niederländer; er studierte an der Universität Leiden Philosophie und Medizin und kam dort vermutlich mit den Ideen des Theologen Cornelius Jansen (1585–1638) in Kontakt, der den Menschen für unfähig hielt, Gutes zu tun. Mandeville arbeitete als Arzt in London und veröffentlichte nebenbei Schriften, nicht nur zu medizinischen, sondern auch zu sozialkritischen Themen. Ein Werk sticht dabei hervor: die «Bienenfabel», ein Spottgedicht, das zunächst als anonyme Broschüre erschien und das Mandeville über Jahre hinweg um Kommentare, Dialoge und Essays ergänzte.[21] Die «Bienenfabel» nimmt das Leben in London, damals Hauptstadt eines weltweiten Kolonialreichs, aufs Korn, indem sie das Leben eines Bienenstocks schildert. Dessen Könige regieren milde, es blühen Wirtschaft, Kunst und Kultur. Aber auch das Laster blüht an allen Ecken und Enden: «Millionen widmen Kraft und Zeit / Der Andern Lust und Eitelkeit». Auch «Kuppler, Spieler, Parasiten, / Quacksalber, Diebe und Banditen» gehen eifrig ihren Geschäften nach; die Advokaten verdienen ihr Geld mit Rechtsverdreherei, die Ärzte schreiben fleißig Rezepte, damit es den Apothekern gut geht, die Soldaten saufen, würfeln und huren, und in der Politik wird eine Intrige nach der anderen gesponnen. Daher ist es nicht verwunderlich, dass bald von den Bewohnern des Bienenstocks selbst der Ruf nach mehr Tugend ertönt, nach Ehrlichkeit, Anstand und Bescheidenheit. Und weil Jupiter, der oberste Gott des Bienenstocks, genervt ist von diesem Gejammer, erfüllt er den Wunsch: Er «… rief: ‹Genug. / So seid befreit von dem Betrug!›» Das tritt auch ein – und damit die wirtschaftliche Katastrophe. Der Preis für Luxusgüter sinkt ins Bodenlose, da die Sünde der Eitelkeit ausgetrieben wurde. Die Juristen werden überflüssig, weil alle Leute ihre Streitigkeiten friedlich beilegen; auch der ganze Pomp der Amtskirche bricht zusammen. Am Ende zieht der Bienenschwarm in einen hohlen Baumstamm – «dort haust er nun in Seelenfrieden», allerdings unter erbärmlichen materiellen Umständen. Und die Moral von der Geschichte? Die Rufe nach Einfachheit und Tugend haben einen Preis: «Mit Tugend bloß kommt man nicht weit; / Wer wünscht, daß eine goldene Zeit / Zurückkehrt, sollte nicht vergessen: / Man musste damals Eicheln essen.» Mandeville stellt seine Leser also vor eine Wahl: Wirtschaftswachstum und damit auch militärische Macht und kulturelle Blüte passen nicht zu einer idealisierenden Vorstellung von Tugend. Die menschliche Natur ist nun einmal so, scheint Mandeville sagen zu wollen, dass man nur das eine oder das andere haben kann. Wer eine dynamische, aktive Gesellschaft will, muss den Eigeninteressen der Menschen freien Lauf lassen, und dazu gehören auch ihre Laster und möglicherweise auch ein gehöriges Maß krimineller Energie.

Man muss Mandeville nicht alles abkaufen, um seinem Anliegen, alle Seiten der menschlichen Natur ernst zu nehmen, etwas abgewinnen zu können. Adam Smith, der die «Bienenfabel» natürlich kannte,[22] kam zu einem differenzierteren Urteil als diejenigen Zeitgenossen, besonders aus kirchlichen Kreisen, die sie rundweg verdammten. Smith weist darauf hin, dass nicht alles, was Mandeville als lasterhaft verurteilt, es auch ist – innerhalb gewisser Grenzen nach seinem eigenen Interesse zu streben, ist durchaus legitim, wenn es mit der Achtung der Gesetze und der Wahrung von Sitte und Anstand einher-

geht. Es komme darauf an, *wie* man sein Eigeninteresse ver-
folge und ob man dies *mit* oder *gegen* andere Menschen tue.
Smith glaubt daran, dass Menschen nicht nur daran interessiert
sind, tugendhaft zu erscheinen, sondern auch daran, es wirklich zu sein, um vor sich selbst gut dastehen zu können. Trotzdem, so Smith, müsse irgendetwas dran sein an Mandevilles
Satire – andernfalls hätte sie nicht für so viel Aufruhr gesorgt.

Smith entwickelt denn auch seine eigene Spielart des Ansatzes, den Menschen so zu nehmen, wie er ist. Auch er versucht,
mit einem Menschenbild zu arbeiten, das nicht so idealisiert
ist, dass seine Theorie zu einer unrealistischen Utopie geriete.
Aber er sieht, dass zu echten Menschen nicht nur ihre egoistischen und aggressiven Züge gehören, sondern auch die sozialen, in all ihren Spielarten: Zuneigung, Mitleid, Empathie; vor
allem aber das Streben danach, von anderen anerkannt und
geachtet zu werden. Selbst die meisten materiellen Güter würden die Menschen vor allem deswegen erstreben, weil sie sie in
den Augen anderer gut dastehen ließen.[23] Reichtum erkaufe
Ansehen bei anderen Menschen, und dieses Ansehen ist es
letztlich, das Individuen antreibe. Um dieses Ziel zu erreichen,
seien manche Menschen bereit, über Leichen zu gehen – meta-
phorisch oder buchstäblich.

Smith sieht diese Eigenschaft des Menschen mit gemischten
Gefühlen. Einerseits hält er sie für eine Täuschung, eine Illusion, die schon dadurch aufgedeckt werde, dass viele Reiche
gar nicht glücklicher sind als diejenigen, die arm, aber unbe-
schwert leben. Andererseits fragt er sich, ob die Natur diese
Täuschung bewusst geschaffen haben könnte – um nämlich die
Menschen dazu zu bringen, die Erde zu bewirtschaften, Städte
zu bauen, Kunst und Kultur zu schaffen und all jene Dinge zu
tun, die die Menschheit als Ganzes voranbringen, auch wenn
der Einzelne dabei nicht unbedingt glücklicher wird.[24] In jedem Fall aber hält er das Streben nach Anerkennung für eine
Eigenschaft des Menschen, die zu allen Zeiten und an allen
Orten auftritt. Es nimmt aber sehr unterschiedliche Formen
an, je nachdem, was in einer Gesellschaft als anerkennenswert

gilt. Damit fügt Smith dem Nachdenken über ein realistisches Menschenbild ein Element hinzu, das aus einer anderen Traditionslinie stammt: Er stellt zusätzlich die Frage, wie die *historischen Umstände* beeinflussen, *welche* Züge des Menschen zum Tragen kommen und welches konkrete Verhalten daraus resultiert.

Der amerikanische Ökonom und Soziologe Albert Hirschman (1915–2012) hat herausgearbeitet, wie dieses Argument von Montesquieu (1689–1755) und anderen Denkern im 18. Jahrhundert entwickelt wurde:[25] Der Ausgangspunkt ist, dass Menschen über ein gewisses Repertoire an Eigenschaften verfügen, die in verschiedenen Mischverhältnissen auftreten können, je nachdem, in welchem Umfeld die Menschen sich bewegen. Zentrale Achse bei Montesquieu ist der Gegensatz zwischen den kriegerischen, aufwallenden «Leidenschaften» und den langfristig orientierten, kühl kalkulierenden «Interessen». Der Vorteil einer liberalen, am Handel orientierten Gesellschaft ist aus seiner Sicht, dass es sich für die Individuen lohnt, sich an Letzteren zu orientieren. Sie haben gesicherte Eigentumsrechte, und es steht ihnen frei, ihren Wohlstand zu steigern. Mehr noch: Es lohnt sich, zugunsten der «Interessen» die «Leidenschaften» im Zaum zu halten und zum Beispiel eine Streitigkeit mit einem Geschäftspartner so zu klären, dass die Basis für gemeinsame Aktivitäten erhalten bleibt. In diesem Sinne hat Montesquieu vom «doux commerce» gesprochen, vom «sanften Handel», der die Sitten verbessere und die Leute dazu erziehe, weniger aufbrausend und aggressiv zu sein.

Auch bei Smith findet sich dieses Motiv, und es ergänzt die Frage nach einem realistischen Menschenbild für liberale Theorien um eine wichtige Dimension: Es gilt nicht nur, ein realistisches Menschenbild für die eigene Theorie vorauszusetzen; ebenso wichtig ist die Frage, wie die Gesellschaftsform, die man entwirft, auf die Menschen wirkt und was sie aus ihnen macht. Es mag zwar gewisse Eigenschaften – biologische Grundkonstanten oder das Bedürfnis nach Anerkennung – geben, die in allen Gesellschaftsformen auftreten. Aber welche Form sie annehmen, kann sehr unterschiedlich sein. Je nach der Kultur, in der sie leben, können Menschen verschiedene Dinge tun, um die Aufmerksamkeit anderer auf sich zu ziehen: gegen wilde Tiere kämpfen, sich einem religiösen Ritus unterwerfen oder ein extravagantes Auto fahren. Für Smith ist daher wesentlich, dass der Trieb des Menschen, sein Eigeninteresse zu verfolgen und nach der Aufmerksamkeit anderer zu streben, durch die gesellschaftlichen Strukturen auf eine Weise kanalisiert wird, dass er möglichst keinen Schaden anrichtet – sondern, ähnlich wie bei Mandeville, am Ende dem Gemeinwohl dient.

Smith sieht in der frühkapitalistischen Marktgesellschaft, die zu seinen Lebzeiten vorherrschte, verschiedene Mechanismen, die dazu führen, dass für die meisten Menschen «die Straße zum Wohlstand» und die «Straße zur Tugend» «fast die gleichen» seien.[26] Dies ergibt sich aus den Strukturen einer derartigen Gesellschaft; es gilt nicht unbedingt für alle Tugenden, und vielleicht auch nicht für deren jeweils höchste Ausprägung, aber es reicht aus, um starke Anreize zu schaffen, sich auf eine bestimmte Art und Weise zu verhalten. Sparsamkeit und Fleiß zum Beispiel lohnen sich in einem Feudalsystem nicht, da das, was man erwirtschaftet, jederzeit vom Feudalherrn beansprucht werden kann. In einer Marktgesellschaft, wie Smith sie sich vorstellt, haben die Mitglieder dagegen gesicherte Eigentumsrechte, sodass sich harte Arbeit lohnt. Auch Eigenschaften wie Zuverlässigkeit, Ehrlichkeit und Freundlichkeit im Umgang mit anderen Menschen «lohnen» sich dort. Denn ein Handwerker oder Händler, so Smith, lebt von seinem guten Ruf: Er ist davon abhängig, dass Kunden, Lieferanten und Mitarbeiter bereit sind, mit ihm zusammenzuarbeiten. Deshalb, so Smith, können die Einzelnen es sich schlicht nicht leisten, rüpelhaft oder unzuverlässig zu sein – es würde ihre Geschäftsgrundlage zerstören.

Die Menschen dürfen also durchaus ihr Eigeninteresse verfolgen, aber sie müssen es so tun, dass Recht und Anstand dabei gewahrt bleiben. Dann sorgt der Marktmechanismus, Smiths berühmte «unsichtbare Hand», dafür, dass dieses Verhalten auch der Gesellschaft als Ganzer dient. Wenn – und dies ist ein sehr großes «Wenn» – es so ist, dass in den Strukturen einer Marktgesellschaft der Eigennutz der Menschen sie zu grundlegenden Formen tugendhaften Verhaltens treibt, erscheint der Gedanke, dass man die egoistischen Triebe des Menschen ernst nehmen und ihnen einen gewissen Freiraum zugestehen sollte, weit weniger schockierend, als es andernfalls der Fall wäre. Realismus in Bezug auf das Menschenbild bedeutet dann, dass man den Menschen nicht *generell* zu viel Altruismus zuschreibt, aber durchaus für möglich hält, dass sie in den richtigen sozialen Strukturen ein friedliches, geordnetes Leben führen können, ohne sich gegenseitig wie wilde Tiere zu behandeln.

Allerdings funktioniert dies auch bei Adam Smith nur, wenn die Märkte ganz bestimmte Formen annehmen. Zum Beispiel funktioniert der Gedanke, dass die Wahrung des eigenen Rufs die Leute davon abhält, andere ungerecht zu behandeln, nur dann, wenn keine einseitige Marktmacht vorliegt. Wenn dagegen alle Kunden an einem Ort von einem bestimmten Lieferanten abhängig sind, einfach weil er der Einzige ist, der sie beliefert, kann dieser Lieferant sich vermutlich einiges erlauben, bis die Kunden sich von ihm abwenden – besonders, wenn es sich um eine große Zahl von Kunden handelt, die sich schwer damit tun, ihr Handeln zu koordinieren. Smith spricht auch im Zusammenhang der Lohnverhandlungen zwischen Arbeitern und Kapitalbesitzern davon, wie ungleich deren Machtverhältnisse sind: Die Kapitalbesitzer kommen in der Regel länger ohne die Arbeiter aus als umgekehrt[27] – zumindest war dies zu seiner Zeit so, als es noch keine gewerkschaftlichen Strukturen und Streikkassen gab. Auch an adeligen Höfen sieht Smith das Prinzip, dass Eigennutz die Leute zu tugendhaftem Verhalten treiben könnte, nicht gegeben: Dort komme es nicht auf echte Qualitäten an, sondern nur darauf, sich vor dem Fürsten gut darzustellen.[28] Deswegen würden dort der Rang von Personen und ihre Tugendhaftigkeit nicht viel miteinander zu tun haben – während Smith annahm, dass in einer Marktgesellschaft auf lange Sicht der Ehrliche *nicht* der Dumme ist, sondern Ehrlichkeit und Verlässlichkeit sich auszahlen.

Man könnte trefflich darüber spekulieren, in welchen Bereichen der heutigen Wirtschaft derartige Anreize zu tugendhaftem Verhalten existieren – und welche eher den von Smith beschriebenen Fürstenhöfen gleichen. Auch heute noch gibt es Denker, die felsenfest davon überzeugt sind, dass der Kapitalismus eine Reihe von Tugenden stärken kann, zum Beispiel die amerikanische Wirtschaftswissenschaftlerin und Philosophin Deirdre McCloskey.[29] Insgesamt jedoch ist die Frage, ob ein «realistisches» Menschenbild auch beinhalten könnte, dass Leute aus Eigeninteresse bestimmte moralische Standards freiwillig einhalten und verinnerlichen würden, weitgehend verloren gegangen. Was unter einem «realistischen» Menschenbild verstanden wurde, reduzierte sich in der Regel darauf, dass Menschen ihre wirtschaftlichen Interessen verfolgen – Adam Smiths *Wealth of Nations* wurde ohne seine *Theory of Moral Sentiments* gelesen, in der er sich detailliert mit der Moralphilosophie und -psychologie einer liberalen Gesellschaft auseinandersetzt. In dieser Form ging der Gedanke, dass das Streben nach dem eigenen wirtschaftlichen Vorteil zugleich der Gesellschaft als Ganzer diene, auch in die sich formierende akademische Disziplin der Wirtschaftswissenschaften ein, die im frühen 19. Jahrhundert begann, mit mathematischen Modellen zu arbeiten. Damals entwickelte sich die Vorstellung, dass die Gesetze des Marktes ebenso in Stein gemeißelt seien wie das Gesetz der Schwerkraft und andere Gesetze der Physik. Sie zu ändern sei schlicht unmöglich, allem Gutmenschentum zum Trotz. Dies wurde zum Beispiel darauf bezogen, dass jeder Versuch, die Lage der arbeitenden Klasse zu verbessern, nach hinten losgehen würde, weil der Lohn durch die Gesetze von Angebot und Nachfrage festgelegt und nicht veränderbar sei.[30] Diese «Gesetze» der Ökonomie aber bauten wie selbstverständlich und ohne weiteres Hinterfragen darauf auf, dass man annahm, jeder Einzelne würde seinen Eigennutzen verfolgen, weil dies nun einmal die Natur des Menschen sei. Das Nachdenken über Ökonomie nahm im 19. Jahrhundert daher eine äußerst grimmige Gestalt an. Staatliche Maßnahmen, die zum Beispiel die Marktmacht der Kapitalbesitzer gegenüber den Arbeitern verringert hätten, wurden als nicht sinnvoll (da sie am Ende nur alle ärmer machen würden) und nicht nötig (da jeder doch «frei» sei, sich wirtschaftlich so zu betätigen, wie er wolle) abgelehnt.

Es ist nicht verwunderlich, dass linke Kritiker, allen voran Karl Marx (1818–1883), das Menschenbild und den Freiheitsbegriff dieses Denkens anprangerten – denn es war nur die Freiheit derjenigen, die sich im Markt durchsetzen konnten. Ein Grund jedoch dafür, dass Marx und Co. nur in der *Abschaffung* des freien Marktes eine Alternative sahen, war, dass auch sie die Gesetze der Ökonomie für unentrinnbar hielten – und damit die Möglichkeit als utopisch ablehnten, den Markt durch andere Institutionen einzuhegen und in den Dienst der *ganzen* Gesellschaft zu stellen. Der Kapitalismus, so Marx, zwinge die Menschen, ihr Eigeninteresse zu verfolgen, ob sie es wollten oder nicht. Deswegen setzt seine Kritik auch nicht bei den einzelnen Menschen an und versucht gar nicht erst, an deren Nächstenliebe oder Sinn für das Gemeinwohl zu appellieren – schließlich seien selbst die ausbeuterischsten Fabrikbesitzer nichts als «Charaktermasken» des Kapitals, die durch den Wettbewerbsdruck dazu gezwungen würden, möglichst niedrige Löhne zu zahlen und möglichst hohe Preise zu verlangen.[31] Vereinfacht lässt sich sagen, dass das Bemühen um ein realistisches Menschenbild im 19. Jahrhundert zwischen Befürwortern und Gegnern des Kapitalismus immer tiefere Gräben aufriss: Erstere glaubten, dass der *Mensch* nun einmal so sei und sich an den unbarmherzigen Gesetzen des Marktes deshalb nichts ändern ließe; Letztere glaubten, dass der *Kapitalismus* nun einmal so sei und den Menschen so *mache*, dass alle Änderungsversuche innerhalb des bestehenden Systems zum Scheitern verurteilt seien und das System als Ganzes abgeschafft werden müsse.

Und der «Homo oeconomicus», jene Gestalt aus den Lehrbüchern der Ökonomie, die in den letzten Jahren so viele Prügel einstecken musste? Er ist eine ziemlich blutleere Gestalt im Vergleich zu den reichhaltigen Überlegungen zur Natur des Menschen, die die Geschichte des Liberalismus durchziehen.[32]

In den meisten Standardmodellen ist sein Ansinnen einfach:
Er möchte lieber mehr Geld als weniger Geld, und er möchte
für das gleiche Geld lieber weniger arbeiten als mehr. Das
sind so einfache Annahmen, dass sie sich gut mathematisch
fassen lassen, und für eine erste Annäherung an die Wirklichkeit scheinen sie durchaus plausibel. Der «Homo oeconomicus» hat keine Familie oder Freunde, zumindest sagen die Modelle darüber nichts aus; welche Vorlieben oder Eigenschaften
er sonst noch hat, bleibt sein Geheimnis – davon wird abstrahiert.

Trotzdem hat der «Homo oeconomicus» einige Eigenschaften, die den Charakter der auf ihn aufbauenden Theorien ent-
scheidend prägen. Wie bei den klassischen Vertragstheorien
weiß der «Homo oeconomicus», was gut für ihn ist. Er macht
keine Rechenfehler, und es kommt auch nicht vor, dass er sich
einmal nicht beherrschen könnte und deshalb eine falsche
Entscheidung träfe. In den Standardmodellen hält er sich stets
an Recht und Gesetz;[33] er käme nicht auf die Idee, seine Geschäftspartner zu bedrohen oder gar gewalttätig zu werden. Es
würde ihm auch nie einfallen, in einem bestimmten Geschäft
nicht einzukaufen, weil es von einem Menschen anderer Haut-
farbe geführt wird und er rassistische Vorurteile hat[34] – in
mancher Hinsicht wäre es also durchaus wünschenswert,
wenn sich manchen Zeitgenossen diesem Lehrbuchmodell
stärker annähern würden.

Wie bei den Vertragstheoretikern gilt auch für den «Homo
oeconomicus», dass alle Menschen als gleich modelliert werden – die ungleiche Fähigkeit der Menschen, zu wissen, was
gut für sie ist, oder die ungleiche Fähigkeit, nach dieser Einsicht auch zu handeln, kommt nicht vor. Das, wofür er am
stärksten kritisiert wird, ist das Fehlen jeglicher Aussagen
dazu, wie es eigentlich um sein Interesse an anderen Menschen
bestellt ist: Hat er soziale Gefühle? Ist er bereit, andere zu unterstützen? Würde er einer alten Dame über die Straße helfen?
All dies blenden die mathematischen Modelle aus. Auch Gefühle, die sich auf andere Menschen beziehen, aber weniger
wünschenswert sind, zum Beispiel Neid oder Missgunst, fallen

weg. Inwiefern das eine realistische Beschreibung der menschlichen Natur ist, darf bezweifelt werden.

Letztlich aber ist der «Homo oeconomicus» nichts als eine Metapher für die «Nutzenfunktionen», die die Ökonomen verwenden, um die komplexe Wirklichkeit des ökonomischen Lebens in Modelle zu fassen. Probleme entstehen nur, wenn er mit der Wirklichkeit verwechselt wird und wenn man aus den Modellen, die auf ihm aufbauen, direkt zu Empfehlungen übergeht, wie die Wirklichkeit gestaltet werden soll. Die Verwendung des «Homo oeconomicus» birgt, wie schon erwähnt, zwei Gefahren. Die erste Gefahr ist, die Menschen bei allem, was ihre Sorge um das langfristige eigene Wohl angeht, zu *überschätzen* – und damit all die Probleme zu übersehen, die dadurch entstehen, dass sie dazu nicht immer in der Lage sind und dass diese Fähigkeit ungleich zwischen ihnen verteilt ist. Die zweite Gefahr ist, die Menschen bei Dingen, bei denen es um das Wohl anderer geht, zu *unterschätzen* (wobei damit auch die Unterschätzung von Neid einhergeht). Diese Verzerrungen passen wunderbar mit dem Loblied auf den freien Markt zusammen: Der freie Markt soll schließlich für das Wohl aller sorgen, wenn jeder nur einigermaßen gut für sich selber zu sorgen weiß. In manchen wirtschaftsliberalen Kreisen ist es ein regelrechtes Mantra, dass es sinnlos und überflüssig wäre, an die sozialen Gefühle der Menschen zu appellieren, da Lösungen, die auf ihr Eigeninteresse setzten, letztlich die einzig möglichen seien. Dieses Argument mag als Korrektiv zu einem naiven «Gutmenschentum» manchmal seine Berechtigung haben – aber es ist von dort nur ein kleiner Schritt hin zu einem zynischen Herabsetzen sämtlicher altruistischer Regungen. Und der Berufung auf Freiheit wird Hohn getan, wenn der Hinweis auf die ungleichen Ausgangschancen der Menschen mit dem schulterzuckenden Verweis darauf abgetan wird, dass jeder seines Glückes Schmied sei und diejenigen, die am unteren Ende der Nahrungskette stehen, es vermutlich nicht anders wollten. Dann nämlich geht liberalem Denken genau das verloren, worauf es so insistiert: eine realistische Weltsicht, die die Schwächen der Menschen, auch

in Bezug auf das Verfolgen des eigenen Wohlergehens, ernst
nimmt.

Echte Menschen – Was die Verhaltensökonomie uns lehrt

Liberales Denken kann in massive Schieflagen geraten, wenn
es die Fähigkeiten des Menschen bei der Sorge für sich selbst
überschätzt. Es muss auch die Schwachstellen der menschlichen Natur berücksichtigen. Die Ausprägung dieser Schwächen ist bei verschiedenen Menschen sehr unterschiedlich.
Trotzdem gibt es einige Phänomene, die so stark verbreitet
sind, dass sich allgemeine Schlüsse ziehen lassen. Die Verhaltensökonomie und die Psychologie haben viele dieser Tendenzen durch empirische Forschung untermauert.

Schon der griechische Philosoph Aristoteles (384–322 v. Chr.)
wunderte sich darüber, dass Menschen oft gegen ihr besseres
Wissen zu handeln scheinen: Sie tun Dinge, von denen sie wissen müssten, dass sie nicht gut sind.[35] Er nannte dieses Phänomen «akrasía»: Unbeherrschtheit oder Willensschwäche. Auf
den ersten Blick sieht es paradox aus: Menschen tun Dinge,
obwohl sie selbst der Meinung sind, dass sie nicht richtig sind.
Das scheint die Vorstellung vom Menschen als denkendem
Wesen geradezu zu untergraben. Sokrates (469–399 v. Chr.)
zum Beispiel, der Lehrer von Aristoteles' Lehrer Platon, vertrat deshalb die These, dass es Willensschwäche bei genauerem
Hinsehen schlicht und einfach nicht gebe, sondern es sich um
Fälle von Nichtwissen handle.[36] Aristoteles dagegen glaubte,
dass besonders bei Handlungen, die mit körperlichem Genuss
oder emotionalen Reaktionen zu tun haben, Menschen durchaus gegen ihr besseres Wissen handeln. In solchen Situationen
hat die Vernunft keinen Einfluss auf das Handeln.

Die Vorstellung, dass Menschen willensschwach sind, ist für
den gesunden Menschenverstand wenig erstaunlich. Auch im
christlichen Denken des Abendlands ist sie fest verankert.[37] Im
liberalen Denken allerdings ist das Bewusstsein für dieses
Problem wenig ausgeprägt, trotz allen Strebens nach einem realistischen Menschenbild. Am ehesten noch finden sich An-

klänge bei Hobbes, wo die Angst vor Strafe im Staat auch dafür sorgt, dass Leute ihre aufflammende Wut beherrschen. Aber insgesamt wird das Problem, dass Menschen sich aufgrund von Willensschwäche selber schädigen können, stiefmütterlich behandelt. Das ist aus der Geschichte des Liberalismus heraus verständlich: Wer anfängt, den Menschen als willensschwach zu denken, kommt schnell auf die Idee, dass er der Leitung durch Herrscher oder auch Priester bedarf – und ist dann wieder bei den hierarchischen Denkstrukturen, gegen die sich der Liberalismus gerade richtete.

Trotzdem lässt sich das Problem der Willensschwäche und der ungleichen Fähigkeit, für das eigene langfristige Wohlergehen zu sorgen, nicht leugnen. Auch die ökonomische Theorie hat es in letzter Zeit wiederentdeckt. Das Einfallstor dafür war die Frage nach den optimalen Strategien für Entscheidungen, die sich über längere Zeiträume erstrecken. Insbesondere beim Sparen und beim Verhalten in Bezug auf die eigene Gesundheit müssen Menschen Entscheidungen treffen, deren Auswirkungen sie erst Jahre später spüren. Ein «Homo oeconomicus» tut dies, indem er gewissenhaft sämtliche «Kosten» und «Erträge» (im wörtlichen und übertragenen Sinne) in allen Perioden aufsummiert, wobei Kosten und Erträge, die in der Zukunft liegen, mit einem Diskontierungsfaktor versehen («abdiskontiert») werden, der Verzinsungseffekte und die generelle Unsicherheit der Zukunft abbildet. Ein «Homo oeconomicus» verwendet dabei für jede Periode den gleichen Zinssatz. Dies führt dazu, dass die Entscheidung zwischen zwei Optionen zu allen Zeitpunkten gleich ausfällt.[38]

Wenn man allerdings das tatsächliche Verhalten von Leuten betrachtet, sieht man, dass ihre Entscheidungen oft unterschiedlich sind, je nachdem, *wann* sie zwischen zwei Optionen wählen. Anschaulich wird dies in einem Experiment, in dem die Teilnehmer gefragt wurden, ob sie 110 Dollar in 31 Tagen oder 100 Dollar in 30 Tagen bevorzugen würden – und ob sie lieber 110 Dollar am folgenden Tag oder 100 Dollar am gleichen Tag hätten. Typischerweise bevorzugten sie bei der späteren Auszahlung die 110 Dollar in 31 Tagen, bei der un-

mittelbar anschließenden Auszahlung aber die 100 Dollar sofort. Dies aber impliziert, dass sie, wenn sie in 30 Tagen noch
einmal gefragt würden, ihren ursprünglichen Plan über den
Haufen werfen und die sofort verfügbaren 100 Dollar vorziehen würden.[39] Die Präferenzen sind somit «zeitinkonsistent»:
Menschen halten sich nicht an ihre eigenen Vorstellungen davon, was in Zukunft besser für sie wäre. Dieses Experiment
hat unter Ökonomen für Furore gesorgt; seine Aussagekraft
ist nicht unumstritten, aber zahlreiche Experimente in verschiedenen Lebensbereichen bestätigen, dass das Phänomen
wirklich existiert.[40]

Ökonomen nennen dieses Phänomen «hyperbolic discounting», weil die Zukunft gegenüber der Gegenwart unverhält-
nismäßig stark abdiskontiert wird, also weniger stark berücksichtigt wird, als dies aus einer neutralen Perspektive ange-
messen wäre.[41] Komplexe mathematische Modelle fangen ein,
was der gesunde Menschenverstand ziemlich oft bemerkt:
Gute Vorsätze lösen sich in Luft auf, wenn der Zeitpunkt gekommen ist, an dem man sie in die Tat umsetzen müsste. Die
Unmittelbarkeit der Gegenwart im Vergleich zur Vorstellung
der Zukunft ist oft ausschlaggebend dafür, dass man Dinge tut,
die langfristig nicht sinnvoll sind. Zum Beispiel nimmt man
sich vor, im nächsten Monat mit dem Sparen für die Altersvorsorge zu beginnen – aber wenn der Monat gekommen ist,
ist die unmittelbare Verlockung, zu konsumieren, so groß, dass
die Sparpläne aufgeschoben werden. Dies wurde in einem berühmten Experiment bestätigt. Die US-Ökonomen Richard
H. Thaler und Shlomo Benartzi[42] testeten, wie sich die Teilnahme an Sparplänen für die Altersvorsorge ändert, wenn die
Individuen sich im Voraus darauf festlegten, bei einer Lohn-
erhöhung einen bestimmten Betrag auf ein Sparkonto über-
weisen zu lassen. Dadurch wurden mehrere psychologische
Effekte genutzt. Indem die Individuen sich vorher festlegten,
wurde die Neigung zur Prokrastination – Dinge vor sich her
zu schieben – überlistet. Dadurch, dass die Sparbeträge von
Lohnerhöhungen abgebucht wurden, erlitten die Teilnehmer
keinen nominalen Verlust, was weniger schmerzhaft ist, als

etwas zu verlieren, das man schon hat – ein Phänomen, das «Verlustaversion» getauft wurde.[43] Obwohl die Teilnehmer aus dem Programm jederzeit aussteigen konnten, taten es die wenigsten. Dies spricht dafür, dass die höheren Sparquoten ihren eigentlichen Präferenzen entsprachen und sie es vorher nicht geschafft hatten, zu sparen.

Ein anderer Aspekt menschlichen Verhaltens, der ebenfalls Auswirkungen darauf hat, ob Menschen in ihrem langfristigen Interesse handeln, ist die Verwendung von Heuristiken. Heuristiken sind Methoden zur Entscheidungsfindung, die keine vollständige Analyse des Problems voraussetzen, sondern als schnelle «Daumenregeln» dienen.[44] Zum Beispiel kann eine Heuristik sein, bei Kaufentscheidungen nur die ersten fünf Angebote zu vergleichen und dann das Beste daraus auszuwählen. In der einfachen Welt der «Homo-oeconomicus»-Modelle benötigt man so etwas nicht; in der Welt, in der wir leben, ist es dagegen kaum möglich, sich ohne Heuristiken zurechtzufinden. Allerdings kann man sich damit ins eigene Fleisch schneiden, besonders dann, wenn andere Akteure gezielt darauf setzen, diese Denk- und Verhaltensstrukturen auszunutzen. Das Aufbauen von Marken zum Beispiel ist für Unternehmen auch deswegen so verlockend, weil Kunden die bekannten Namen unbekannten vorziehen und bei einzelnen Kaufentscheidungen möglicherweise gar nicht mehr nachprüfen, ob das Angebot einer Konkurrenzfirma besser wäre. In der Theorie und Praxis des Marketings sind die vielfältigen Erkenntnisse über derartige Phänomene längst angekommen. In den Standardmodellen der Ökonomie dagegen, und auch im Denken vieler Liberaler, wird die Frage danach, in welchem Maß Menschen das tun, was sie wirklich tun wollen, nicht gestellt.[45]

Allerdings sollte man die Erklärungen, die bei der menschlichen Willensschwäche ansetzen, auch nicht überschätzen. Wie oben erwähnt, führte Sokrates dagegen ins Feld, dass es sich bei scheinbarer Willensschwäche letztlich um Formen des Nichtwissens handle. Auch wenn man Sokrates' radikale Ablehnung des Phänomens nicht teilt, ist in vielen konkreten Fällen fraglich, über welche Informationen die Individuen verfügen, besonders angesichts der wachsenden Komplexität und der schnellen Veränderungen in der heutigen sozialen Welt. In Zeiten des Internets bestehen Informationsprobleme selten darin, dass Informationen unmöglich zu erhalten wären, sondern vielmehr darin, aus einem Wust an Daten die wesentlichen Informationen herauszufiltern und sie richtig einzuordnen und zu bewerten. Dies kostet Zeit, und manchmal auch Geld, und auch hier lauern zahlreiche psychologische Fallen. Menschen nehmen Informationen, die ihre Meinung bestärken, in der Regel besser wahr als solche, die ihr widersprechen. Auch die Reihenfolge, in der man Informationen aufnimmt, oder die Frage, ob man Optionen einzeln oder im direkten Vergleich bewertet, kann dazu führen, dass man sie völlig anders wahrnimmt.[46] Für jemanden, dem es schwer fällt, in seinem eigenen langfristigen Interesse zu handeln, potenzieren sich damit die Probleme: Nicht nur für die Entscheidung selbst, sondern auch für die Informationsbeschaffung braucht es Willensstärke und eine langfristige Orientierung. Wenn man diese nicht besitzt oder nicht bereit ist, die Energie dafür aufzuwenden, kann man leicht in komplizierte Verflechtungen von Willensschwäche, kurzfristigem Denken und Informationsdefiziten gelangen – und dann erscheinen plötzlich ganz andere Dinge als optimal, als dies aus einer nüchternen Außenperspektive der Fall ist.

Last but not least gibt es Abweichungen vom eigeninteressierten Verhalten des «Homo oeconomicus», die aus einer ethischen Perspektive besonders interessant sind, weil überhaupt nicht klar ist, ob man sie verurteilen oder vielmehr begrüßen sollte. Menschen verzichten in vielen Situationen ganz oder teilweise darauf, ihr Eigeninteresse zu verfolgen, weil sie nicht nur auf ihre individuelle Auszahlung achten, sondern auch auf die Gesamtkonstellation und insbesondere auf die Rolle anderer Menschen. Sie empfinden zum Beispiel Unwillen über die Gier anderer. Dies zeigt ein berühmtes Experiment: Im sogenannten «Ultimatum-Spiel» erhalten zwei Spieler den Auftrag, eine Summe Geld untereinander aufzuteilen.[47]

Dabei soll die erste Person eine Aufteilung vorschlagen; einstecken kann sie das Geld aber nur, wenn die zweite Person zustimmt. Wenn man sich vorstellt, gegen einen «Homo oeconomicus» zu spielen, kann man ausrechnen, welche Aufteilung sinnvoll ist: Ein solcher Modell-Mensch wird sich selbst mit dem geringsten Betrag, zum Beispiel einem von hundert Euro, zufrieden geben, denn er betrachtet nur die Verbesserung seiner eigenen Lage, nicht das, was der andere erhält. Menschen aus Fleisch und Blut reagieren völlig anders: Wie zahlreiche Varianten dieses Experiments zeigen, nimmt kaum jemand ein Angebot an, das unter 20 Prozent der Gesamtsumme liegt. Die Spieler, die zuerst am Zug sind, bieten denn in der Regel auch Beträge an, die erheblich größer als Null sind. Wenn man davon ausgehen muss, dass der zweite Spieler niedrige Angebote ablehnen wird, ist dies ein sinnvolles Vorgehen. Das Verhalten des zweiten Spielers dagegen weicht erheblich von dem ab, was in üblichen wirtschaftswissenschaftlichen Modellen unter Rationalität verstanden wird: Um den ersten Spieler zu bestrafen, werden materielle Einbußen (in Form des entgangenen Gewinns) in Kauf genommen. In diesem Sinne ist die Bestrafung «altruistisch»: Sie dient nicht dem Individuum selbst. Allerdings führt die Möglichkeit derartiger Bestrafung dazu, dass zwischenmenschliche Kooperation besser funktioniert, weil die ersten Spieler antizipieren, dass sie sich nicht alles erlauben können.[48] Für menschliche Gesellschaften ist es vermutlich vorteilhaft, dass es Leute gibt, die dieses Verhalten an den Tag legen. Schließlich ist es im langfristigen Interesse aller, dass gewisse soziale Normen von allen eingehalten werden. Das Prinzip, mit anderen zu teilen und bei unverhofften Gewinnen nicht alles alleine einzustecken, kann allen Mitgliedern der Gesellschaft nützen, weil sich Möglichkeiten zur Kooperation auftun, auch wenn man die Aufteilung des Gewinns vorher nicht genau festlegen kann.

Für die Phänomene, die durch die Abweichungen von der sturen Verfolgung des Eigeninteresses entstehen, sind die «Homo-oeconomicus»-Modelle blind – und auch im liberalen Denken allgemein wurden sie oft vernachlässigt. Das Leitbild war der erwachsene, selbstsichere und selbstbestimmte Mensch, der gelernt hat, sich unter Kontrolle zu haben. Man kann darüber spekulieren, welche Rolle religiöse Vorstellungen über die Notwendigkeit der Unterwerfung der eigenen Triebe hierbei gespielt haben. Max Webers berühmte und immer noch diskutierte Überlegungen über den Zusammenhang von Protestantismus und Kapitalismus lassen hier grüßen[49] – ein Aspekt, den er besonders hervorgehoben hat, ist schließlich die «innerweltliche Askese», die die Verdammung von Luxus und Genussstreben mit sich bringt, was ebenfalls einen starken Willen voraussetzt.[50] Aber auch in der heutigen säkularen Kultur stehen Selbstbestimmung und -beherrschung hoch im Kurs. Und weil viele von uns darin nicht so gut sind, wie wir gerne wären, blüht der Markt für Ratgeberliteratur und für Selbstbindungsmechanismen aller Art – zum Beispiel Software, die während voreingestellter Zeiten den Internetzugang sperrt.

Alles nicht neu, wird der Bildungsbürger vielleicht seufzen: Schon Odysseus ließ sich schließlich am Mast festbinden, um nicht von seinem Entschluss abzurücken, den Verlockungen der Sirenen zu widerstehen. Horkheimer und Adorno, die das Motiv aufgegriffen haben, sprachen von ihm als dem «Urbild [...] des bürgerlichen Individuums»,[51] und der schwedische Soziologe Jon Elster benannte ein ganzes Buch über Rationalität, Irrationalität und vorausschauende Selbstbindung nach ihm.[52] Aber die Fähigkeit, so listig zu handeln wie Odysseus, fällt nicht vom Himmel. Wer sie einfach voraussetzt, übersieht eine ganze Reihe wichtiger Fragen. Außerdem sind nicht alle Aspekte unseres Lebens durch unseren Willen beeinflussbar; in manchen Bereichen sind durch Genetik, Umwelt oder Zufall die Würfel längst gefallen. Wer die Fähigkeit der Menschen, nach ihren eigenen Vorstellungen zu handeln, überschätzt, kann auch Gefahr laufen, einen zu großen Anteil der Ergebnisse durch individuelles Verhalten (oder Fehlverhalten) zu erklären, ohne externe Faktoren gebührend zu berücksichtigen.

Ein gewisses Maß an Selbstbestimmung und -beherrschung muss jede liberale Theorie voraussetzen, wenn sie von vernünftigen, erwachsenen Individuen ausgehen will. Das heißt aber nicht, dass sie nicht auch danach fragen könnte, wie eine entsprechende Erziehung und Charakterentwicklung möglich ist und welche Tendenzen in der Gesellschaft sie untergraben oder unterstützen. Man kann sich durchaus fragen, ob unsere Gesellschaft nicht viel zu viel von der listigen Selbstbeherrschung des Odysseus erwartet – etwa, wenn ein Kolumnist der *New York Times* junge Leute auffordert, sich eine Universität danach auszusuchen, wo sie am stärksten «gezwungen» werden, über sich selbst hinauszuwachsen.[53] In mancher Hinsicht ist unser ganzes Wirtschaftssystem darauf ausgelegt, diejenigen zu belohnen, die ihre eigenen Triebe besonders erfolgreich unterdrücken und die größte Selbstbeherrschung an den Tag legen.[54] Die Rede vom «unternehmerischen Selbst»[55] zum Beispiel ist zutiefst ambivalent: Einerseits ist es ein kulturelles Ideal, selbstbestimmt das eigene Leben zu gestalten; andererseits scheint es viel zu viel vom Einzelnen zu verlangen und ihn mit Problemen alleine zu lassen, die er alleine nicht lösen kann.

Ein zeitgemäßer Liberalismus muss die Frage, wie gut Menschen – durch Selbstbindung und anderweitig – in der Lage sind, für sich selbst zu sorgen, neu stellen. Dies hat Auswirkungen auf eine ganze Reihe von Elementen einer liberalen Gesellschaft. Es ist offensichtlich, dass die Fähigkeiten dazu nicht völlig gleich verteilt sind, sodass sich die Frage stellt, ob die hierdurch auftretenden Ungleichheiten korrigiert werden können oder sollten. Und es stellen sich Fragen der Arbeits- und Verantwortungsteilung. Manche Dinge liegen voll und ganz in der Kontrolle von Individuen, die folglich auch selbst dafür verantwortlich sein sollten. Aber die Kritik lässt sich nicht von der Hand weisen, dass der Begriff individueller Verantwortung zu einem regelrechten Mythos zu werden droht,[56] der dazu missbraucht werden kann, alle Institutionen zurückzuweisen, die die Individuen dabei *unterstützen*, ein freies Leben zu führen. Nicht alle Risiken, denen ein einzelnes Leben heute unterliegt, sind derart, dass Individuen sinnvollerweise für sie verantwortlich gemacht werden können. Gerade dann, wenn ihre Ursachen nicht individueller, sondern gesellschaftlicher Natur sind, können und sollten bei ihrer Bewältigung auch andere Institutionen eine Rolle spielen – nicht notwendigerweise immer «der Staat», sondern auch Familien, Nachbarschaften oder Schulgemeinschaften. Natürlich ist wichtig, hierbei das Kind nicht mit dem Bade auszuschütten: Richtschnur für diese Überlegungen muss die Frage bleiben, wie Individuen ein freies und selbstbestimmtes Leben führen können. Aber wer dieses Ziel teilt und einen realistischen Blick auf die Welt wirft, sollte zugestehen, dass manche Formen der Hilfestellung und Absicherung bei der Verfolgung des langfristigen Wohlergehens Menschen freier und nicht unfreier machen. Anstatt das Bild vom «Homo oeconomicus» vorauszusetzen, muss genauer hingeschaut werden, ob bestehende Institutionen diese Fähigkeiten der Menschen, entsprechend ihrer langfristigen Interessen zu handeln, stützen oder untergraben – ob es um die Rolle von öffentlichen Bildungseinrichtungen, die Regulierung irreführender Werbung oder die Gestaltung von Alterssicherungssystemen geht.

Die Befähigung zur Freiheit

Liberale Denker werfen «linken» Denkern jeder Couleur, insbesondere jedoch Vertretern kommunistischer Strömungen, oft vor, dass sie die Menschen sozialer darstellen, als sie sind: Sie würden ihre Bereitschaft, sich für das Gemeinwohl einzusetzen, überschätzen. Ein kommunistisches System könne nicht funktionieren, da es den Eigeninteressen der Menschen nicht genügend Beachtung schenke. Diese Kritik hat einen wahren Kern – aber sie darf nicht darüber hinwegtäuschen, dass auch liberale, insbesondere marktliberale, Denker ein gewissermaßen symmetrisch gelagertes Problem haben. Sie laufen Gefahr, andere Fähigkeiten des Menschen zu überschätzen, nämlich diejenigen Fähigkeiten, die ihn in die Lage versetzen, für sich selbst zu sorgen. Sein eigenes langfristiges Wohl im Auge zu behalten, gegen Willensschwäche und spontane Gefühlswallungen daran festzuhalten, sich umfassend zu informieren und dementsprechend ein Leben nach den eigenen

Vorstellungen zu führen, ist ein Ideal, an dem *als Ideal* unbedingt festzuhalten ist. Aber wer das Ideal mit der Wirklichkeit verwechselt, läuft Gefahr, für ein System zu plädieren, in dem viele unter die Räder kommen: all diejenigen, denen es schwerfällt, dem Ideal aus eigener Kraft gerecht zu werden. Wer die Tradition des Liberalismus fortsetzen will, mit einem realistischen Menschenbild zu arbeiten, muss auch die Frage stellen, an welchen Stellen menschliche Vernunft und Willensstärke möglicherweise überschätzt wurden – und in welchen Bereichen der Gesellschaft Glück und Zufall eine so große Rolle spielen, dass es gar nicht am Verhalten der Einzelnen liegt, was aus ihnen wird.

Einen besonders schalen Beigeschmack bekommt das missverstandene Argument von der Selbstbestimmung aller Menschen, wenn es von Leuten vorgetragen wird, die auf die eine oder andere Art und Weise privilegiert sind, zum Beispiel, weil sie Eigenschaften besitzen, die in einem kapitalistischen System besonders nützlich sind. Die Initiative und Leistungsbereitschaft Einzelner ist wichtig für eine liberale Gesellschaft – aber oft haben diese Eigenschaften viel mit Umständen zu tun, die selbst nicht das Ergebnis eigener Leistung sind. Um es überspitzt darzustellen: Wer als behütetes Kind eines gutbürgerlichen Haushalts aufgewachsen ist und wem soziale Netzwerke, eine gute Ausbildung und ein hohes Maß an Selbstvertrauen das berufliche Fortkommen erleichtern, sollte sich mit Urteilen über Menschen zurückhalten, die aus ganz anderen sozialen Schichten kommen und beim Versuch, ein eigenständiges Einkommen zu verdienen, auf zahlreiche Hindernisse und Probleme stoßen. Ein Cartoon, in dem ein wohlhabender Bürger einen Bettler auf der Straße trifft, bringt es auf den Punkt: «Go inherit your own money», «Erbe Dein eigenes Geld». Auch, wer selbst Geld verdient, hat oft Startvorteile durch ererbte Faktoren und elterliche Förderung in Bildung und Ausbildung. Wer das Glück hat, viele derjenigen Eigenschaften zu besitzen, die unser wirtschaftliches System belohnt, sollte nicht den Fehler begehen, seine Erfolge ausschließlich der eigenen Leistung zuzuschreiben und den Miss-

erfolg anderer deren Charakterschwäche.[57] Ich werde weiter
unten auf diese Frage zurückkommen: Oft verstellt ein falsches
Verständnis davon, wer was «verdient», den Blick darauf, welche institutionellen Lösungen für ein selbstbestimmtes Leben
aller Bürger nötig und legitim sind.

Dabei verstärkt die Vorstellung vom «Homo oeconomicus»,
wenn sie nicht als Denkmodell, sondern als Menschenbild genommen wird, paradoxerweise die Schärfe der Debatte. Oft
werden Überlegungen, die implizieren könnten, dass der Staat
Einkommen von «den Reichen» zu «den Armen» umverteilen
sollte, reflexhaft mit dem Argument zurückgewiesen, dass dies
zu einer sozialen Hängematte führen würde, die von den Emp-
fängern von Sozialleistungen ausgenützt würde, während diejenigen, die dafür höhere Steuern zahlen müssten, weniger arbeiten würden. Dann, so das Argument, würde der Kuchen für
alle kleiner. Ohne dieses Argument völlig vom Tisch wischen
zu wollen: Man sollte sich vor Augen führen, dass es vor allem
dann überzeugend ist, wenn man davon ausgeht, dass Menschen in erster Linie des Geldes wegen arbeiten, wie es eben
beim «Homo oeconomicus» der Fall ist. Wenn man dagegen
davon ausgeht, dass sowohl «Reiche» als auch «Arme» auch
aufgrund sozialer Anerkennung, menschlicher Kontakte oder
vielleicht sogar aus Spaß an ihrer Tätigkeit arbeiten, ist nicht
mehr so klar, dass umverteilende Maßnahmen sofort zu Verhaltensänderungen führen. Dies liegt nicht zuletzt daran, dass
die Ideale von Unabhängigkeit und Selbstbestimmung tief in
unserer Kultur verankert sind. Sehr viele Menschen würden,
wenn sie sich zwischen einem selbst erarbeiteten Einkommen
und einer Transferleistung entscheiden müssten, das eigene
Einkommen vorziehen. Auch dies kann dazu beitragen, dass
das Problem der Ausnutzung der «sozialen Hängematte»
weniger drängend ist, als es aus der Sicht des reinen «Homo
oeconomicus» der Fall ist, in der kulturelle Werte keine Rolle
spielen.[58] Und übrigens sind die menschlichen Neigungen zu
Fehlentscheidungen auch nicht schichtspezifisch. Vielmehr
dürfte es in vielen Fällen so sein, dass Menschen in privilegier-
ten Positionen mehr Puffer und Absicherungsmechanismen

haben als solche in anderen Schichten. Das Risiko, dass der eigene Lebensentwurf scheitert, ist dadurch sehr ungleich verteilt.

Dass Menschen in der Lage sind, ein selbstbestimmtes Leben zu führen, kann ein zeitgemäßer Liberalismus nicht einfach so postulieren. Es stellt sich ihm vielmehr die Aufgabe, im Rahmen des Möglichen dafür zu sorgen, dass es so ist. Nur wenn er dies tut, nimmt der Liberalismus seine eigenen Grundlagen ernst und denkt die Bedingungen der eigenen Möglichkeit mit. Daher sollten Liberale, bei aller Abneigung gegen unzulässige Bevormundung, auch eine Antwort auf die Frage geben können, was mit denjenigen passieren soll, denen es schwerfällt, ihr Leben in ihrem eigenen langfristigen Interesse zu führen – und wie mit den Ungleichheiten umgegangen werden soll, die die ungleiche Ausprägung dieser Fähigkeiten verursacht. Ein zeitgemäßer Liberalismus kann und soll sich diesen Herausforderungen stellen. Dies führt zu anderen Antworten auf die Frage nach der optimalen institutionellen Gestaltung, als wenn man bei allen Menschen eine gleich hoch ausgeprägte Fähigkeit voraussetzt, selbstbestimmt das eigene Leben zu führen. Derartige institutionelle Lösungen lassen sich oft auch mithilfe anderer Ideale wie Gleichheit oder Gerechtigkeit rechtfertigen. Aber schon das einfache Prinzip einer gleichen Chance auf ein freies, selbstbestimmtes Leben, verbunden mit einem realistischen Blick auf die menschliche Psychologie, reichen aus, wenn es zum Beispiel um die Rechtfertigung vieler wohlfahrtsstaatlicher Maßnahmen geht, so etwa der Verpflichtung, sich entweder privat krankenzuversichern oder an einem öffentlichen Krankenversicherungssystem teilzunehmen.

Natürlich müssen auch die Einschränkungen in der Freiheit anderer, die solche Maßnahmen mit sich bringen können, in den Blick genommen werden. Aber sie sollten nicht als einziger Faktor in die Rechnung eingehen, nur weil sie *einem* bestimmten Freiheitsverständnis stärker entsprechen als einem anderen. Ein psychologisch realistischer Freiheitsbegriff muss so angelegt sein, dass die Möglichkeit *aller* Gesellschaftsmitglieder zu einem selbstbestimmten Leben erfasst wird[59] – und dann muss abgewogen und vielleicht auch experimentiert werden, welche Institutionen in einem konkreten sozialen Kontext die besten Lösungen bieten. Dabei sollte nicht vergessen werden, dass gesunder Menschenverstand und empirische Forschung auch zeigen, dass echte Menschen um einiges sozialer eingestellt sind als der «Homo oeconomicus». Ihnen liegt oft selbst daran, wie es den Menschen um sie herum geht. Daher erleben sie Maßnahmen, die ein selbstbestimmtes Leben für alle Mitglieder der Gesellschaft ermöglichen, nicht im gleichen Maße als Einschränkung, wie das beim «Homo oeconomicus» der Fall wäre – denn die Menschen ziehen, in der Sprache der Ökonomen gesprochen, Nutzen nicht nur aus dem eigenen Wohlergehen, sondern auch aus dem anderer.

Der amerikanische Philosoph Samuel Fleischacker spricht in diesem Zusammenhang von der Freiheit, für sich selbst zu urteilen.[60] Dieser Ansatz hat eine zweifache Stoßrichtung: Zum einen muss ein *Freiraum* für eigenes Urteilen (und entsprechendes Handeln!) geschaffen werden – was bedeutet, dass der Staat die Rechte der Bürger schützen und Eingriffe so weit wie möglich reduzieren muss. Zum anderen aber müssen die Einzelnen in die *Lage* versetzt werden, für sich selbst zu urteilen – Eingriffe, die sich an *diesem* Ziel orientieren, sind daher gerechtfertigt. Ihre Relevanz zeigt sich besonders, wenn man die Einsichten der Verhaltensökonomie in die Betrachtung miteinbezieht. Einen ähnlichen Ansatz vertritt der indischstämmige Nobelpreisträger Amartya Sen, der gemeinsam mit der amerikanischen Philosophin Martha Nussbaum den «capabilities»-Ansatz entwickelt hat. Wenn dabei «Fähigkeiten» oder «Verwirklichungschancen» im Mittelpunkt stehen, bedeutet das, dass Wohlstand sich nicht nur am Pro-Kopf-Einkommen, sondern an den realen Fähigkeiten der Individuen bemisst, zum Beispiel der Fähigkeit, am öffentlichen Leben teilzuhaben. Ein Problem mit diesem Ansatz ist, dass er schnell ausufert – schließlich lassen sich lange Listen von «capabilities» aufstellen, die hilfreich sind, um ein gutes Leben zu führen. Der Fokus auf die Fähigkeit, eigenständig zu urteilen und

danach zu handeln, kann hier helfen, Wesentliches von Un-
wesentlichem zu unterscheiden, denn die Fähigkeit zu eigenem Urteilen versetzt die Individuen selbst in die Lage, zu entscheiden, welche «capabilities» sie in welcher Form ausüben
wollen.[61] Weiter unten werde ich ausführen, wie sich dieses
Verständnis von Selbstbestimmung auffächern lässt in drei
Dimensionen von Freiheit, die ein zeitgemäßer Liberalismus
ernst nehmen muss.

Selbst das liberale Urgestein Adam Smith argumentiert
übrigens in diese Richtung, wenn er fordert, dass der Staat gegen die Gefahr der Verdummung der arbeitenden Bevölkerung
durch arbeitsteilige Tätigkeiten vorgehen soll und die Bereitstellung von Schulen unterstützen und, wo nötig, subventio-
nieren soll.[62] Die Einsicht, dass solche Eingriffe nötig sein können, um die Chancen aller Bürger auf ein selbstbestimmtes
Leben zu sichern, bekommt man nur in den Blick, wenn man
die Rückkoppelungseffekte zwischen dem Marktgeschehen
und den Eigenschaften der Menschen berücksichtigt. Auch
heute noch ist ein gutes Angebot an öffentlichen Schulen eines
der wichtigsten Anliegen eines zeitgemäßen Liberalismus:
Es eröffnet *allen* Kindern die Möglichkeit, sich zu entwickeln,
eigene Talente zu entfalten und zu lernen, sich im Leben selbst
zurechtzufinden. Aber es ist bei Weitem nicht die einzige
Maßnahme, die sich daraus ergibt. Ein anderes Beispiel sind
Informationspflichten, die der Staat erlassen kann, um den Individuen zu ermöglichen, sich umfassend über im Markt angebotene Produkte zu informieren.

Dies ist insbesondere dann wichtig, wenn die Produkte
komplex sind und mögliche Verhaltensschwächen von anderen
Marktteilnehmern ausgenutzt werden können. Ein derartiger
Fall ist der Umgang mit Finanzprodukten, besonders in Gesellschaften wie den Vereinigten Staaten, in denen die Finanzmärkte eine große Rolle für die Alterssicherung spielen. Der
amerikanische Ökonom Robert Shiller schlägt deshalb vor,
dass eine solide, unabhängige Finanzberatung für alle Bürger
staatlich subventioniert werden sollte.[63] Überhaupt wäre es
falsch zu denken, dass es nur um Maßnahmen geht, die Kinder

und Jugendliche betreffen. Ein selbstbestimmtes Leben zu
führen kann auch bedeuten, später im Leben Entscheidungen,
die sich als Fehlentscheidungen herausgestellt haben, revidie-
ren und sich umorientieren zu können.

Im Zusammenhang mit den Schwierigkeiten Einzelner,
für ihr langfristiges Wohlergehen zu sorgen, ist in den letzten
Jahren viel über den Ansatz des «libertären Paternalismus» –
auch unter dem Stichwort «nudge» bekannt – diskutiert worden.[64] Der Gedanke ist, dass der Staat bestimmte Verhaltensmuster, die gut erforscht sind, gezielt ausnutzt, die Bürger
also «stupst», und zum Beispiel von Opt-In- zu Opt-Out-Sys-
temen wechselt, wie in dem oben beschriebenen Beispiel zum
Sparen bei der Altersvorsorge. Die Individuen sind weiterhin
frei, sich anders zu verhalten; sie können den Sparplan jederzeit verlassen. Wenn sie aber nichts tun, landen sie automatisch
bei dem Verhalten, das mutmaßlich besser ihren langfristigen
Interessen entspricht. In anderen Fällen wird versucht, durch
bessere Informationsstrategien oder kleine Anreize die Individuen zu derartigen Verhaltensformen zu bewegen. Die An-
wendungsmöglichkeiten sind groß; zum Beispiel wurde in
Südafrika eine – nicht unumstrittene – Kampagne gestartet, bei
der die Teilnahme an HIV-Tests mit der Teilnahme an einer
Bargeld-Verlosung verbunden wurde.[65] Die derzeitige Begeis-
terung mancher Politiker für verhaltensorientierte Strategien
hat längst Kritiker auf den Plan gerufen: Es handle sich um
Manipulation und letztlich um Paternalismus mit gefährlichem
Missbrauchspotential.[66] Diese Warnungen sollten ernst genommen werden, weil die *Möglichkeit* derartigen Missbrauchs
durchaus vorhanden ist. Aber es ist auffällig, dass die Kritiker
des «Nudging» kaum Alternativen anbieten – auch nicht für
das Problem, dass es bei den Verhaltensformen, die dadurch
beeinflusst werden können, oft um Dinge geht, bei denen die
Entscheidungen Einzelner nicht nur sie selbst betreffen, sondern auch Auswirkungen auf die Gemeinschaft haben. Es
hängt viel vom Einzelfall einer «Nudging»-Lösung ab; zum
Beispiel macht die Kommunikationsstrategie einen erheblichen Unterschied, wenn man danach fragt, in welchem Maß

es sich um Manipulation handelt oder nicht. In vielen Fällen ist es außerdem so, dass es, wenn kein «Nudging» erfolgt, ein «Stubsen» durch *andere* Akteure gibt, die versuchen, menschliche Verhaltensschwächen auszunutzen – zum Beispiel durch Werbung für ungesunde oder nur kurzfristig rentable Produkte.[67] Wenn es aber sowieso ein Spiel mit der Willensschwäche der Individuen gibt, ist es besser, wenn es auf eine Weise abläuft, die das Interesse der betroffenen Individuen und der Gesellschaft als Ganzer im Blick hat.

Letztlich geht es immer um eine Abwägung von Alternativen: Was steht auf dem Spiel; welche Rechte und Interessen welcher Gruppen sind in welcher Weise betroffen? Um zu testen, wie zustimmungsfähig «Nudging»-Maßnahmen sind, eignet sich übrigens wunderbar das klassische Denkmodell des Sozialvertrags: Ist eine «Nudging»-Maßnahme so beschaffen (und ausgestaltet), dass freie und gleiche Bürgerinnen und Bürger ihr zustimmen könnten – auch wenn sie kein idealisiertes Selbstbild haben, sondern wissen, welche Schwächen sie typischerweise haben? Zumindest für einige der derzeit im Raum stehenden Vorschläge scheint dies durchaus der Fall zu sein, wenn sie von einer offenen Kommunikation begleitet und genau auf mögliche unerwünschte Nebenwirkungen hin untersucht werden, am besten durch unabhängige wissenschaftliche Beobachter.[68] Sie können ein Baustein sein, der dazu dient, mehr Selbstbestimmung zu ermöglichen.

Adam Smith ging, wie oben ausgeführt, davon aus, dass eine freie Gesellschaft mit freien Märkten die Menschen selbstbestimmter macht, weil sie die Verantwortung für ihr eigenes Schicksal selbst tragen und damit Anreize dafür haben, sich die Konsequenzen ihrer Entscheidungen vor Augen zu führen und genau abzuwägen. Im Vergleich zu der feudalen Vergangenheit war dies ein bahnbrechender Schritt. Aber das heißt nicht, dass nicht noch weitere Schritte nötig und möglich wären, um dem Ideal einer Gesellschaft, in der alle Menschen ein selbstbestimmtes Leben führen können, näherzukommen.[69] Letztlich muss gerade Verteidigern des freien Marktes daran liegen, dass Individuen in die Lage versetzt werden, für sich selbst gut zu urteilen. Schließlich ist eines der wichtigsten Argumente für einen freien Markt dessen Fähigkeit, Informationen zu verarbeiten.[70] Dies sollten aber Informationen sein, die auf wohlerwogenen und gut informierten Präferenzen beruhen – ansonsten ist der Markt vielleicht effizient, aber in der falschen Sache.

Es ist eine Aufgabe von Individuen, Staat *und* Gesellschaft, diese Wohlinformiertheit und einen selbstbestimmten Umgang mit den eigenen Präferenzen so gut wie möglich herzustellen. Dieser Aspekt muss bei Fragen von Gerechtigkeit, die ich später diskutieren werde, immer mitgedacht werden. *Völlige* Gleichheit in der Fähigkeit, Urteile zu fällen und danach zu handeln, werden wir niemals erreichen. Aber es ist ein Mehr oder Weniger an Institutionen möglich, die die Einzelnen dazu befähigen – ein gut ausgebautes öffentliches Schulsystem ist dabei nur das offensichtlichste Beispiel. Wenn man den Menschen nimmt, wie er ist, und wenn man ernst nimmt, dass die Fähigkeit zu einem selbstbestimmten Leben erst entwickelt werden muss, wird klar, dass derartige Maßnahmen einem zeitgemäßen Liberalismus nicht widersprechen, sondern zu seinen zentralen Anliegen gehören. Wer es mit der Freiheit der Einzelnen ernst meint, darf nicht einfach – implizit oder explizit – den «Homo oeconomicus» voraussetzen, sondern muss fragen, wie diese Fähigkeit, die bei diesem einfach angenommen wird, bei Individuen aus Fleisch und Blut gestärkt werden kann – denn sie sind es, um deren selbstbestimmtes Leben es geht.

III.
Liberalismus ohne Gerechtigkeit –
Wie «soziale Gerechtigkeit» zum Unwort wurde, und
was sie heute bedeuten könnte

Einleitung

Der Journalist und Schriftsteller Upton Sinclair (1878–1968)
veröffentlichte 1905 einen Roman, der für einen Skandal
sorgte. *Der Dschungel*[1] schildert das Schicksal einer litauischen
Einwandererfamilie, die Arbeit im berüchtigten Chicagoer
Schlachtbezirk findet. Die Arbeitsbedingungen sind harsch,
der Lohn reicht kaum zum Leben. Als die Familie sich ver-
schuldet, um ein Haus zu kaufen, und der Haupternährer
Jurgis Rudkus seine Arbeit verliert, gerät sie in einen Strudel
von Armut, Abhängigkeit und Ausbeutung: Alte und Kinder
arbeiten sich buchstäblich zu Tode, die Mutter stirbt im Kind-
bett, weil kein Geld für einen Doktor da ist, und Jurgis schlägt
sich als Landstreicher durch, bevor er die Bekanntschaft mit
den Chicagoer Sozialisten macht und dort sein Erweckungser-
lebnis hat. An dieser Stelle gleitet der Roman, dessen Qualität
rein literarisch betrachtet sowieso nicht die höchste ist, in
sozialromantischen Kitsch ab. Dass er trotzdem für Furore
sorgte, lag weniger an den drastischen Schilderungen von Armut und Ausbeutung, sondern eher an den wenig appetitanre-
genden Beschreibungen der hygienischen Zustände in den
Schlachthöfen, von denen aus ganz Amerika mit Dosenfleisch
versorgt wurde.

Sinclair war Sozialist und hatte als solcher eine klare politische Agenda. Seine Schilderungen aber sind auch für Nicht-
Sozialisten aufschlussreich. Denn eines der großen Themen,
das im Zentrum seines Romans steht, ist die Frage, ob eine

kapitalistische Gesellschaft überhaupt jemals gerecht sein kann und was mit den Einzelnen passiert, wenn sie in die Mühlen eines ungebändigten Marktes geraten – ein Thema, das einige Jahre später auch John Steinbeck (1902–1968) in seinem Roman *Früchte des Zorns* aufnimmt: Bei ihm ist es eine Bauernfamilie aus Oklahoma, die wegen Überschuldung ihren Hof verlassen muss und sich in der Hoffnung auf Arbeit aufmacht ins ferne Kalifornien.[2] Auch hier steht die Frage nach dem Schicksal der Individuen und Familien im Mittelpunkt, die unter die Räder scheinbar allmächtiger, anonymer Marktkräfte geraten.

Diese literarischen Beispiele sollen nicht den Eindruck erwecken, dass nur fiktionale Fälle aus einer fernen Vergangenheit diese Frage aufwerfen. An vielen Orten der Welt herrschen heute ähnliche Bedingungen wie in diesen Schilderungen. Kaum etwas könnte von den harmonischen Modellen der Ökonomielehrbücher mit ihren glatten Kurven und lautlosen «Anpassungsprozessen» weiter entfernt sein. Hier geht es um Leben um Tod: Es ist ein darwinistischer «Dschungel», in dem das Recht des Stärkeren herrscht. Egal, wie effizient oder ineffizient sie am Ende sein mag – eine derartige Marktgesellschaft ist mit dem Recht der Individuen auf ein selbstbestimmtes Leben in Freiheit und Würde nicht vereinbar.

Dass heutige Marktgesellschaften, zumindest in den westlichen Ländern, einen anderen Charakter haben und sich den Angehörigen der «arbeitenden Klasse» trotz aller Probleme ein freundlicheres Bild bietet, hat vor allem mit staatlichen Aktivitäten zu tun. Oft verstehen wir unsere Gesellschaft anhand der in der Einleitung beschriebenen Dichotomie vom «freien» Markt, und einem Staat, der für andere Werte zuständig ist, typischerweise «Gerechtigkeit», «sozialen Ausgleich» oder auch die vielbemühte, und selten klar definierte, «soziale Gerechtigkeit». Unterstützt wird diese Vorstellung von einer Rhetorik, die staatliche Aktivitäten als Ausdruck von Zentralisierung, Hierarchie und Zwang versteht, wirtschaftliche Aktivitäten dagegen als Ausdruck von individuellen Entscheidungen, Spontanität und Freiheit beschreibt. Auch die politische

Landschaft scheint anhand dieser Gegenüberstellung aufteilbar: Die «Linken» wollen «mehr Staat» und «mehr Gerechtigkeit», und die «Liberalen», oft Hand in Hand mit «den Rechten», wollen «mehr Markt» und «mehr Freiheit.»

Aber dieses Bild ist problematisch. Es verzerrt die Wahrnehmung und lenkt von vielen wichtigen Fragen ab. «Linke» Politik hat «Gerechtigkeit» genauso wenig für sich gepachtet wie «rechte» Politik «Freiheit» – und «soziale Gerechtigkeit» schreiben sich so viele Gruppen auf die Fahnen, dass der Begriff ziemlich hohl geworden ist. Dabei gibt es sowohl im Staat als auch im Markt beides, Gerechtigkeit und Ungerechtigkeit, Freiheit und Unfreiheit. Um eine Gesellschaft zu gestalten, in der Freiheit für alle verwirklicht wird, kommt es auf die konkrete Balance von staatlichen und anderen Institutionen an und darauf, wie sie verschiedene Dimensionen von Freiheit ermöglichen. Diese Dimensionen werde ich im Folgenden diskutieren. Dabei sollte schnell klar werden, was auch die zitierten literarischen Beispiele zeigen: Um echte Freiheit für alle Bürger zu verwirklichen, und eben nicht die Freiheit eines «Dschungels», in dem die Kleinen von den Großen gefressen werden, ist es zu wenig, den freien Markt sich selbst zu überlassen. Allerdings folgt daraus auch nicht alles, was manche «linke» Positionen im Namen sozialer Gerechtigkeit fordern würden: Es folgt nicht Gleichheit per se, sondern so viel Gleichheit, wie nötig ist, um ein freies Leben für alle langfristig zu sichern.

Um diese Position plausibel zu machen, ist es nötig, genauer auf die Natur freier Märkte einzugehen, insbesondere auf eine weitverbreitete Vorstellung: den Gedanken, dass Individuen das, was sie im Markt erhalten, «verdienen». Wenn dem so wäre, wären Umverteilungsmaßnahmen immer mit dem Makel behaftet, dass sie, um die Rechte der einen zu sichern, die anderer verletzen müssen. Ich werde diskutieren, in welcher Hinsicht diese Vorstellung sinnvoll ist, in welcher aber auch nicht. Wer was «verdient», ist allerdings auch eine Frage, die sich an politische Maßnahmen richten lässt, und hier gibt es ein Problem, das durchaus ernst zu nehmen ist: Politische Regelungen können den Charakter eines Gemeinguts annehmen, von dem sich verschiedene Gruppen in übermäßigem Maß bedienen. Wenn alle dies tun, kann man bei einem Maß an Eingriffen landen, das gesamtgesellschaftlich gesehen nicht optimal ist. Aus diesen Überlegungen ergibt sich ein Verständnis von sozialer Gerechtigkeit, das einem zeitgenössischen Liberalismus nicht widerspricht, sondern im Gegenteil in seinem Zentrum steht: Soziale Gerechtigkeit bedeutet die Orientierung daran, dass Freiheit in *all* ihren Dimension für *alle* Bürger so groß wie möglich ist.

Die Facetten von Freiheit[3]

Wer das Wort «Freiheit» hört, denkt vermutlich zunächst an das Recht, zu tun und zu lassen, was man will, ohne dass jemand anderes einen daran hindert. Würde man Landschaftsbilder mit dem Untertitel «Freiheit» suchen, würden viele Menschen wahrscheinlich Bilder von endlosen Stränden oder weiten Ebenen vorschlagen, ohne Zäune und Mauern, und möglicherweise auch ohne andere Menschen, mit denen man sich um den besten Platz für das eigene Strandtuch streiten müsste. Das ist *ein* Aspekt von Freiheit, doch wie ich im Folgenden zeigen möchte, nicht der einzige. Der Freiheitsbegriff hatte immer schon, durch die Geschichte des politischen Denkens hindurch, zahlreiche Facetten, die untereinander in komplexen und manchmal spannungsreichen Verhältnissen stehen. Ich werde aus dieser reichhaltigen Geschichte einen seit der Frühen Neuzeit zentralen Strang aufgreifen: die Abfolge von negativer, positiver und republikanischer Freiheit.[4] Man kann jeden dieser in seiner Zeit vorherrschenden Freiheitsbegriffe als Antwort darauf verstehen, dass das vorherige Verständnis von Freiheit einigermaßen erfolgreich implementiert wurde, sich aber aufgrund veränderter gesellschaftlicher Umstände als nicht ausreichend erwies, um den Einzelnen ein selbstbestimmtes Leben zu ermöglichen.

Der Raum dafür, ganz für sich, unabhängig von den Wünschen anderer, denken und handeln zu können, ist ein zentrales

Element von Freiheit. Wie ich im vorherigen Kapitel diskutiert habe, entstand liberales Denken in der Frühen Neuzeit in Abgrenzung von feudalen Hierarchien, in denen kirchliche und weltliche Obrigkeiten ihren Untergebenen solche Freiräume kaum zugestanden. Unter «negativer» Freiheit wird eben dies verstanden: die Möglichkeit der *Abwehr* von Eingriffen und die *Abwesenheit* von Hindernissen, das zu tun, was man tun möchte. Negative Freiheit verschafft dem Individuum einen geschützten Ort, in den niemand hineinregieren kann. Die sozialen Institutionen, durch die dies ermöglicht wird, sind individuelle Rechte: das Recht auf Privatheit, das Recht auf freie Religionsausübung, auf Meinungsfreiheit und viele vergleichbare Rechte, die unter dem Stichwort der «bürgerlichen Rechte» zusammengefasst werden. Diese Rechte schützen den Einzelnen vor anderen Individuen, vor allem aber gegen staatliche Willkür. Allerdings bedarf es selbst wiederum staatlicher Institutionen, vor allem eines unabhängigen Rechtssystems, um diese Rechte zu sichern. Zwar wäre auch vorstellbar, dass man um der negativen Freiheit willen die Option wählt, sich so weit wie möglich von der Gesellschaft abzusondern und die Wahrscheinlichkeit von Freiheitshindernissen einfach dadurch zu minimieren, dass man die Wahrscheinlichkeit, anderen Menschen zu begegnen, minimiert – wer hat nicht manchmal die Wunschphantasie von der Holzhütte in der Wildnis, in der man ein Leben führen könnte, in das einem wirklich niemand hineinreden kann! Aber wer ein Leben in Gesellschaft vorzieht, benötigt für den Schutz der eigenen Rechte Instanzen, die diese gegen Übergriffe von anderen sichern. Ob man, wie Hobbes, glaubt, dass solche Instanzen überhaupt erst ein friedliches Zusammenleben ermöglichen oder, wie Locke, dass es eher darum geht, Unannehmlichkeiten bei der Beilegung von Streitigkeiten zu vermeiden, ist an dieser Stelle sekundär. Wichtiger ist schon, wie die Regierung dazu gebracht werden kann, diese Rechte der Einzelnen zu sichern – und welche Rolle dafür die politische Mitsprache der Bürger, wie sie im Laufe des 19. und 20. Jahrhunderts erreicht wurde, als Kontrollinstanz spielt.[5]

In der Geschichte liberaler Gesellschaften war und ist der Kampf für die Rechte der Einzelnen ein nicht wegzudenkendes Element. Verschiedene Rechte verschiedener Gruppen standen und stehen zu verschiedenen Zeiten im Mittelpunkt: Es ging um die Abschaffung von Sklaverei und Bürgerrechte für Angehörige aller Rassen, um die Gleichberechtigung von Frauen, um die Anerkennung von Homosexuellen oder Intersexuellen – oder, wie aktuell, um die Frage, wie das Recht auf Privatheit auch in Zeiten des Internets gewährleistet werden kann. Das Ziel dieser Emanzipationsbewegungen ist der Schutzraum persönlicher Rechte, in dem alle für sich entscheiden können, wie sie leben wollen, solange Dritten kein Schaden zugefügt wird.[6]

Über bürgerliche Rechte sind Liberale der verschiedensten Couleur sich in der Regel einig – woran sich die Geister scheiden, und sich historisch die Wege getrennt haben, ist die Frage der Eigentumsrechte. Ein Recht auf das Eigentum an *persönlichen* Gegenständen gestehen die meisten Denker zu: Wenn es um die Ausgestaltung des eigenen Wohnraums oder persönliche Erinnerungsfotos geht, sind materielle Gegenstände eine wichtige Form, in der die Ideen und Vorstellungen der Einzelnen sozusagen aus dem Kopf in die Wirklichkeit übersetzt werden können und die Individuen ihre Persönlichkeit zum Ausdruck bringen können.[7] Ohne ein derartiges Recht wäre eine Vielfalt an Lebensstilen und kulturellen Ausdrucksweisen kaum denkbar.[8] Außerdem kann Privateigentum wertvoll dafür sein, den Schutz anderer Rechte zu unterstützen: ein Recht auf Privatheit zum Beispiel ist ohne es schwer denkbar; eine Presselandschaft, die von verschiedenen Eigentümern getragen wird, kann vermutlich eher die Meinungsfreiheit sichern als eine zentralistisch geführte Staatspresse. Allerdings liefern solche Argumente immer nur *bedingte* Rechtfertigungen des Eigentumsrechts, abhängig von dem Zusammenhang mit einem anderen Recht.

Aus der Geschichte des Liberalismus heraus ist gut verständlich, dass er private Eigentumsrechte gegen den Staat hochhielt: Schließlich hatten in früheren Zeiten staatliche Gewalten unbegrenzten Zugriff auf privates Eigentum und konnten es jederzeit konfiszieren oder beliebig hoch besteuern. Das war der wirtschaftlichen Entwicklung alles andere als förderlich: Ohne sichere Eigentumsrechte lohnte es sich für Einzelne kaum, in fortschrittliche Produktionsformen zu investieren oder bessere Formen der Arbeitsteilung zu entwickeln. Wenn man außerdem optimistisch ist bezüglich der Fähigkeit von Märkten, sich selbst zu regulieren und wirtschaftliches Wachstum zu sichern, wie viele Liberale es sind, sieht es auf den ersten Blick so aus, als gäbe es keinen Grund, warum man die Eigentumsrechte der Einzelnen nicht so weit wie möglich ausdehnen sollte. Eine gewisse Besteuerung für die Finanzierung von Staatsaufgaben, zum Beispiel die Bereitstellung von Infrastruktur und Gerichtswesen, lässt sich leicht rechtfertigen – sie sichert eben jene Rechte und erlaubt den Individuen, sie produktiv einzusetzen. Aber mehr schien nicht nötig und folglich die Freiheit der Einzelnen nur unzulässig einzuschränken.

Die Frage ist allerdings, was mit einer Gesellschaft passiert, in der alle Individuen über negative Freiheitsrechte verfügen, aber sonst keine Rechte haben. Was geschieht in einer derartigen Gesellschaft mit der Fähigkeit der Einzelnen, ein selbstbestimmtes Leben zu führen? Natürlich hängt dies von einer Reihe sozialer und kultureller Faktoren ab. Doch viele Länder durchliefen seit dem ausgehenden 18. Jahrhundert Entwicklungen, in denen trotz einer allgemeinen Steigerung des Wohlstands die Freiheitsrechte weiter Bevölkerungsschichten kaum das Papier wert waren, auf dem sie standen. Denn in einer Gesellschaft, die in weiten Teilen über freie Märkte organisiert ist, ist man kaum frei, das zu tun, was man möchte, wenn man zwar formelle Eigentumsrechte, aber keine Kaufkraft besitzt. Es sind dann die Eigentumsrechte der *anderen*, die Hindernisse für die eigene Freiheit sind. Das Recht des Eisenbahnbesitzers zum Beispiel, von den Passagieren ein Ticket zu verlangen, machte es einem einfachen Arbeiter des 19. Jahrhunderts unmöglich, einen Verwandten in einer anderen Stadt zu besuchen.[9] Wenn man nur das als Freiheitseinschränkung zählt, was dem Einzelnen aufgrund von *staatlichen* Verboten unmöglich ist, sieht man sozusagen nicht, was hier vor sich geht. Wenn man dagegen Freiheit als die Möglichkeit versteht, ein selbstbestimmtes Leben zu führen, sieht man, dass auch innerhalb einer Eigentumsordnung mit nur wenigen staatlichen Gesetzen «komplexe Strukturen von Freiheit und Unfreiheit» existieren.[10] Wenn man auch noch die Verteilung von Chancen darauf, im Leben bestimmte Dinge zu erreichen, und die Rolle von Milieu und Klasse für das Leben der Einzelnen berücksichtigt, wird klar, dass formale Rechte und Abwehrrechte gegen den Staat nicht ausreichen, um eine Gesellschaft zu gestalten, die allen Mitgliedern ein selbstbestimmtes Leben ermöglicht.

Im 19. Jahrhundert entstand Unfreiheit vor allem durch das enorme Machtungleichgewicht zwischen den Arbeitern, die nur ihre Arbeitskraft anzubieten hatten, und den Fabrik- und Grundbesitzern, die Kapital besaßen. Aufgrund der riesigen Zahl an Arbeitern, die in die industriellen Zentren strömten – die Marx'sche «Reservearmee» – und weil Strukturen fehlten, die Widerstand hätten organisieren können, konnten die Kapitalbesitzer die Löhne fast beliebig drücken. Genau dies wird in den Romanen von Sinclair und Steinbeck geschildert. Dass einzelne Kapitaleigentümer die Arbeiter auch bewusst gegeneinander ausspielten, zum Beispiel indem sie für mehr Arbeitskräfte warben, als sie eigentlich anstellen wollten,[11] mag ebenfalls vorgekommen sein. Insgesamt aber würde es zu kurz greifen, die Probleme auf individuelle Charakterschwächen zurückzuführen. Es handelte sich um strukturelle Probleme, die erst abgemildert wurden, als staatliche Maßnahmen ergriffen wurden, die die schlimmsten Formen der Ausbeutung, vor allem bei Kinderarbeit, verboten. Nach und nach schufen die entstehenden Gewerkschaften ein gewisses Gegengewicht zur Macht der Kapitalbesitzer; teilweise unterstützte auch das Genossenschaftswesen die arbeitende Klasse, zum Beispiel durch die Bereitstellung von Versicherungsleistungen.

Es ist daher kein Zufall, dass im späten 19. Jahrhundert ein Begriff «positiver» Freiheit an Bedeutung gewann, der mehr abdeckt als nur negative Abwehrrechte. Der Begriff «positive

Freiheit» wurde verschieden verwendet.[12] Für einen liberalen
Staat ist besonders ein Aspekt von Bedeutung: Um ein selbstbestimmtes Leben zu führen, müssen die Individuen die Gelegenheit haben, ihre «geistigen und moralischen Kräfte» zu entwickeln – wie John Stuart Mill schreibt, gelte für diese, genauso
wie für die körperlichen Kräfte, dass sie nur verbessert würden, indem man sie benutzt.[13] Dieser Gedanke findet sich, wie
schon erwähnt, auch bei Smith, wenn auch in relativ beschei-
dener Form: Er fordert, dass der Staat darauf achten müsse,
dass die Arbeiter durch einseitige Arbeit – zum Beispiel bei
der Stecknadelproduktion – nicht vollkommen verlernen, ihren Verstand zu verwenden und unfähig werden, sich über die
weiteren Zusammenhänge und Fragen ihrer Gesellschaft zu
informieren und auszutauschen.[14]

Ein Nachtwächterstaat und der freie Markt werden in der
Regel nicht ausreichen, um sicherzustellen, dass für alle Mitglieder der Gesellschaft die Grundlagen materieller wie imma-
terieller Art gelegt sind, um ein selbstbestimmtes Leben führen
und die eigene Urteilskraft erlernen und gebrauchen zu können. Anhänger des freien Marktes hatten an dieser Stelle oft
ein Hilfsargument zur Hand, das aber leider nicht funktioniert. Es lautete, in verschiedenen Variationen: Gebe man dem
Markt freie Bahn, würde die Wirtschaft so sehr wachsen, dass
automatisch etwas davon – wie viel, bleibt in der Regel un-
bestimmt – bei den «Armen» ankommen würde. Doch jenes
«trickle down» ist ein höchst fragwürdiger Mythos. Es gibt
durchaus Argumente, die für den freien Markt sprechen. Aber
zu glauben, dass er *alleine* dafür sorgen würde, dass alle Individuen die materiellen Grundlagen für ein selbstbestimmtes
Leben haben, wäre naiv – das zeigt die Tatsache, dass das Real-
einkommen für Angehörige der Mittel- und Unterschicht in
der vielleicht «freiesten» aller Marktwirtschaften, den USA, in
den letzten Jahrzehnten stagniert und teilweise zurückgegan-
gen ist, obwohl an der Spitze der Einkommensverteilung
enorme Zuwächse vorlagen.[15] Überhaupt sprang man in den
letzten Jahrzehnten von der Frage nach den materiellen Bedingungen eines freien Lebens für alle viel zu schnell zum Impera-

tiv ökonomischen Wachstums. Wenn «der Kuchen» wächst, so eine weitverbreitete Vorstellung, kann man «den Armen» geben, ohne «den Reichen» allzu viel nehmen zu müssen – und sich damit vor der Frage drücken, wie sehr einem die Freiheit *aller* wirklich am Herzen liegt. Für die Förderung von Wachstum wurde denn auch ein riesiges Register an Maßnahmen gezogen.[16] Die Möglichkeit, dass die hohen Wachstumsraten insbesondere der Nachkriegsjahrzehnte eine historische Ausnahme darstellen könnten, wurde dabei kaum in Erwägung gezogen. Ein robustes Verständnis von Freiheit, in all ihren Dimensionen, darf aber nicht davon abhängen, wie die Konjunktur gerade läuft. Ökonomisches Wachstum kann die Umsetzung natürlich erleichtern – aber es darf nicht dazu führen, dass die positive Freiheit weiter Teile der Bevölkerung nur dann ernst genommen wird, wenn die Wirtschaft brummt.

Man kann darüber streiten, welche institutionelle Form staatliche Eingriffe zur Bändigung des Marktes genau annehmen sollen. Würde man aber ihre Notwendigkeit für die Sicherung der Freiheit leugnen, liefe man Gefahr, nur die Freiheit derjenigen ernst zu nehmen, die sich im Markt durchsetzen. Um die Freiheit aller Bürgerinnen und Bürger zu sichern, muss der Staat prinzipiell auch die Möglichkeit haben, in die Eigentumsordnung einzugreifen, zum Beispiel durch Besteuerung. Generell gilt: Verschiedene Freiheiten müssen gegeneinander abgewogen werden, denn manche davon sind substantieller als andere. Ein Beispiel, das besonders offensichtlich ist, hat der kanadische Sozialphilosoph Charles Taylor in die Debatte eingebracht: Die Einschränkung meiner Freiheit dadurch, dass ich an roten Ampeln anhalten muss, ist von einer anderen Dimension als die Frage, ob ich meine Religion frei ausüben kann.[17] Hier kommt man um inhaltliche Debatten nicht herum. Man kann sich vor allem nicht darauf berufen, dass Marktlösungen generell «freier» wären als staatliche Lösungen.

Während der «alte» Liberalismus, der für Bürgerrechte und persönliche Freiheiten kämpfte, im Staat tendenziell einen Feind der Freiheit sah, ist für einen Liberalismus, der die

Selbstbestimmung der Einzelnen in den Mittelpunkt stellt, auch der ungezügelte Markt ein potenzieller Feind von Freiheit – zum Beispiel, wenn er Abhängigkeiten schafft, wenn sich Arbeitslosigkeit und soziale Exklusion verfestigen oder wenn bestimmte Personengruppen, zum Beispiel alleinerziehende Mütter, überproportional benachteiligt werden. Ein wichtiger Aspekt ist dabei, neben der rein materiellen Absicherung, auch die Planbarkeit und Verlässlichkeit, die die Einzelnen in Bezug auf ihr Leben haben. Dabei geht es nicht um eine Rückkehr zu einer «Normalbiographie», wie sie vielleicht in den 1950er Jahren vorherrschte – sie bot den Einzelnen wenig Möglichkeiten, aus einmal eingeschlagenen Pfaden auszubrechen, und schränkte damit die Freiheit erheblich ein. Aber es geht darum, dass die Risiken der Flexibilität und des Auf und Abs wirtschaftlicher Prozesse nicht einseitig von bestimmten Gruppen getragen werden – zum Beispiel von jungen Arbeitnehmern, die sich von Praktikum zu Praktikum hangeln, während die Älteren in unkündbaren Jobs sitzen. Dies betrifft derzeit besonders die europäischen Krisenländer, in denen ganze Kohorten vom Arbeitsmarkt abgehängt zu werden drohen. Wenn die Privatwirtschaft diese Arbeitskräfte derzeit nicht absorbieren kann, braucht es dringend staatliche Überbrückungs- und Alternativangebote, die zumindest ein Minimum an Einkommen und sozialer Einbindung bieten – schon allein, um die psychologischen Belastungen durch ständige Unsicherheit und Unplanbarkeit aufzufangen. Längerfristig gesehen können vor allem Maßnahmen wie Lebensarbeitskonten und eine flexible, aktive Arbeitsmarktpolitik verhindern, dass Einzelne durch den Verlust eines Jobs völlig aus der Bahn geworfen werden.[18] Auch die Möglichkeit, dass der Staat als «employer of last resort» einspringt, also als Arbeitgeber für diejenigen, die sonst keine Arbeit finden, sollte erwogen werden. Wir wissen derzeit zu wenig darüber, welche dieser Vorschläge sich realisieren lassen und ihre Ziele wirklich erreichen – aber dies ist kein Grund zur Resignation, sondern vielmehr dafür, verschiedene Modelle experimentell zu testen und nach und nach Lösungen zu entwickeln.

Der «neue» Liberalismus – der übrigens in etwa dem entspricht, was im US-amerikanischen Kontext unter «liberal» verstanden wird – sieht weder den Markt noch den Staat als generell freiheitsfördernd oder generell freiheitszerstörend (wobei er allerdings Gefahr laufen kann, dem Staat gegenüber zu viel Optimismus an den Tag zu legen). Es kommt darauf an, die richtige Balance von Institutionen zu finden, sodass alle Individuen ein möglichst großes «Bündel» an Freiheiten haben. In einer ersten Welle, die im späten 19. Jahrhundert begann, ging es vor allem darum, am unteren Rand der Einkommensskala eine gewisse Absicherung zu schaffen. Die Einführung von Absicherungsmechanismen gegen Unfälle, Krankheit und für die Versorgung im Alter gehörte ebenso dazu wie die Ausweitung des Angebots an guten öffentlichen Schulen, die Kindern aus allen Schichten Zugang zu Bildung und damit zu gesellschaftlichem Aufstieg ermöglichen sollten. Das materielle Minimum für eine würdige Existenz und die Möglichkeit, sich weiterzubilden und durch eigene Anstrengungen etwas zu erreichen, sollten nicht mehr nur von Zufällen oder der Gunst wohltätiger Mäzene abhängen, sondern ein verbrieftes Recht für jeden Einzelnen sein. Für diesen Zweck ist es gerechtfertigt, in die Rechte anderer – typischerweise die Eigentumsrechte reicherer Bevölkerungsschichten – einzugreifen, um durch Besteuerung die nötigen Mittel für die Bereitstellung staatlicher Angebote zu sichern. Dies befürworteten übrigens auch Denker, die ansonsten eher ins Schema des klassischen Liberalen gehören: Auch F. A. von Hayek zum Beispiel befürwortete ein staatlich garantiertes Mindesteinkommen für diejenigen, die am Markt kein Einkommen erwirtschaften können.[19] Es wäre einer reichen Gesellschaft unwürdig, die Rechte und Würde dieser Individuen mit Füßen zu treten und ihnen nicht zumindest ein Minimum an Würde und Selbstbestimmung zu sichern.[20]

Bis hierhin also gehen immer noch viele Liberale verschiedener Couleur gemeinsame Wege. Eine weitere Spaltung erfolgt bei der Frage, ob man nicht nur am unteren Ende der Einkommensskala die Verteilung von Einkommen und Zu-

gangschancen im Blick haben sollte, sondern auch die Gesamt-
verteilung. Viele klassische Liberale sehen keinen Grund, sich
über sie Gedanken zu machen, sobald ein Minimum an Freiheit für alle gesichert ist. Weitere Eingriffe würden sie als bloße
Reduktion von Freiheit sehen, die vielleicht im Namen von
irgendwie verstandener «Gleichheit» oder eben dem nebulös
verwendeten Begriff der «sozialen Gerechtigkeit» gefordert
werden mögen, sich aber nicht im Namen von Freiheit vertreten lassen. Wenn ein Denker wie Rawls als grundlegendes
Gerechtigkeitsprinzip vorschlägt, die Struktur des Wirtschafts-
systems so zu gestalten, dass Ungleichheiten immer der «am
schlechtesten gestellten Gruppe» nützen,[21] schütteln klassische
Liberale, oder auch ein moderner Marktliberaler wie Nozick,
den Kopf. Spätestens jetzt scheint man wieder im alten Freund-
Feind-Schema angekommen zu sein: Gleichheit und Staatsein-
griffe von links, Freiheit und Marktwirtschaft von rechts.

Es gibt allerdings ein indirektes Argument, weshalb die
Freiheit aller möglicherweise doch mehr mit der Gesamtver-
teilung zu tun haben könnte, als klassische Liberale annahmen.
Es betrifft die Frage, ob eine Gesellschaft mit großen wirtschaftlichen Ungleichheiten die Freiheit aller Bürger auf *Dauer*
sichern kann. Hier sind wir mitten im historisch laufenden
Experiment, denn in vielen westlichen Marktwirtschaften ist
in den letzten Jahrzehnten genau dies passiert: Obwohl eine
gewisse Mindestabsicherung vorhanden ist, ist die Ungleichheit bei Einkommen und Vermögen enorm gestiegen. Die
große Frage ist, was dies auf Dauer für die politischen Prozesse, das Gerichtswesen und öffentliche Institutionen wie das
Schul- und Gesundheitswesen eines Landes bedeutet – diejenigen Institutionen also, die gegen die Ungleichheit im Markt die
Gleichheit bestimmter Rechte sichern sollen. Sowohl in Bezug
auf die bürgerlichen Grundrechte als auch in Bezug auf Leistungen, die die Härten des freien Marktes absichern und einen
gewissen Lebensstandard sichern, soll der Staat sich allen Bürgern gegenüber gleich verhalten. Werden die ökonomischen
Ungleichheiten aber immer größer, dann besteht die Gefahr,
dass aus der Orientierung am Gemeinwohl eine Interessens-

politik zugunsten der wirtschaftlich Mächtigen wird. Natürlich hängt auch hier wieder viel davon ab, wie diese Institutionen in einem Land konkret ausgestaltet sind und wie einfach oder schwer es zum Beispiel für Interessensvertreter ist, durch Geldzahlungen Einfluss auf die Politik auszuüben – die Problematik der Parteispenden in den USA ist nur das offensichtlichste Beispiel in diesem Zusammenhang.[22] Eine Reihe von Sozialwissenschaftlern, darunter der englische Politologe Colin Crouch, haben den westlichen Demokratien die düstere Diagnose der «Post-Demokratie» gestellt: Nach außen hin würden Wahlen abgehalten, und es scheine Gleichheit vor dem Gesetz zu herrschen, während hinter verschlossenen Türen ein kleiner Kreis von Mächtigen aus Wirtschaft und Politik die Fäden ziehe.[23] In einer derartigen Situation wäre fraglich, ob noch von einer Orientierung der Politik am Gemeinwohl und an einem selbstbestimmten Leben für alle Bürger die Rede sein kann. Das Schreckensszenario, das Crouch zeichnet, ist ein Rückfall in neofeudale Strukturen, in denen eine kleine Oberschicht sämtliche Institutionen in ihrem Interesse nutzt, während für den Rest der Bevölkerung Abhängigkeit und Unsicherheit zunehmen. Das aber ist genau die Situation, gegen die sich der Liberalismus ursprünglich gewandt hatte! In einem derartigen Szenario könnten die Rechte der Einzelnen kaum noch gesichert werden – und es wäre auch fraglich, ob es für die wirtschaftliche Entwicklung förderlich wäre.[24] Obwohl die Situation in verschiedenen Ländern unterschiedlich ausgeprägt ist, bieten einige derzeitige Entwicklungen wenig Anlass zu Optimismus, zum Beispiel der Einfluss von Lobbygruppen auf die politische Arbeit. Die Finanzkrise von 2008 übrigens hat der Ungleichheit nicht besonders viel anhaben können, zumindest nicht in den Vereinigten Staaten: Dort lagen die Gehälter von Unternehmensführern 2012 mehr als 200 Mal höher als das Einkommen einfacher Arbeiter.[25] Auch wenn auf dem Papier alle gleiche Rechte haben: In der Praxis bedeutet größere soziale Ungleichheit immer auch größere Ungleichheit darin, diese Rechte einfordern zu können. Je stärker sich Vermögen und Einkommen in wenigen Händen – sei es von Individuen, sei es von Unternehmen – konzentrieren, desto größer wird die Gefahr, dass eine Umkehrung der divergierenden Tendenzen unmöglich wird.

Besondere Brisanz bekommen die Fragen nach dem Zusammenhang von Ungleichheit und Freiheit angesichts eines Finanzsektors, der in den vergangenen Jahren sehr erfolgreich darin gewesen zu sein scheint, die Politik in Geiselhaft zu nehmen. Es ist erschreckend, wie zögerlich die strukturellen Veränderungsprozesse seit der Krise von 2008, zum Beispiel in Bezug auf die Eigenkapitalquote von Banken, einsetzen – nicht nur, weil Änderungen dringend nötig sind, sondern auch, weil deren Ausbleiben einen Hinweis darauf gibt, wie groß der politische Einfluss dieser Branche offenbar ist.[26]

Allerdings sollte der generelle «Verwertungsimperativ» des Kapitals nicht verwechselt werden mit strukturellen Problemen *innerhalb* des Finanzsektors, die für dessen Erstarken, und dann für die Entstehung der Finanzkrise 2008, eine mindestens ebenso wichtige Rolle spielten. Bei der Betrachtung der verschiedenen Krisen und ihrer verschiedenen Dimensionen fällt immer wieder auf, dass diejenigen, die dort agierten, kaum etwas zu befürchten hatten. Ihr persönliches Risiko war begrenzt, weil sie mit fremdem Geld handelten und einen großen Teil der Gewinne abschöpfen konnten, an den Verlusten aber nicht beteiligt waren. Daran hat sich seit 2008 wenig geändert. Dabei wäre es relativ einfach, und wird inzwischen auch politisch versucht, die Haftungsregeln zu ändern und zum Beispiel die Rückzahlung von Boni und Gehaltszahlungen bei späterem Versagen von Unternehmen zu ermöglichen;[27] einfacher jedenfalls, als einen ganz grundsätzlichen Umbau des Finanzsektors anzugehen, der darüber hinaus wünschenswert wäre. *Für sich selbst* haben die Topmanager aus dem Finanzsektor nämlich geschafft, was sie für den Rest der Gesellschaft vermutlich vehement ablehnen würden: eine Absicherung gegen die Risiken, die ein «freier» Markt mit sich bringt, und eine Teilnahme nur an den Bewegungen nach oben, nicht an denen nach unten.

Um also in einer Marktgesellschaft ein freies Leben zu führen, reicht der «freie Markt» nicht aus. Es wäre auch falsch, «den Staat» nur als ein notwendiges Übel zu sehen, das dazu dient, den Markt auf Kurs zu halten. In einer modernen, komplexen Gesellschaft ist ein komplexes Bündel von Institutionen nötig, um die Freiheit aller zu sichern, auch solche, die klassische Liberale empört zurückgewiesen hätten. Denkverbote, die Argumente oder Institutionen gegenseitig als «marktkonform» oder «staatsgläubig» abtun, helfen aber nicht weiter. Viel mehr hilft die konkrete Betrachtung verschiedener Beispiele, aus verschiedenen Ländern und verschiedenen historischen Kontexten. Es gibt zahlreiche Beispiele, die zeigen, dass enorme wirtschaftliche Ungleichheit für die Rechte der Einzelnen eine Gefahr ist. Sie macht es nicht nur den «Reichen» leichter, eigentlich staatliche Aufgaben, zum Beispiel die Schaffung öffentlicher Sicherheit, für sich selbst privat einzukaufen, während sie für den Rest der Bevölkerung nicht gewährleistet werden.[28] Sie kann auch dazu führen, dass in den unteren und mittleren Schichten die Überschuldung zunimmt und Menschen in vollkommene Abhängigkeit von ihren Geldgebern geraten. Ein selbstbestimmtes Leben für alle Menschen wird dann zur Makulatur.

Wenn man die einfachen Dichotomien von Markt = Freiheit vs. Staat = Gleichheit verlässt, wird allerdings auch die Frage nach der Richtung, in die sich Politik bewegen soll, komplizierter. Oftmals gilt es abzuwägen zwischen verschiedenen Formen von Freiheit, die verschiedenen Gruppen zugutekommen. Die Freiheit der einen, möglichst flexible Arbeitsverträge abschließen zu können, steht im Konflikt mit der Freiheit anderer, einen einigermaßen gesicherten Arbeitsplatz zu haben; auch bei der Frage nach einem sicheren Arbeitsplatz geht es aber um Formen von Freiheit, zum Beispiel die Freiheit, Formen von gemeinschaftlicher Selbstbestimmung zu praktizieren, die nur möglich sind, wenn ein gewisses Maß an Verlässlichkeit vorhanden ist. Die Freiheit der einen, komplexe Finanzprodukte zu handeln, muss abgewogen werden gegen die Freiheit anderer, bei denen die Gestaltung des Lebensabends davon abhängt, wie stabil oder instabil die Entwicklung an den Finanzmärkten insgesamt ist. Diese Fragen und Konflikte las-

sen sich nicht durch definitorische Festlegungen – das eine sei
eine Frage von Freiheit, das andere nicht – abbügeln. Denn all
diese Faktoren haben einen Einfluss darauf, wie die Verteilung
von Vorteilen und Lasten in der Gesellschaft gestaltet wird
und wie gut oder schlecht sie die Einzelnen in die Lage versetzen, ein selbstbestimmtes Leben zu führen. Darüber sind gesellschaftliche Diskussionen nötig.

   Es ist deswegen kein Zufall, dass in den letzten Jahren ein
Strang des Freiheitsverständnisses wieder verstärkt aufgegriffen wurde, der quer zu der Unterscheidung von negativer und
positiver Freiheit steht und ein ganz eigenes Element einführt:
der Gedanke der republikanischen Freiheit. Im Zentrum steht
dabei der Status des Einzelnen als freiem Bürger, der nicht von
der Gunst der Oberen abhängt, sondern selbst an der Gestaltung der politischen Geschicke seiner Gesellschaft teilnehmen
kann.[29] Negative Freiheit, so das Argument von Denkern wie
Philip Pettit oder Quentin Skinner, kann auch ein großzügiger
Despot seinen Untergebenen gewähren; vielleicht könnten
sie sogar ein gewisses Maß an positiver Freiheit haben. Aber
was sie nicht können, ist, sich frei zu wissen in dem Sinne, dass
ihnen diese Freiheiten nicht nur zufällig gewährt werden, sondern aufgrund ihres Bürgerstatus als gesichertes Recht zu-
stehen. Dieses Verständnis von Freiheit geht zurück bis in
die Antike. In der Frühen Neuzeit kam, besonders bei Jean-
Jacques Rousseau, der Gedanke dazu, dass die Einzelnen teil-
haben an der «volonté générale», am gemeinsamen Willen,
der das Schicksal der Gemeinschaft bestimmt.[30] Würde dieser
Aspekt von Freiheit als *Gegensatz* zu negativer Freiheit und zu
positiver Freiheit als individueller Selbstbestimmung verstanden, stünde er auf tönernen Füßen, und vielleicht wären
die Totalitarismusvorwürfe berechtigt, die gelegentlich gegen
Rousseau erhoben wurden. Viel plausibler ist jedoch, diese
Dimension als drittes Element zu sehen, das zu negativer und
individueller positiver Freiheit *hinzu*kommt. So entsteht ein
Dreiklang, dessen Elemente sich gegenseitig ergänzen: Negative und positive Freiheit sichern die Möglichkeit zu Selbstbestimmung, ohne die die Teilnahme an öffentlichen Diskur-

sen und politischen Entscheidungen bloße Makulatur wäre. Durch die republikanische Freiheit politischer Mitbestimmung können die Einzelnen an den Prozessen teilnehmen, in denen eine Gesellschaft immer wieder neu aushandelt, was «liberal» konkret bedeuten kann und welche Aspekte von Freiheit für welche Gruppen zu einem bestimmten Zeitpunkt besondere Aufmerksamkeit verdienen. Dabei geht es um konkurrierende Deutungen von Freiheit, aber auch um das Abwägen zwischen Freiheit und möglichen anderen Zielen, zum Beispiel ökologischen Zielen, die der Sicherung einer nachhaltigen Lebensweise dienen. Politische Beteiligung und politisches Handeln in diesem Sinne sind mehr als das Verwalten öffentlicher Gelder oder eine Form der Gewinnmaximierung mit anderen Mitteln. Es geht um die Gestaltung des gemeinsamen Lebens, in dem Gesetze, bei allen notwendigen Kompromissen und allem Ringen um tragbare Lösungen, als Ausdruck eines gemeinsamen Willens verstanden werden können.[31] Dabei geht es nicht nur um wütenden Protest auf der Straße, auch wenn dieser ein erster Schritt sein kann. Von diesem Protest aus braucht es Wege hin zu konstruktiver Entscheidungsfindung – sei es über den Eintritt in bestehende Parteien oder die Gründung neuer, über die Beteiligung an «runden Tischen» oder anderweitigen Konsultationsprozessen. Individuelle Freiheit kann sich dann gerade *durch* die Teilhabe an gemeinschaftlichen Strukturen verwirklichen.

Dies mag viel zu idealisiert klingen für die mühsame Wirklichkeit politischer Prozesse in entwickelten Demokratien – aber es zeigt auch, wie weit weg diese oft vom Ideal politischer Teilhabe sind. Doch wir brauchen dieses Ideal, dass Politik mehr ist als eine Branche unter anderen, in der mit genauso schmutzigen Mitteln gekämpft wird wie in anderen (nicht, dass es deshalb in anderen Branchen zu rechtfertigen wäre …) und in der jeder Idealismus unter Routinen und parteiinternen Machtkämpfen sofort erstickt wird. Wir brauchen es als Orientierung dafür, in welche Richtung wir uns um Veränderungen bemühen sollten. Gleichzeitig sollte aber der Begriff von «Politik» nicht zu eng gefasst werden: «Politik» als die gemeinsame Gestaltung des sozialen Lebens findet auf sehr vielen Ebenen und auf sehr viele Arten statt – im Grunde überall da, wo sich Leute dafür engagieren, Probleme anzugehen und Antworten auf drängende Fragen zu finden und sich dabei am Gemeinwohl orientieren statt an ihrem eng gefassten Eigeninteresse. Die Wut, die in vielen Ländern Südeuropas derzeit vorherrscht, scheint sich unter anderem auch darauf zu richten, dass gerade für junge Leute die Möglichkeiten, sich auf diese Weise in die Gesellschaft einzubringen, höchst beschränkt sind – Politik wird gesehen als das Geschäft einer Kaste von Mächtigen, die die Fäden ziehen, ohne die Anliegen der Bevölkerung ernst zu nehmen. Neben all den wirtschaftlichen Problemen ist dies auch ein tiefergehendes demokratisches Problem: Dieser Zustand versagt weiten Teilen der Bevölkerung den Respekt, der ihnen als gleichberechtigten Staatsbürgern zusteht, und er verhindert, dass ihre Stimmen konstruktiv in den politischen Dialog eingebracht werden können. Auch dies ist eine Form der Verweigerung von Freiheit.

«Verdienst» im Markt

An dieser Stelle gilt es einen Einwand zu diskutieren, der, wenn er sich als stichhaltig erweisen würde, die gerade vorgebrachten Argumente stark unter Druck bringen würde. Die Institutionen, die zur Sicherung individueller Freiheit nötig sind, kosten Geld. Um sie zu finanzieren, müssen Steuern erhoben werden. Dies erscheint problematisch, wenn man davon ausgeht, dass die Einzelnen das, was sie als Einkommen im Markt erwerben, *verdienen*. Im Deutschen hat «Verdienst» eine doppelte Bedeutung: Einerseits beschreibt das Wort, ganz ohne Wertung, das Gehalt, das jemand bezieht. Andererseits hat es eine moralische Bedeutung in dem Sinne, dass es gerechtfertigt ist, dass eine Person etwas erhält: Lob und Anerkennung, aber auch Tadel oder Strafe, werden «verdient». Vielleicht ist es diese sprachliche Nähe, die den Gedanken besonders nahelegt, dass das, *was* man verdient (Sinn 1), auch etwas ist, *das* man verdient (Sinn 2). Wenn dies so wäre, wäre es problematisch, es der Person durch Besteuerung wieder zu entziehen.

Die Frage ist allerdings, ob man das Einkommen, das man in einer Marktwirtschaft erzielt, auch in einem moralischen Sinne «verdient». Dies läge nahe, wenn man einen bestimmten Gedanken aus der Geschichte des ökonomischen Denkens aufgreift, den ich schon erwähnt habe: den Gedanken, dass der Markt die Menschen zivilisiert und moralischer macht.[32] Das funktioniert, wenn der Markt Anreize für Verhaltensweisen setzt, die aus moralischer Sicht begrüßenswert sind. Dann ist die andere Seite der Medaille, dass diejenigen, die sich so verhalten, das, was sie dafür bekommen, auch wirklich bekommen *sollten* – es also im zweiten Sinne «verdienen». Bei Adam Smith zum Beispiel schwingt dieser Gedanke beim Nachdenken über den Markt immer mit:[33] Dort gelangt im Idealfall ein ehrlicher, anständiger Metzger, Brauer oder Bäcker, der gute Qualität liefert, zu Wohlstand, während ein unehrlicher, fauler Handwerker von den Kunden abgestraft wird. Bei Smith geht dies fast so weit, dass der Markt, in dem die Urteile vieler Menschen zum Marktpreis zusammengeführt werden, mit der Perspektive eines «unparteiischen Beobachters» verglichen werden kann – und Letzterer ist bei Smith die Metapher, die für das moralische Bewusstsein des Menschen steht. Der Gedanke ist in der Tat verlockend: Die Urteile der Einzelnen würden sich zu einer Art Mittelwert zusammenfinden, der jedem ein gerechtes Einkommen zuspricht. Natürlich ist das, was im Markt belohnt wird, nicht die ganze Moral – Moral hat viele Facetten, und manche davon haben ihren Platz überhaupt nicht im Markt. Aber das muss es auch nicht sein. Es wäre schon viel, wenn echte Wertschöpfung zur Befriedigung der Bedürfnisse anderer, begleitet von Sekundärtugenden wie Verlässlichkeit und Freundlichkeit, im Markt belohnt würden – vielleicht nicht in jedem einzelnen Fall, aber im Schnitt, auf die lange Sicht. Die ökonomische Theorie von der marginalen Produktivität, der zufolge jeder Produktionsfaktor dafür entlohnt wird, was er zum Entstehen des Produkts beiträgt, beschreibt, mathematisch verkürzt, einen ähnlichen Gedanken.[34]

Nur: So einfach ist es leider nicht. Schon bei Smith selbst ist es nicht so einfach. Es gibt ein zentrales Problem für das Modell, das den Marktpreis oder -lohn mit dem Urteil eines unparteiischen Beobachters vergleicht und ihn somit als «verdient» beschreibt. Dies ist, dass Märkte nur selten dem Ideal eines völlig freien Spiels von Angebot und Nachfrage entsprechen. In sehr vielen Fällen hat eine Seite mehr Marktmacht als die andere; eine Partei kann leichter auf den Vertrag verzichten als die andere. Smith beschreibt, wie schon erwähnt, vor allem, dass die Kapitalbesitzer den Arbeitern gegenüber einen großen Vorteil haben: Sie können länger ohne die Arbeiter auskommen als umgekehrt.[35] Lohnverhandlungen unter solchen Bedingungen gleichen eher den Verhältnissen zwischen einem feudalen Herrn und seinen abhängigen Bauern als dem Aushandeln eines fairen Marktpreises unter freien und gleichen Bürgern.

Heutzutage nehmen Machtungleichgewichte in der Regel andere, teilweise schwerer erkennbare Formen an. Wer sich zum Beispiel mit seiner Familie an einem Ort niedergelassen hat, für den ist es schwieriger, aus dem Arbeitsvertrag wieder auszusteigen, als für den Arbeitgeber, der leicht Ersatz finden kann – es sei denn, ein Arbeitnehmer hat so spezifische Kenntnisse und Fähigkeiten, dass der Arbeitgeber ebenfalls auf ihn angewiesen ist.[36] Insgesamt sind Arbeitsmärkte von viel zu vielen störenden Faktoren beherrscht, als dass man davon ausgehen könnte, dass hier die Leistungen der Einzelnen auf eine Art und Weise entlohnt werden, die «verdient» genannt werden könnte. Selbst innerhalb von einzelnen Unternehmen oder Organisationen ist es oft nicht einfach zu bewerten, wer eigentlich was geleistet hat. Der Sinn von Unternehmen und Organisationen ist ja gerade, Arbeitskräfte *zusammenzuführen*, um gemeinsam mehr zu leisten, als einzeln möglich wäre – für die Frage nach Verdienst müssten die einzelnen Leistungen wieder auseinanderdividiert werden, was oft nicht möglich ist. Über den ganzen Markt hinweg gerechnet lässt sich der Zusammenhang von Leistung und Einkommen noch weniger verteidigen. Schon allein die große Rolle, die der Zufall im Schicksal der Einzelnen spielt, bietet Anlass zur Vorsicht. Dabei muss man nicht einmal so grundsätzlich werden, die zufällige Verteilung von Genen und frühkindlicher Prägung zu zitieren – Faktoren, für die der Einzelne nichts kann und die John Rawls daher als «natürliche Lotterie» beschrieben hat.[37] Es reicht schon, die Einstiegsgehälter von Hochschulabsolventen zu betrachten. Wer den Arbeitsmarkt durch die Brille eines idealisierten mathematischen Modells sieht, denkt vielleicht, dass unterschiedliche Einstiegsgehälter zumindest in groben Zügen wirtschaftliche Leistungsfähigkeit widerspiegeln. In der realen Welt hat jedoch schon die Frage, ob man in einem Konjunkturhoch oder -tief seinen ersten Job annimmt, massive Auswirkungen auf das Gehalt, die noch Jahre später bestehen bleiben.[38] Außerdem sind zumindest manche Märkte vom Phänomen des «Winner-Takes-It-All» geprägt: Wer zur rechten Zeit am rechten Ort ist und auch nur ein kleines bisschen besser ist als der zweitbeste Konkurrent, schöpft einen Großteil der Gewinne ab.[39]

Wer in heutigen Märkten erfolgreich ist, hat dies also mit hoher Wahrscheinlichkeit nicht *nur* durch eigene Leistung erreicht, sondern hat auch eine mächtige Portion Glück gehabt und möglicherweise von Netzwerken oder Gelegenheiten profitiert, die er oder sie sich nicht ganz alleine zuschreiben kann. Da Menschen zur Selbstüberschätzung neigen, geben sie dies nur ungern zu. Es soll hier nicht darum gehen, echte Leistung abzustreiten oder in eine der leidigen Neiddebatten zu verfallen. Aber genauso wenig plausibel ist es, wenn diejenigen, die in Märkten erfolgreich sind, das hohe Lied auf den Markt singen, weil er doch – man sehe nur auf ihr eigenes Beispiel! – die wirklich Fähigen an die Spitze bringen würde. In manchen Märkten mag Leistung eine größere Rolle spielen als in anderen – aber das Glück oder Pech, zur richtigen Zeit am richtigen Ort zu sein oder eben nicht, lässt sich niemals ganz ausschalten. Wenn von hohen Gehältern ein größerer Anteil als Steuern abgeführt wird, kann man davon ausgehen, dass damit *auch* ein Anteil derjenigen Ungleichheit korrigiert wird, die rein auf Zufällen beruht.

Es gibt aber noch ein fundamentaleres Argument, warum man nicht davon ausgehen kann, dass durch umverteilende Besteuerung den Leuten etwas weggenommen würde, das sie irgendwie «verdient» hätten. Diesen Punkt haben besonders die amerikanischen Philosophen Liam Murphy und Thomas Nagel in ihrem Buch *The Myth of Ownership* herausgearbeitet.[40] Er lässt sich am besten veranschaulichen, wenn man zu dem oben beschriebenen[41] Gegensatz von Hobbes und Locke zurückkehrt. Der Hobbes'sche Naturzustand ist derart, dass dort keine gesicherten Eigentumsrechte bestehen können; dass es den Individuen im Staat wirtschaftlich besser geht, haben sie ihm zu verdanken. Daher ist es auch plausibel, dass der Staat die Individuen besteuern kann – er nimmt ihnen etwas «weg», das sie ohne ihn gar nicht hätten. Bei Locke dagegen können die Individuen im Naturzustand eine relativ gesicherte Existenz als unabhängige Landbesitzer aufbauen. Die Eigentumsrechte bestehen schon *vor* der Staatsgründung; bei Locke werden sie dadurch begründet, dass der einzelne seine Arbeit in den Grund und Boden investiert.[42] Wenn man dieser Vorstellung folgt, kann der Staat von den Einzelnen nicht so einfach verlangen, dass sie von ihrem Eigentum etwas abgeben, um es an andere zu verteilen.

Ob es jemals historische Beispiele für einen Locke'schen Naturzustand gab, sei dahingestellt – klar ist, dass die Märkte in den heutigen entwickelten Volkswirtschaften ohne weitreichende staatlich garantierte Eigentumsrechte nicht existieren könnten. Besonders, wenn es um Finanzprodukte oder auch geistiges Eigentum geht, wird dies klar, aber es gilt auch allgemein. Der Rahmen staatlich garantierter Rechte ermöglicht nicht nur den Erwerb von Eigentum, sondern bestimmt auch, wie viel Gewinn damit erwirtschaftet werden kann. Zum Beispiel haben Umweltauflagen einen Einfluss darauf, wie viel Geld in der Landwirtschaft verdient werden kann. Die Kartellgesetzgebung beeinflusst, wie groß Unternehmen werden können. Die Patentierbarkeit geistigen Eigentums entscheidet darüber, ob Märkte dafür entstehen und wer in ihnen wie viel Profit macht. Diese und zahlreiche andere Gesetze und Regelungen bestimmen *gemeinsam* mit den steuerlichen Regelungen, wie viel Einkommen an welchen Stellen im Markt entsteht. Deswegen, so betonen es Murphy und Nagel, ist es unlogisch, die Gerechtigkeit von Steuern danach bestimmen zu wollen, wie diese sich zum vorher im Markt erwirtschafteten Einkommen verhalten. Stattdessen muss man das *Gesamtsystem* an Rechten und Pflichten betrachten, das die Einkommensverteilung bestimmt – und von dem Steuern selbst ein Teil sind. Die Kategorie von «Verdienst» auf das Einkommen vor Steuern anzuwenden, würde Regeln, die *vor* der Besteuerung greifen, anders behandeln, als die Steuerregeln selbst. Dafür aber gibt es keinen Grund.

Viele Denker sehen daher keinen Grund, die Kategorie von «Verdienst» überhaupt im Zusammenhang mit Märkten zu verwenden.[43] Diese Position verkennt jedoch, dass sie dennoch einen gewissen Wert hat: Sie kann dabei helfen, unsere moralischen Intuitionen zu aktivieren, wenn es um genau das geht, was Murphy und Nagel beschreiben: die Gestaltbarkeit von Märkten durch das gesetzliche Rahmenwerk. Der Grundgedanke von Märkten ist, dass sie Transaktionen ermöglichen, bei denen beide Seiten profitieren («win-win», wie es im Englischen heißt); dritte Parteien – sei es die Gesellschaft, sei es die Umwelt – sollen dabei keinen Schaden nehmen. Daher ist es sinnvoll, einen Begriff dafür zu haben, der beschreibt, wie dies auf mehr oder weniger gute Weise erfolgen kann. Wer zum Beispiel Geld damit «verdient» (Sinn 1), dass er Gesetzeslücken ausnützt, die ihm erlauben, die Kosten für Umweltschäden auf die Gesellschaft abzuwälzen, der «verdient» (Sinn 2) es eben nicht im gleichen Sinne wie jemand, der dies nicht tut. Wer kurzfristige Instinkte seiner Kunden ausnützt, «verdient» seinen Gewinn weniger als jemand, der sie umfassend informiert und ihr langfristiges Interesse im Blick hat. Wer an einen Posten kommt, weil in dieser Branche starke Netzwerke das Sagen haben und von vornherein nur Kandidaten eingeladen werden, die bestimmte Eigenschaften erfüllen – zum Beispiel

an einer bestimmten Universität studiert zu haben –, der «verdient» sein Gehalt weniger als jemand, der in einem offenen
und fairen Wettbewerb aus einer großen Gruppe von Bewer-
bern ausgesucht wurde.

Diese Unterscheidungen sind keineswegs unumstritten, und
viel hängt von den Details der einzelnen Fälle ab. Wer Märkte
durch die Linse idealisierter Modelle sieht, für den bleiben
diese Unterschiede unsichtbar: Wo alle Akteure vollständig
rational sind, wo es keine Diskriminierung gibt und wo der gesetzliche Rahmen Probleme wie zum Beispiel die Schädigung
der Umwelt vollständig auffängt, da treten viele moralische
Fragen gar erst nicht auf.[44] Die Wirklichkeit ist, wie schon oft
betont, komplizierter. Und deswegen ist es durchaus sinnvoll,
sich zu fragen, wer eigentlich was verdient im Markt. Wenn an
einer Stelle enorme Gewinne gemacht werden, sollte man genauer hinschauen: Liegt wirklich eine bahnbrechende Innovation vor? Oder haben einzelne Unternehmen eine enorme
Marktmacht (sodass es zum Beispiel anderen Unternehmen
unmöglich ist, mit ähnlichen Innovationen nachzuziehen)?
Kann es sein, dass die Gewinne zustande kommen, weil Unternehmen die unterschiedlichen Gesetzeslagen in verschiedenen
Ländern gegeneinander ausspielen? Was ist der Mehrwert, der
produziert wurde, und wie nachhaltig ist er wirklich?

Es geht nicht darum, Gewinne unter Pauschalverdacht zu
stellen oder direkt verbieten zu wollen. Aber hohe Gewinne
(oder Gehälter oder Boni) können ein Indiz dafür sein, dass
in Märkten etwas schiefläuft. Die Existenz hoher Gewinne in
einem Markt sollte eigentlich ein Signal an andere Anbieter
sein, dass dort ein zu kleines Angebot einer großen Nachfrage
gegenübersteht. Zumindest mittelfristig sollten daher andere
Anbieter ebenfalls in diesen Markt einsteigen, und die Ge-
winnspannen sollten sich normalisieren. Ist dies nicht der Fall,
muss man genau hinsehen, ob es irgendwelche Sondereffekte
gibt, die dies erklären – oder ob möglicherweise Probleme in
der Rahmenordnung vorliegen, innerhalb derer dieser Markt
stattfindet. Möglicherweise gibt es strukturelle Faktoren, die
zum Beispiel kleinen Gruppen erlauben, sich dem Wettbewerb

durch Dritte und der Kontrolle durch Aufsichtsbehörden zu entziehen und einen großen Teil des «Kuchens» für sich abzuschöpfen. Dies aber ist genau das Gegenteil von freien Märkten, und möglicherweise sind Änderungen an den Spielregeln nötig, um diese Strukturen zu verändern.

Besondere Relevanz hat die Frage danach, wer was verdient, für den Finanzbereich. Finanzprodukte sind abstrakt und deswegen für Kunden oft schwerer bewertbar als materielle Güter. Zwei verschiedene Automodelle kann man Probe fahren, aber wie viel ein Versicherungsmodell im Vergleich zu einem anderen wert ist, ist schwieriger zu beurteilen – zumal man sich über die Vorstellung, dass der Versicherungsfall eintritt, nicht gerne in weitschweifenden Phantasien ergeht. Welche Versicherung wie viel «verdient» – weil sie wirklich gute Leistung liefert –, ist damit schwer zu bewerten. Noch heikler wird die Frage nach dem «Verdienst», wenn es um den spekulativen Handel mit Finanzprodukten geht.[45] Was «leistet» ein Computerprogramm, das im Millisekundentakt Aktien oder andere Titel hin- und herhandelt, um von winzigen Schwankungen in den Marktpreisen zu profitieren? Die übliche Begründung hierfür ist, dass derartiger Handel die Liquidität im Markt erhöht, sodass Händler – die nicht spekulativ, sondern «tatsächlich» mit den Titeln handeln wollen – jederzeit kaufen können. Aber wie viel spekulativer Handel ist nötig, um dies zu gewährleisten? Wie sieht dies beim Handel mit komplexen Derivaten aus, die auf das Steigen oder Fallen anderer Kurse, zum Beispiel von Aktienindizes oder Wechselkursen, wetten? Ihre Funktion ist, so heißt es, anderen Marktteilnehmern die Möglichkeit zu geben, sich gegen Kursveränderungen zu versichern. Aber wie viel davon ist nötig, und wie hohe Gewinne rechtfertigt es – und welche Instrumente erhöhen möglicherweise nur Risiken, ohne irgendjemanden abzusichern?[46] Eigentlich müssten, nach der reinen Lehre der Ökonomie, gerade an hochentwickelten Märkten wie den heutigen Finanzmärkten, die Gewinnmöglichkeiten stark eingeschränkt sein, weil es zahlreiche Marktteilnehmer gibt, die sich gegenseitig Konkurrenz machen. Woher also kommen die enormen Profite in diesen Bereichen? Können sie «verdient» sein, weil wirkliche Wertschöpfung vorliegt, die den Kunden nützt – oder haben sie eher damit zu tun, dass das System inzwischen so komplex geworden ist, dass gewiefte Akteure anderen in diesem Dickicht Dinge als «Leistungen» verkaufen können, die vielleicht gar keine sind? Wie «verdient» ist es, wenn Banken insgesamt höhere Risiken eingehen können, weil sie damit rechnen können, dass der Staat sie im Zweifelsfall rettet, weil sie «too big too fail» sind? Hier stellen sich zahlreiche Fragen, bei denen der Gedanke des «Verdienstes» als Heuristik dienen kann, um sinnvolle und legitime von weniger sinnvollen und legitimen Praktiken zu unterscheiden.

Wie schon angeklungen ist, ist eines der fundamentalen Probleme, dass in der heutigen Finanzwelt viele Akteure zwar Gewinne abschöpfen können, die Verluste aber nicht tragen müssen, zum Beispiel weil beim Handel mit fremdem Geld zwar Boni für Gewinnsteigerungen ausgezahlt wurden, aber keine «Mali» bei Verlusten. Aber wenn Gewinne als «verdient» empfunden werden – und vor der Finanzkrise empfanden dies sicherlich viele Beteiligte so –, dann müssen auch Verluste als «verdient» in Kauf genommen werden. Die unternehmerische «Leistung», die in der Übernahme von Risiken besteht, «verdient» es nur dann, honoriert zu werden, wenn sie sowohl die Aufwärts- als auch die Abwärtsbewegungen mitträgt. Die Loslösung der persönlichen Haftung von den Einkommensmöglichkeiten widerspricht fundamental den Prinzipien des freien Marktes, die viele der im Finanzsektor Beschäftigten so hochzuhalten behaupten.

Es scheint daher, dass die Orientierung an der so antiquiert wirkenden Kategorie des «Verdienens» gerade im Finanzwesen hilfreich sein könnte – nicht in dem Sinne, dass sich auf Heller und Cent genau ausrechnen ließe, wer wie viel «geleistet» hat, aber doch in dem Sinne, dass darauf geachtet werden muss, welches Verhalten vom System insgesamt belohnt und welches bestraft wird. Ist der Ehrliche der Dumme, oder hat er wenigstens langfristig die besseren Karten? Wofür werden Anreize gesetzt, und welche Kultur schaffen sie, auf längere Sicht betrachtet, in der Branche? Was würde zum Beispiel passieren, wenn bei der gerichtlichen Durchsetzung von Verträgen viel stärker danach gefragt würde, ob die Bank sich am Wohl der Kunden orientiert hat oder nicht? Vielleicht sollten Verträge, bei denen das klarerweise nicht der Fall ist, einfach nicht einklagbar sein – das würde am Verhalten der Banken vermutlich einiges ändern.

Hier stellen sich drängende Fragen, bei denen man die Skylla populistischer Schuldzuweisungen ebenso vermeiden muss wie die Charybdis einer bloßen Rechtfertigung des Bestehenden, wie es in manchen ökonomischen Theorien passiert. Stattdessen benötigen wir eine Debatte darüber, was für ein Finanzsystem wir eigentlich wollen und worin echte Wertschöpfung im Finanzsektor besteht – und zwar nicht für imaginäre «Homines oeconomici», sondern für die echte Welt, mit Menschen, die nicht immer rational handeln, mit Informationsasymmetrien, die ausgenutzt werden könnten, und mit einem Wettbewerb, in dem größere Unternehmen oftmals erhebliche Vorteile gegenüber kleineren haben.

Insgesamt also lässt sich die Besteuerung von Einkommen und Gewinnen nicht mit einem irgendwie gearteten Argument von «Verdienst» ablehnen. Umgekehrt wird ein Schuh draus: Das Gesamtsystem an Rechten und Pflichten sollte so gestaltet werden, dass wenigstens die krassesten Ungleichgewichte zwischen Leistung und Belohnung verhindert werden. Denn letztlich sollen Märkte eines sichern: die Bereitstellung von möglichst guten Leistungen zur Befriedigung der Bedürfnisse anderer. *Damit* sollte in ihnen Geld «verdient» werden, nicht mit allen möglichen anderen Manövern. Die Rahmenbedingungen der Märkte entsprechend zu gestalten, verlangt weit mehr Aufmerksamkeit, als ihnen in den letzten Jahren zugestanden wurde.

«Verdienst» im Staat

Allerdings gibt es auch einen Sinn von «verdienen», der für einen Liberalismus, wie er hier verstanden wird, problematisch ist. Nicht nur in Bezug auf den Markt glauben viele Leute, etwas zu «verdienen». Auch in Bezug auf staatliche Leistungen glauben viele, dass sie ein Anrecht darauf haben, dass der Staat *ihren* Problemen doch bitte erhöhte Aufmerksamkeit schenken möge.[47] Zumindest gefühlt hat jeder ein Problem, das viel wichtiger ist als die Probleme der anderen. Das ist allzu menschlich: Man kennt die eigenen Probleme oder die der eigenen Gruppe am besten, man ist näher «dran», das Mitgefühl ist daher stärker, während die Probleme anderer Gruppen abstrakt bleiben. Weil man sich gut mit der eigenen Thematik auskennt, weiß man auch, was mögliche Lösungen wären – wenn nur das Geld dafür da wäre.

Wie schon Adam Smith betonte, funktioniert menschliches Mitgefühl in konzentrischen Kreisen: In diejenigen, die uns am nächsten stehen, können wir uns am besten hineinversetzen.[48] Wenn es darum geht, private Hilfe zu leisten, hat das Vorteile: Man wendet sich denen zu, auf deren Leben man den meisten Einfluss hat, Familie, Freunden und Bekannten. Wenn es um die Verteilung staatlicher Gelder und Privilegien geht, ist diese Tendenz allerdings problematisch. Der eine Minister fordert für sein Ressort finanzielle Vorteile, der andere braucht Ausnahmeregelungen, um seine Stammwähler nicht zu verschrecken; diese Lobbygruppe beteuert, dass die von ihr geschaffenen Arbeitsplätze absolut unverzichtbar seien, jene Branche hat traditionell schon immer Privilegien genossen, die abzuschaffen einen Sturm der Entrüstung auslösen würde. Und so kann der Staat – und das heißt im Endeffekt: die Steuergelder der Bürger – zu der berühmten Allmende werden, auf der jeder seine Kühe grasen lässt und deren saftiges Grün sich deshalb innerhalb kürzester Zeit in eine Schlammwüste verwandelt. Niemand will sich Gedanken machen, wie eine nachhaltige, langfristig sinnvolle Bewirtschaftung aussehen könnte, solange die anderen das nicht auch tun. Jeder hat das Gefühl, dass auch er seinen Anteil am Kuchen «verdienen» würde, und keiner achtet mehr darauf, ob der Kuchen insgesamt nachhaltig finanzierbar, geschweige denn von der optimalen Größe ist. Und während das Gras einer einzelnen Dorfwiese irgendwann, nun ja, einfach totgetrampelt ist, können Staaten die Bezahlung ihrer Schulden durch Staatsverschuldung in die Zukunft verschieben – ein bequemer Ausweg, wenn man sich nicht darauf einigen kann, wer welche Einsparungen tragen soll. Besonders problematisch ist dies, wenn manche Interessengruppen besonders gut darin sind, auf die Berücksichtigung ihrer Interessen zu pochen – in letzter Zeit war dies, wie zum Beispiel Wolfgang Streeck argumentiert, insbesondere der Finanzsektor.[49]

Der «alte» Liberalismus hatte dieses Problem nicht im gleichen Maß. Wenn die Aufgaben des Staates auf die Sicherung von Recht und Ordnung und die Bereitstellung weniger öffentlicher Güter beschränkt werden, ist es leichter, Grenzen zu ziehen für das, was vom Staat gefordert werden kann (auch wenn man sich ausmalen kann, wie viele Güter sich als «öffentliche Güter» beschreiben lassen, wenn man nur lange genug um die Ecke denkt). Der «neue» Liberalismus, der umfassendere Freiheiten für seine Bürger bereitstellen will, tut sich schwerer damit, zu entscheiden, welche Freiheitseinschränkungen für welche Gruppe so schwer wiegen, dass staatliche Eingriffe gerechtfertigt sind. Manche liberalen Denker fordern allein aus diesem Grund, dass der Staat ein Nachtwächterstaat bleiben müsse.[50] Schließlich sei das Streben verschiedener gesellschaftlicher Gruppen, besonders aber von Politikern, nach ökonomischen Vorteilen – das sogenannte «rent seeking» – so ausgeprägt, dass es zu gefährlich wäre, wenn es einen großen Batzen Geld zu verteilen gäbe. Besser, so das Argument, man hält den Kuchen klein. Aus dieser Position heraus werden alle Rufe nach «sozialer Gerechtigkeit» mit einem instinktiven Abwehrmechanismus beantwortet – «soziale Gerechtigkeit» sei ein Unwort, das nur das Streben von Lobbygruppen nach Bereicherung kaschiere.

Aber dieses Argument überzeugt nicht, auch wenn man anerkennt, dass die «Übernutzung» von staatlicher Vorteilssicherung ein echtes Problem für liberale Staaten ist. Auch ein «schlanker» Staat kann das Ziel von Lobbyisten-Bemühungen und «rent seeking» werden – denn wenn es nicht um das Verteilen von Steuergeschenken geht, geht es vielleicht um die Lockerung von Regulierungen oder die Vergabe von Lizenzen. In gewisser Weise droht hier sogar eine noch gefährlichere Form von Problemen. Der Staat hat schließlich die Regulierungsgewalt, und es ist für ihn eventuell billiger oder leichter, etwas durchzusetzen, das ihn nicht direkt Steuergelder kostet, sondern das er erreicht, indem er in das Privatleben der Bürger und ihre wirtschaftlichen Freiheiten hineinregiert. Wenn dann verschiedene Gruppen alle ihre jeweiligen Privilegien und Besonderheiten einfordern und die Politik, weil die Wiederabschaffung von Privilegien und Besonderheiten auf Widerstand stoßen würde, lieber neue Regulierungen und neue Ausnahmen hinzufügt, verheddert man sich schnell in einem Dickicht an Regulierungen, das ebenfalls weit von dem entfernt ist, was aus gesamtgesellschaftlicher Sicht optimal wäre.[51] Insofern kann auch ein Staat, der nur niedrige Steuern erhebt und ein schmales Budget hat, ähnliche Probleme haben. Den Staat klein zu halten, damit die Individuen keinen Anreiz haben, «rent seeking» zu betreiben, hieße, das Kind mit dem Bade auszuschütten.

Dieses Problem ist eine ernst zu nehmende, aber durchaus zu bewältigende Herausforderung, der sich liberale Staaten stellen müssen. Der erste Schritt dazu ist eine offene Diskussion darüber, wer in unserer formal gleichberechtigten Demokratie eigentlich die Fäden zieht und in welchem Maß Verbände und Lobbygruppen dabei eine Rolle spielen. Sind die Gruppen am lautesten, die sowieso privilegiert sind, oder gibt es zumindest eine gewisse Gleichberechtigung bei der Teilnahme am öffentlichen Diskurs und der Bereitschaft von Politikern, sich Argumente anzuhören? Wie dies ausgestaltet wird, hängt an einer Vielzahl institutioneller Details, aber auch Faktoren wie die Struktur der Medienlandschaft spielen eine Rolle. Die Wahlkampffinanzierung politischer Repräsentanten in den USA ist ein trauriges Beispiel dafür, wie man es *nicht* machen sollte, wenn man vermeiden will, dass reiche Individuen und Gruppen ein überproportional großes Gewicht im politischen Prozess bekommen.[52] In Europa – vor allem auch auf Ebene der Europäischen Union – dürfte es vor allem der Lobbyismus von Verbänden und Interessengruppen aller Art sein, der Anlass zu Pessimismus gibt und der Crouch zu seiner düstereren Diagnose der «Postdemokratie» veranlasst hat. Aber «Postdemokratie» ist kein Schicksal. Auch wenn es in komplexen Gesellschaften nicht immer leicht zu entscheiden ist, welche Anliegen objektiv gesehen wie dringend sind, kann man doch nach Mechanismen suchen, die die Verzerrung von politischen Entscheidungsprozessen verhindern. Ein zentraler Ansatzpunkt ist dabei Transparenz auf möglichst allen Ebenen, die auch gesetzlich verankert sein müsste – zum Beispiel in der Frage, welche Berater oder externen Gruppen beim Abfassen von Gesetzesvorlagen beteiligt sind. Ein zweiter Ansatzpunkt ist, intensiver darüber nachzudenken, welche Entscheidungen eigentlich auf welcher institutionellen Ebene gefällt werden sollten, sodass diejenigen, die von ihnen betroffen sind, sinnvoll Einfluss darauf nehmen können. Diese Frage ist in den letzten Jahren vor lauter Rettungspaketen und Krisenbewältigungsstrategien kaum noch gestellt worden, dabei dürfte sie für längerfristige Wege aus der Krise unerlässlich sein. Und schließlich wäre auch zu fragen, wie sinnvoll massive Machtkonzentrationen in der Privatwirtschaft sind, die durch ihre schiere Größe Einfluss auf die Politik haben. Die Rede vom freien Markt und das Loblied der Effizienz verstellen den Blick darauf, dass Unternehmen möglicherweise auch aus dem Grund groß werden oder es bleiben wollen, dass ihr Gewicht innerhalb einer Volkswirtschaft, und damit auch ihr Einfluss auf deren Politik, entsprechend wächst und sie sich Sonderrechte oder Privilegien sichern können, die kleineren Unternehmen nicht offenstehen. Dies aber ist weder mit der Logik des Marktes noch mit den politischen Strukturen einer freiheitlichen Gesellschaft vereinbar.

Ein neuer Sinn von sozialer Gerechtigkeit

Aus diesen Überlegungen ergibt sich ein Verständnis von sozialer Gerechtigkeit, das einem zeitgenössischen Liberalismus nicht entgegensteht, sondern im Gegenteil in seinem Zentrum steht: Soziale Gerechtigkeit bedeutet die Orientierung daran, dass Freiheit in *all* ihren Dimensionen für *alle* Bürger so groß wie möglich sein soll – in Bezug auf die negative Freiheit, die ihnen Freiräume für eigenes Handeln sichert, in Bezug auf die materiellen Grundlagen für ein selbstbestimmtes Leben und in Bezug auf die Teilnahme an politischen Gestaltungsprozessen in ihrem Status als freie Bürger. Das alte Schema, dass der Markt Freiheit biete und der Staat ein bisschen Gleichheit hinzumische, hilft kaum weiter, um zu sehen, wo der dringendste Veränderungsbedarf herrscht. Ebenso wenig kann es um Umverteilung um der Umverteilung willen gehen – denn auch die Eingriffe, die nötig sind, um etwas umverteilen zu können, gehen in die Bilanz der Freiheiten ein.

Dieses Verständnis von Freiheit und sozialer Gerechtigkeit ist vor allem auch deshalb wichtig, weil die Hoffnung, dass durch wirtschaftliches Wachstum alle Konflikte vermieden werden könnten, in Zukunft weniger berechtigt sein dürfte. Schon die ökologischen Probleme eines unbeschränkten Wachstums, die ich in Kapitel V aufgreifen werde, werfen hier Fragen auf. Aber selbst, wenn wir diese Probleme nicht hätten, wäre fraglich, ob die Wirtschaft einfach immer weiter wachsen wird, auf eine Art und Weise, die Umverteilung einfach macht. Die Freiheit der Bürger darf aber nicht abhängig von der Konjunktur werden; der Hinweis darauf, dass man nur «den Markt» freisetzen müsse, um die Freiheit aller zu erhöhen, klingt zynisch angesichts der Tatsache, dass in den letzten Jahren vor allem eine winzige Schicht an Topverdienern hinzugewonnen hat. Allerdings ist es auch wichtig, in Erinnerung zu behalten, dass die Antwort auf ein diagnostiziertes Problem nicht immer der reflexhafte Ruf nach staatlichen Eingriffen sein muss – nicht nur wegen der angesprochenen Gefahr, dass die «Allmende» staatlicher Regulierung heillos überstrapaziert zu werden droht, sondern auch, weil in manchen Fällen andere Institutionen viel besser in der Lage sind, etwas zu unternehmen. Wenn es zum Beispiel darum geht, die Nachteile von Jugendlichen aus sozial schwachen Familien auszugleichen und ihnen Gesprächspartner, Ermutigung und praktische Tipps zur Verfügung zu stellen, sind die Erfahrungen derjenigen, die selbst in den verschiedensten Bereichen der Gesellschaft arbeiten, mindestens so wertvoll wie staatliche Schulungen. Hier ist die Initiative der Zivilgesellschaft gefragt, sei es in spezifischen Organisationen oder auch im ganz alltäglichen Leben der Einzelnen.

Trotzdem sollten Liberale keine Angst vor staatlichen Maßnahmen haben, wenn diese nach Abwägung aller Faktoren das sinnvollste Instrument zur Verwirklichung bestimmter Ziele sind. Das Argument übrigens, dass man, wenn man anfängt, Unrecht gegenüber bestimmten Gruppen auszuräumen, gezwungen wäre, überall durchzuregieren und alles bis ins Letzte zu regeln, ist falsch. Man kann Ungerechtigkeiten durchaus nach Schwere gewichten und ebenso danach fragen, wie einfach oder schwierig, teuer oder billig, mögliche Lösungen sind. Clevere institutionelle Lösungen können auch hier große Unterschiede machen. Man kann zum Beispiel das Risiko willkürlicher Änderungen bei steuerlicher Umverteilung dadurch reduzieren, dass von vornherein eine Formel festgelegt wird, nach der umverteilt wird – so hat dies der Ökonom Robert Shiller für die USA vorgeschlagen, anhand eines Steuersystems, das bei steigender Ungleichheit die Progressivität nach einer vorher festgesetzten Formel erhöht.[53] Dass man, wenn man an einer Stelle eingreift und die Maßnahmen Wirkung zeigen, möglicherweise an anderer Stelle nachjustieren muss, ist ebenfalls kein stichhaltiger Einwand – zum einen, weil solches Nachjustieren gar nicht per se schlecht sein muss (vielleicht kann man Regelungen an anderer Stelle abschaffen, wenn eine Maßnahme erfolgreich ist), zum anderen, weil manche Formen von Unfreiheit so schwerwiegend sind, dass auch komplizierte, immer wieder zu ändernde Regelwerke kein zu hoher Preis sind, um sie zu vermeiden.

Wenn das Ziel derartiger Veränderungsprozesse die größtmögliche Freiheit aller Mitglieder einer Gesellschaft ist – und in diesem Sinne «soziale Gerechtigkeit» –, kann man bei der Wahl der Mittel offen für kreative neue Lösungen sein. Allerdings gibt es einige einfache Prinzipien, die in der Regel sinnvoll sind – «ceteris paribus», wie es in der Philosophie heißt: unter ansonsten gleichen Umständen. Dazu gehört zum Beispiel der gerade angesprochene Gedanke, von vornherein klare Regeln festzusetzen und nicht Tür und Tor für willkürliche Abänderungen zu öffnen. Aber trotzdem gilt: Wenn sich bei bestimmten politischen Maßnahmen völlig unabsehbare Nebenfolgen zeigen, muss auch die Möglichkeit bestehen, einen geordneten Rückzug anzutreten. Es sind, wenn man so will, «Prinzipien für die Prinzipienlosigkeit» gefragt: Entscheidungshilfen dafür, wann an welchen Stellen nachträgliche Änderungen notwendig und sinnvoll sind. Ein stures Festhalten an wenigen, klaren Grundsätzen ist in der heutigen Welt aufgrund ihrer hohen Komplexität problematisch; ebenso problematisch ist ein prinzipienfreies Sich-Durchwurschteln – nicht zuletzt, weil dabei die Gefahr groß ist, dass Partialinteressen und zufällige Machtkonstellationen unbemerkt die Ergebnisse beeinflussen. Deswegen ist das richtige Maß an Flexibilität gefragt, ohne in Beliebigkeit abzugleiten. Vorher festzulegen, an welchem Punkt Änderungen greifen oder man neu verhandelt, kann hierbei hilfreich sein.

Ein zweiter Punkt ist, dass es oft sinnvoller ist, Probleme ungleicher Freiheit anzugehen, *bevor* die Prozesse, in denen sie wirksam werden, stattfinden und die ungleichen Ergebnisse vorliegen – sodass man am Ende nur noch notdürftig nachbessern kann. Wenn zum Beispiel durch Marktmacht extrem ungleiches Einkommen erzielt wird, ist es sinnvoll, sich auf die Rolle der Kartellbehörden oder auch die Governance-Strukturen von Firmen zu konzentrieren, anstatt ausschließlich nachträgliche Umverteilung zu fordern. Wir sollten uns von der Vorstellung verabschieden, dass «der Markt» eine «black box» sei, an der man nichts ändern, sondern allenfalls später den Kuchen anders aufteilen kann. Viel sinnvoller ist, von vornherein zu fragen, wie der Kuchen entsteht und hier gegebenenfalls das Regelwerk zu ändern.

Die dritte Dimension von Freiheit, die republikanische Freiheit, legt ein weiteres Prinzip nahe, das bei der Entscheidungsfindung helfen kann: Diejenigen, die von Maßnahmen betroffen sind, sollten mitreden können.[54] Das trägt auch dazu bei, ihre Erfahrungen und Kenntnisse in den Entscheidungsprozess einzubringen. Das Subsidiaritätsprinzip, demzufolge Entscheidungen immer auf der niedrigstmöglichen Ebene gefällt werden sollen und die nächsthöhere Instanz immer erst «subsidiär» ins Spiel kommt, fasst genau diesen Gedanken.[55] Offiziell wird es von so gut wie allen staatlichen Institutionen gutgeheißen; die Praxis sieht vielfach anders auch. Doch die Möglichkeit, das eigene Leben mitzugestalten, ist nichts, das den Bürgern von Bürokraten und Politikern großzügigerweise gewährt wird – sie ist ihr genuines Recht. Dass sie außerdem dazu dient, andere Freiheitsrechte zu stützen, macht es umso nötiger, sie hochzuhalten.

Die drei Formen von Freiheit, die ich in diesem Kapitel diskutiert habe, stützen und ergänzen sich gegenseitig. Keine von ihnen darf verabsolutiert werden, ohne dass die Möglichkeit eines freien Lebens für alle Bürger in Gefahr gerät. Der Gedanke von «Verdienst» im Markt muss berücksichtigen, dass Einkommensverteilungen immer durch das gesamte Bündel an Regeln und Gesetzen beeinflusst sind, die verschiedene Märkte prägen. Der Gedanke von «Verdienst» im Sinne staatlicher Zuwendung muss der Gefahr Rechnung tragen, dass einzelne Gruppen sich ungerechtfertigte Privilegien sichern und die öffentlichen Geldtöpfe überstrapaziert werden. Weder der eine noch der andere Gedanke können verwendet werden, um an der Notwendigkeit etwas zu ändern, *all* diese Aspekte von Freiheit für *alle* Bürger im Blick zu behalten. Anstatt «Markt» und «Staat» als fixe, unveränderbare Größen zu sehen, die sich gegenüberstehen, muss es darum gehen, in beiden Bereichen nach institutionellen Lösungen zu suchen, die diese Freiheiten bestmöglich verwirklichen können. Dies gemeinsam, unter Einbeziehung der Stimmen aller Beteiligten zu tun, ist der Aspekt der dritten Dimension von Freiheit, der im Moment vielleicht am meisten gefragt ist – um gemeinsam zu entscheiden, wie der Liberalismus, in dem wir leben wollen, sich weiterentwickeln kann, um die Freiheit aller zu sichern.

IV.
Liberalismus ohne Komplexität – Wie der Liberalismus soziale Strukturen vernachlässigte

Einleitung

Immer wieder sind in den Mythen und der Geschichte der Menschheit sogenannte Wolfskinder aufgetaucht: menschliche Wesen, die angeblich in vollkommener Isolation oder unter wilden Tieren aufgewachsen sind. Von Romulus und Remus über Kaspar Hauser geht es bis zu Mowgli aus dem Dschungelbuch.[1] Dabei ist unklar, ob es überhaupt möglich ist, dass ein Mensch ohne menschliche Gemeinschaft aufwächst. Die Frage, was passieren würde, wenn dies möglich wäre und diese Person *nicht* in einer bestimmten Gemeinschaft sozialisiert würde, hat viele Wissenschaftler und Denker fasziniert. Angeblich gab es auch immer wieder Versuche, dies herauszufinden, indem Säuglinge ohne menschliche Interaktion aufgezogen werden sollten, zum Beispiel auf Befehl des Staufer-kaisers Friedrich II., der im 13. Jahrhundert herausfinden wollte, was die Ursprache der Menschheit sei.[2] Doch das Experiment endete nicht mit der gewünschten Erkenntnis – sondern mit dem Tod der Kinder. Menschliche Zuwendung ist fundamental für menschliches Überleben, besonders in den ersten Lebensjahren.

Wir hängen in zentralen Elementen des Menschseins – der Sprache, der Fähigkeit, zu denken und verantwortlich zu handeln – von anderen Menschen ab. Schon um überhaupt ein Bewusstsein unserer selbst zu entwickeln, brauchen wir den «Spiegel» anderer Menschen, deren Blick auf uns es uns ermöglicht, ein Verhältnis zu uns selbst zu entwickeln. Diese Aussagen stammen nicht von einem der typischen Theoretiker des Menschen als «sozialen Tiers», wie zum Beispiel Aristoteles, sondern vom Gründervater der Ökonomie, Adam Smith. Erst durch das Zusammenleben mit anderen lernen wir, was ein isoliertes menschliches Wesen nie lernen könnte: uns «gleichsam in zwei Personen» zu teilen und das eigene Verhalten zu reflektieren.[3]

Daraus aber folgt eine grundlegende Prämisse für die Sozialphilosophie, die leicht in Vergessenheit gerät, wenn der Fokus auf den Verhältnissen zwischen erwachsenen Bürgern liegt: Menschen sind soziale Wesen, die auf fundamentale Weise von anderen abhängen, besonders in Kindheit und Jugend, aber auch generell. Wir stehen in zahlreichen sozialen Beziehungen zueinander, die das sich ständig wandelnde Gewebe einer Gesellschaft ausmachen. Beim «Homo oeconomicus» spielen diese Dinge keine Rolle: Er ist immer gleich (hat also keine Geschichte), und mit anderen Menschen steht er in rein instrumentellen Verhältnissen (muss sich also über Sozialbeziehungen keine Gedanken machen). Das ergibt ein herrlich einfaches Bild von Gesellschaft. Die Wirklichkeit aber ist anders. Selbst wenn große Umbrüche oder Revolutionen stattfanden oder wenn Auswanderer Siedlungen auf neuen Kontinenten gründeten, waren sie geprägt durch ihre vorherige Sozialisation. Die kulturellen Verschiedenheiten unterschiedlicher Gesellschaften machen unser Leben reicher und interessanter und bieten die Gelegenheit, voneinander zu lernen. Diese Tatsache muss ein zeitgemäßer Liberalismus ernst nehmen.

Dabei geht es nicht um einen bloßen kulturellen Anstrich an der Oberfläche. Die soziale Natur des Menschen und die sich daraus ergebenden zwischenmenschlichen Beziehungen spielen eine zentrale Rolle für die Grundordnung einer Gesellschaft, die allen Mitgliedern ein selbstbestimmtes Leben ermöglichen möchte. Der klassische Liberalismus, der sich an dem aus freien Stücken zwischen Erwachsenen eingegangenen Vertrag orientiert, hat dabei manches übersehen – insbesondere dann, wenn er sich methodisch an der Ökonomie orientierte und die Perspektive der Soziologie vernachlässigt hat. Nachdem es im zweiten Kapitel um psychologische Themen ging, bei denen eine Revision des klassischen liberalen Verständnisses nötig ist, soll es in diesem Kapitel darum gehen, das Bild einer freiheitlichen Gesellschaft um einige Dimension zu erweitern, die aus der sozialen Natur des Menschen herrühren.

Ich werde zunächst eine Frage diskutieren, die oft an den Kapitalismus und generell an liberale Gesellschaftsmodelle gestellt wurde: Können sie sicherstellen, dass grundlegende soziale Normen stabil bleiben? Wie sich zeigen wird, ist der Vorwurf einer *Unterminierung* von Normen ungerechtfertigt – aber die Frage danach, ob und wie sie weitergegeben werden, bleibt trotzdem relevant. Die sozialen Beziehungen, die zwischen Menschen bestehen, haben auch Auswirkungen darauf, wie Entscheidungsprozesse und Veränderungen in liberalen Gesellschaften stattfinden können. In solchen Gesellschaften haben die Menschen mehr Freiheiten als in hierarchisch strukturierten Gesellschaften, und das erhöht die Komplexität der sozialen Interaktionen. Diese Komplexität stellt uns vor beträchtliche Probleme, zu deren Lösung freie Märkte zwar einen wichtigen Beitrag leisten können – dies ist eines der stärksten Argumente zu ihren Gunsten –, aber auch andere Institutionen benötigt werden. Vor allem aber müssen wir uns von dem Bild verabschieden, dass allein äußerliche Regeln und Anreize für die Steuerung liberaler Gesellschaften ausreichend sind. Darüber hinaus braucht es die Bereitschaft von Individuen und Organisationen, Verantwortung zu übernehmen und Institutionen und Praktiken selbst mitzutragen, indem sie sich nicht nur am Regelwerk, sondern auch am *Sinn* ihrer jeweiligen Tätigkeit orientieren.

Nicht zuletzt aber bedeutet die soziale Natur des Menschen, dass an vielen Stellen unserer Gesellschaft eine Form von Ungleichheit herrscht, die der klassische Liberalismus kaum beachtet hat: ungleiche Macht in informellen sozialen Beziehungen und beim Setzen der Regeln des Zusammenlebens. Die daraus resultierenden Einschränkungen von Freiheit nehmen oft besonders subtile, deswegen aber nicht weniger hartnäckige Formen an. Auch in Märkten gibt es solche Machtunterschiede. Wenn man einen einzigen Denkfehler, den die neoliberale Wirtschaftstheorie verbreitet hat, herauspicken müsste, dann wäre es möglicherweise dieser: Sie hat den Blick dafür verstellt, wie Macht in Märkten funktioniert. Indem sie den Markt «frei» genannt hat, hat sie davon abgelenkt, dass Menschen darin sehr ungleiche Macht und ungleiche Freiheit haben können. Die Bilder von glatten Kurven und harmonischen Anpassungsprozessen als Metaphern für Marktprozesse lassen einen leicht vergessen, welche Machtstrukturen in ihnen zum Tragen kommen können. Auch in der politischen Philosophie der letzten Jahrzehnte, zumindest im angelsächsischen Bereich, stand das Thema Macht keineswegs im Mittelpunkt. Aber wenn ein selbstbestimmtes Leben für alle Individuen das Ideal einer liberalen Gesellschaft ist, darf dieses Thema nicht ausgeblendet werden.

Die Rolle sozialer Normen

Mit dem Namen des deutschen Verfassungsrichters Wolfgang Böckenförde wird ein Dilemma verbunden, das moderne Demokratien angeblich plagt: Sie würden von Grundlagen leben, die sie selbst nicht schaffen könnten.[4] Diese Aussage wurde oft so verstanden, dass Menschen soziale Normen, und insbesondere ein demokratisches Ethos, in Institutionen wie der Familie und zivilgesellschaftlichen oder religiösen Vereinigungen erlernen. Die politischen Institutionen der Demokratie selbst trügen wenig dazu bei, so das Argument, diese normative Prägung aufrechtzuerhalten – aber sie könnten nicht funktionieren, wenn die Bevölkerung diese Normen nicht im Großen und Ganzen einhalten würde. Ähnliche Argumente wurden auch in Bezug auf die Marktwirtschaft erhoben: Sie würde nur funktionieren (soweit sie aus Sicht dieser Kritiker überhaupt funktioniert), weil sie auf ein Ethos aufsetzen konnte, das dem Markt vorausgehe, das sie jedoch im Lauf der Zeit zu erschöpfen drohe.[5]

Derartige Argumente wirken auf den ersten Blick überzeugend. Es ist offensichtlich, dass demokratische und marktwirtschaftlich geprägte Gesellschaften, in denen so stark auf die Eigenverantwortung der Einzelnen gesetzt wird wie in vielleicht keiner anderen Gesellschaftsform, Raum schaffen müssen für die Sozialisierung der Individuen. Ein erster, offensichtlicher Aspekt ist dabei, dass die Rolle der Familien ernst genommen werden muss, die immer noch die wichtigste Institution für die Sozialisierung von Kindern und Jugendlichen sind. Im institutionellen Gefüge einer freiheitlichen Gesellschaft muss diese Aufgabe mitgedacht werden – allerdings möglichst so, dass die Familie nicht selbst zum Hort von Ungleichheit und Ungerechtigkeit wird. Die Frage nach der Sozialisierung von Kindern und Jugendlichen, nach sozialen Räumen, in denen sie Vertrauen und Selbstvertrauen, aber auch grundlegende Normen des Zusammenlebens erlernen, kann für eine freiheitliche Gesellschaft nicht unter «ferner liefen» abgetan werden. Vielmehr muss es darum gehen, den Individuen auch in dieser Hinsicht ein selbstbestimmtes Leben zu ermöglichen, statt sie in vorgefertigte Schablonen von «guten» oder «schlechten» Familien zu pressen. Gerade bei etwas so Individuellem wie der Gestaltung des Familienlebens ist es wichtig, die subtilen Formen von Machtausübung, die ich weiter unten diskutieren werde, im Blick zu behalten.

Aber auch bezüglich erwachsener Individuen wurde immer wieder die Frage gestellt, ob es in liberalen, kapitalistischen Gesellschaften genug Raum gibt für Formen der Sozialisierung, die einen anderen Zweck haben als das einseitige, individuelle Gewinnstreben. Für das Verhalten *innerhalb* des Marktes mag dieses Streben in Ordnung sein – aber eine Gesellschaft braucht auch andere soziale Sphären. Die Moral des Basars solle im Basar bleiben, wie der kanadische Sozialphilosoph Michael Walzer schreibt; im Rest der Gesellschaft hat sie nichts zu suchen.[6] Besonders gefährlich erscheint vielen Kritikern die Tatsache, dass Märkte unter bestimmten Umständen eine Verdrängung (engl. «crowding out») moralischer oder sozialer Normen mit sich bringen können. Das Szenario ist typischerweise folgendes: Menschen tun etwas freiwillig, aus «intrinsischer» Motivation heraus. Irgendwann jedoch werden «externe» Anreize eingeführt, zum Beispiel Marktpreise. Die

Frage ist dann, ob sich die intrinsische Bereitschaft, dieses Gut anzubieten, verändert. Nach dem traditionellen Verständnis des «Homo oeconomicus» müsste die Bereitschaft steigen – schließlich kommen neue Anreize hinzu. Doch wie eine ganze Reihe von experimentellen Studien bestätigt, ist dem nicht unbedingt so: Es kann auch sein, dass sie zurückgeht.[7] Offenbar ist menschliche Motivation ein zerbrechliches Gut, das mit Vorsicht behandelt werden muss.

Besonders heikel sind Phänomene, bei denen die Bereitschaft verdrängt wird, sich an Normen zu halten oder für das Gemeinwohl zu arbeiten – zum Beispiel, Blut zu spenden[8] oder zur Lösung sozialer Probleme beizutragen.[9] David Hume (1711–1776), der englische Philosoph und Freund Adam Smiths, hat das Bonmot geprägt, dass man bei politischen Fragen im Zweifelsfall davon ausgehen solle, dass alle Menschen Spitzbuben seien.[10] Doch was ist, wenn die daraus folgenden Institutionen, die auf Kontrollen und finanzielle Anreize setzen, gerade dazu *führen*, dass Menschen sich nicht wie gute Bürger, sondern wie egoistische Spitzbuben verhalten?

Wenn es solche Phänomene gibt, stellen sie eine Gefahr für freiheitliche Gesellschaften dar, in denen das Verhalten der Menschen stark über äußerliche Regeln und Anreize gesteuert wird. Kein soziales System kommt ohne ein gewisses Maß an Gemeinsinn aus – vor allem im demokratischen Prozess, wenn dieser mehr sein soll als der formalisierte Kampf aller gegen alle. Zumindest müssen alle Teilnehmer bereit sein, sich an die Spielregeln zu halten, und Korruption und Machtmissbrauch müssen in überschaubaren Grenzen gehalten werden. Das betrifft insbesondere diejenigen, die direkt innerhalb der Institutionen des Staates arbeiten: Beamte, Richter und Politiker. Aber auch insgesamt gilt: Eine Gesellschaft, in der Individuen ausschließlich auf die kurzfristige Maximierung ihres Eigeninteresses bedacht sind, ist nicht überlebensfähig – zumindest nicht *als* eine freiheitliche Gesellschaft.[11] Denn je weniger soziale Normen freiwillig eingehalten werden, umso mehr müssen sie durch das staatliche Gewaltmonopol durchgesetzt werden, mit problematischen Folgen für die Freiheit der Einzelnen.

Auch der wirtschaftliche Bereich ist davon nicht ausgenommen: Auch der Markt benötigt grundlegende Regeln, die ihm vorausgehen, allen voran ein gewisses Vertrauen der Marktteilnehmer untereinander, dass Verträge eingehalten werden, auch wenn sie Elemente enthalten, die nur schwer gerichtlich durchsetzbar wären.[12] Und schließlich profitieren alle davon, in einer Gesellschaft zu leben, in der ein Mindestmaß an gegenseitiger Rücksichtnahme und Hilfsbereitschaft herrscht; schon allein deswegen, weil jeder unerwartet in eine Situation geraten kann, in der er die Hilfe anderer braucht. Der amerikanische Philosoph Alasdair MacIntyre spitzt diesen Gedanken in Anspielung auf ein berühmtes Zitat Adam Smiths zu:[13] Wenn ich bei dem Metzger, Brauer oder Bäcker, von dessen Eigeninteresse ich mein Abendbrot erhoffe, in den Laden komme und feststelle, dass er einen Herzinfarkt hat – helfe ich ihm dann oder drehe ich mich schulterzuckend um, um mein Abendbrot woanders einzukaufen?[14] Smith selbst wäre sicherlich davon ausgegangen, dass wir Hilfe leisten sollten und dass die meisten Menschen dies auch tun würden.

Allerdings ist es problematisch, wenn bei derartigen Überlegungen einzelne Institutionen, wie zum Beispiel der Markt, herausgepickt und an den Pranger gestellt werden. Es muss nicht jede Institution in gleichem Maß dazu beitragen, dass insgesamt ein ausreichendes Maß an «sozialem Kitt» in der Gesellschaft vorhanden ist. Worauf es ankommt, ist, dass das Gesamtpaket stimmt. Insofern sind konservative Unkenrufe, die «den Markt», «den Liberalismus» oder «die Individualisierung» verwerfen, zu einseitig – denn wenn diese Institutionen oder kulturellen Trends Elemente eines größeren Sets von Institutionen sind, ist gut möglich, dass ihre negativen Nebenwirkungen (wenn es sie gibt) von anderen Institutionen aufgefangen werden können. Die soziologischen Studien, die zu diesem Thema vorliegen, deuten an, dass die Sache differenzierter betrachtet werden muss, als dies in manchen Tiraden gegen «den Markt» der Fall ist. Der amerikanische Soziologe Robert Putnam zum Beispiel untersuchte in einer großangelegten quantitativen Studie in den USA den Rückgang an

Sozialkapital – gemessen anhand verschiedener Variablen, zum Beispiel Partei- und Vereinsmitgliedschaften und der Zahl privater Dinnerparties – und testete eine große Anzahl möglicher Ursachen.[15] Sein Ergebnis: Wichtige Faktoren sind die zeitliche Belastung von Doppelverdienerpaaren, das Pendeln zwischen Wohn- und Arbeitsplatz, technische Neuerungen wie insbesondere das Fernsehen und vor allem der generationale Wandel.[16] Wenn man annimmt, dass diese Analyse in wesentlichen Zügen korrekt ist, muss man davon ausgehen, dass «der Markt» nur ein Faktor unter mehreren ist, die für Veränderungen gesorgt haben. Und wie Kritiker angemerkt haben, erfasst diese Studie nicht, welche neuen Formen von Sozialkapital sich inzwischen gebildet haben, zum Beispiel über das Internet.

Im zweiten Kapitel habe ich den Theoriestrang der liberalen Tradition angesprochen, demzufolge der Markt die Menschen besser machen würde: zivilisierter, zuverlässiger und letztlich moralischer – die «doux-commerce»-These. Die gerade diskutierten Theorien und Phänomene betrachten den umgekehrten Effekt: die *Verdrängung* von Moral durch den Markt.[17] Allgemeiner gesprochen geht es, um einen Begriff von Albert Hirschman zu übernehmen, um die «Selbstzerstörungs-These», der zufolge die Marktwirtschaft die Ursachen ihres eigenen Unterganges immer schon in sich trage.[18] Diese These hat, wie Hirschman zeigt, nicht nur Karl Marx vertreten, sondern auch vor und nach ihm eine Reihe konservativer Denker. In der von Jürgen Habermas vertretenen These von der «Kolonialisierung» der «Lebenswelt» durch das «System» (zu dem nicht nur, aber auch, die kapitalistische Wirtschaft gehört) finden sich ähnliche Gedanken; ebenso bei seinen Vorläufern in der Frankfurter Schule, Max Horkheimer und Herbert Marcuse.[19] Egal, welche Variante dieser These man herausgreift – ob der Kapitalismus die sozialen Normen, die er selbst braucht, untergräbt, oder ob der moderne Individualismus und Hedonismus die Sparsamkeit, die für die kapitalistische Akkumulation wesentlich ist, zunichte machen –, im Kern geht es immer darum, dass moderne Gesellschaften Vorbedingungen in

Gestalt von Normen und Werten haben, die sie selbst nicht aufrechtzuerhalten vermögen.

Aber welche These stimmt nun? Hirschman, der die Geschichte dieser beiden Argumentationsstränge[20] im historischen Auf und Ab nachzeichnet, gibt eine verblüffend einfache Antwort: Kann es nicht sein, dass beide Thesen stimmen, dass es also in modernen Marktgesellschaften *sowohl* ein Verdrängen *als auch* einen Aufbau von sozialen Normen gibt? In diesem Falle wären die moralischen Grundlagen des Kapitalismus etwas, das zwar nicht statisch aus vorkapitalistischer Zeit fortbesteht, für das aber neben dem Abbau auch ein Neuaufbau stattfindet. Dabei muss es nicht ausschließlich der «doux commerce», die zivilisierende Kraft des Marktes, sein, die für den «Zufluss» sorgt. Genauso gut können andere Institutionen in freiheitlichen Gesellschaften diese Aufgabe übernehmen. Dass dies der Fall sein könnte, vermutet der US-Ökonom Samuel Bowles, der kürzlich in einem Überblicksaufsatz zahlreiche Studien zu dieser Frage ausgewertet hat. Wie er schreibt, haben die Kritiker moderner liberaler Gesellschaften übersehen, dass traditionelle Gesellschaften ebenfalls zahlreiche Eigenschaften haben, die den sozialen Zusammenhalt und den Sinn fürs Gemeinwesen unterdrücken. In liberalen Gesellschaften sorgten dagegen andere Institutionen dafür, dass diese gepflegt würden, zum Beispiel Rechtssicherheit und soziale Absicherung, die zu einem «verallgemeinerten Vertrauen»[21] anderen Gesellschaftsmitgliedern gegenüber führten. Tatsächlich zeigen die Studien, die Bowles zitiert, dass das «crowding out» von «Bürgertugend» («civic virtue») durchaus vorkommen kann. Allerdings zeigen international vergleichende Experimente, dass solche Tugenden in liberalen Gesellschaften keineswegs weniger ausgeprägt sind als in traditionellen Gesellschaften. Dazu wurde unter anderem das schon erwähnte[22] «Ultimatum-Spiel» verwendet, bei dem es um das Aufteilen von einer Summe Geld geht. Wie Bowles zusammenfasst, machten dabei Gruppen, die stärker an Märkte gewöhnt waren, großzügigere Angebote *und* lehnten knausrige Angebote eher ab – ihnen lag also daran, dass auch andere Menschen sich an gewisse Normen halten.[23] Auch wenn es um den eigenen Beitrag zu einem gemeinsam zu bezahlenden öffentlichen Gut ging, und ebenso bei anderen Indikatoren für «Bürgertugend», schnitten die Studienteilnehmer aus «moderneren» Gesellschaften besser ab.

Wenn diese empirischen Daten stimmen, müssen sich marktwirtschaftlich organisierte Gesellschaften keine allzu großen Sorgen um ihre moralischen Grundlagen machen. Allerdings heißt dies nicht, dass das Verhältnis von «Zufluss» und «Abfluss» niemals aus dem Gleichgewicht geraten könnte. Die Frage danach muss im Auge behalten werden, um sich gegebenenfalls Gedanken machen zu können, durch welche Institutionen ein verstärkter Aufbau erfolgen könnte. Wenn, wie Bowles nahelegt, vor allen Dingen Institutionen, die nicht zum Markt gehören, für den Aufbau des moralischen Kittes zuständig sind, ist es wesentlich, dass diese nicht von den Kräften des Marktes erstickt werden, sondern genug Raum zum Atmen bekommen.[24] Dies folgt nicht nur aus dem eigenständigen Wert, den Institutionen wie Familien, Freundschaften und zivilgesellschaftliche Einrichtungen haben, sondern auch aus ihrem Beitrag dazu, eine Gesellschaft, in der ein freier Markt existieren kann, überhaupt möglich zu machen. Um das Vordringen marktwirtschaftlicher Mechanismen in immer weitere Bereiche des Lebens kritisch zu sehen, muss man also kein genereller Feind des Marktes sein – auch wenn man den Markt als Lösungsinstrument für viele Probleme befürwortet, muss man die sozialen Vorbedingungen für eine Gesellschaft, in der der Markt seinen Platz hat, mitdenken.

Freiheit und Komplexität

Über die Frage nach grundlegenden sozialen Normen hinaus hat die Sozialität des Menschen weitergehende Auswirkungen darauf, wie ein zeitgenössischer Liberalismus die Gesellschaft denken sollte. Denn diese Sozialität bedeutet, dass es nicht nur Verträge zwischen vollständig rationalen Individuen gibt, sondern auch zahlreiche andere Formen der Interaktion zwischen

Menschen: Bewusst oder unbewusst, direkt oder indirekt, gleichförmig oder gegenläufig reagieren wir darauf, wie andere um uns herum sich verhalten. Die Lehrbuchmodelle der Ökonomie, und auch so manche politische Philosophie rechter wie linker Couleur, erwecken den Eindruck, eine liberale Gesellschaft sei eine einfache Sache: Es gibt den gesetzlichen Rahmen, und innerhalb dieses Rahmens machen die Einzelnen, was sie wollen – der Rahmen lenkt ihr Verhalten schließlich in die richtige Richtung. Derartige Modelle können als erste Annäherung an die Realität sinnvoll sein. Aber sie dürfen nicht den Blick dafür verstellen, um wie viel komplizierter die Wirklichkeit ist. Denn liberale Gesellschaften sind, noch mehr als andere Gesellschaften, unglaublich komplexe Gebilde – zumindest dann, wenn sie aus Menschen aus Fleisch und Blut bestehen und nicht aus «Homines oeconomici». Komplexität meint, dass man das Gesamtverhalten eines Systems nicht klar vorhersagen kann, auch wenn man über die einzelnen Teile Bescheid weiß, zum Beispiel, weil es zwischen dem Verhalten der Teile unabsehbare Wechselwirkungen gibt oder weil eine winzige Änderung im Verhalten eines einzelnen Elements viele andere Elemente auf einen neuen Pfad führen kann. Je mehr Freiheiten die Menschen haben, umso mehr können sie innerhalb des gesetzlichen Rahmens machen, was sie wollen. In vormodernen, hierarchisch geprägten Gesellschaften war ein viel größerer Teil des Verhaltens durch Traditionen und Rollenmuster geprägt. Es gab oft keine Möglichkeit, neue, innovative Lösungen für Probleme zu finden. Außerdem musste ein großer Teil des Einkommens für überlebenswichtige Güter ausgegeben werden; auch dies machte das Verhalten der Menschen vorhersehbarer. Moderne, liberale Gesellschaften dagegen haben viel höhere Freiheitsgrade. Die Individuen können selbst entscheiden, ob sie zum Beispiel alte Gewohnheiten aufgeben und sich neuen Trends anpassen oder ob sie einer Retrowelle folgen und gerade zum Alten zurückkehren wollen. Sie können unerwartet mit Widerstand gegen Neuerung reagieren, während sie andere Veränderungen sang- und klanglos akzeptieren. Und weil Menschen soziale Wesen sind, wirken sie dabei auf das

Verhalten anderer ein und reagieren selbst wiederum darauf. Nachahmungseffekte können zum Beispiel erdrutschartige Veränderungen in der Nachfrage nach einem bestimmten Gut auslösen, die es bei «Homines oeconomici», die nur auf ihren je individuellen Nutzen bedacht sind, nicht geben würde.

Diese Komplexität ist nicht verdammenswert. Sie beruht auf einer zentralen Eigenschaft liberaler Gesellschaften: auf der Freiheit der Einzelnen, ein selbstbestimmtes Leben zu führen, sodass in den verschiedensten Lebensbereichen Eigeninitiative und Kreativität freigesetzt werden. Aber diese Komplexität muss man berücksichtigen, wenn es darum geht, wie in liberalen Gesellschaften Entscheidungen gefällt und Veränderungen angestoßen werden können.

In der Geschichte des Liberalismus war immer wieder eine Metapher maßgeblich: die Vorstellung, dass das gesetzliche Regelwerk das Verhalten der Menschen zwar frei lässt, aber in die richtigen Bahnen lenkt. Die Vorstellung hat etwas vom Bauen von Kanälen und Staudämmen: Die Energien, die nun einmal vorhanden sind und sich nicht unterdrücken lassen, sollen so gelenkt werden, dass sie möglichst wenig Schaden anrichten und vielleicht sogar Nutzen stiften. Bei Adam Smith, und auch schon bei liberalen Denkern vor ihm, taucht immer wieder die Metapher von Wasser und dem «Fließen» von Kapital oder Arbeitskräften auf.[25] Das ist insofern ein Fortschritt gegenüber älteren Vorstellungen, als der Gedanke ernst genommen wird, dass es *überhaupt* eine Eigendynamik im Verhalten der Menschen gibt und diese nicht nur Marionetten in der Hand der Herrschenden sind.[26] Allerdings legt das Bild nahe, dass die zu erwartenden Veränderungen im Verhalten der Individuen[27] so einfach vorhersehbar sind wie der Wasserstand in einem System verbundener Gefäße, der linearen Gesetzen folgt.[28] Angemessener wäre das Bild eines Wildbachs, der sich in seinem historisch entstandenen Bett bewegt, mit zahlreichen Wirbeln, Strudeln und Wasserfällen, und vielleicht auch Altwassern und versickernden Seitenarmen.

Nun gibt es auch ein Bild des Marktes, das eher diesem Wildbach entspricht und eine Eigenschaft von Märkten betont, die sie für komplexe Gesellschaften besonders geeignet machen: die Möglichkeit dezentraler Entscheidungsfindung. Märkte bieten einen kaum zu überschätzenden Vorteil, was Flexibilität und Anpassungsfähigkeit angeht. Sie erlauben es Akteuren, ihr jeweiliges lokales Wissen – sei es über die Nachfrage nach einem bestimmten Gut oder über die Kosten von dessen Produktion – in den Prozess einzuspeisen.[29] Und sie erlauben es, dass dabei Neues geschaffen wird und alte, überholte Strukturen überwunden werden. Joseph Schumpeter hat in diesem Zusammenhang den (ursprünglich Marx'schen) Begriff der «kreativen Zerstörung» berühmt gemacht.[30] Er beschreibt, dass Märkten sozusagen ein Selbstreinigungsprozess innewohnt, der eine ständige Erneuerung erlaubt. Für komplexe, sich schnell ändernde Kontexte scheinen Märkte die optimalen Entscheidungsprozesse bereitzustellen: Sie sind schneller und können viel besser mit Informationen umgehen, als eine zentrale Planungsinstanz dies könnte.

Leider ist der freie Markt *alleine* jedoch kein Garant dafür, dass die Entscheidungen in eine Richtung gehen, die der Gesellschaft als Ganzer nützt und nicht nur einigen wenigen Individuen. Ohne ein entsprechendes Rahmenwerk können Märkte zu reißenden Flüssen werden, die nicht nur den schwächeren Mitgliedern der Gesellschaft den Boden unter den Füßen wegreißen, sondern auch die Strukturen des Gemeinwesens insgesamt unterspülen – sodass die Vorwürfe der Unterminierung des sozialen Rahmenwerks an Plausibilität gewinnen. Außerdem gibt es die altbekannten Probleme, die unter dem Stichwort «Marktversagen» zusammengefasst werden: Wenn die Auswirkungen wirtschaftlichen Handelns auf Dritte nicht gesetzlich geregelt sind, werden sie in höherem Maß auftreten, als dies insgesamt sinnvoll ist, weil die Einzelnen nur ihren jeweils eigenen «optimalen» Nutzen berücksichtigen. Das sind die berühmt-berüchtigten «negativen Externalitäten» – Auswirkungen ökonomischen Handelns auf Dritte, für die sie keine Kompensation enthalten, und die die Entscheider deswegen in ihre Kostenkalkulation nicht einbeziehen –, die besonders im Zusammenhang mit Umweltfragen eine wichtige Rolle spielen. Zum anderen gibt es Probleme mit sogenannten «öffentlichen Gütern», die unteilbar sind, von deren Nutzung die Einzelnen nicht ausgeschlossen werden können, deren Nutzung durch zusätzliche Individuen den Nutzen für die anderen aber auch nicht verringert – ein Beispiel ist die Sicherheit, die durch die Landesverteidigung gewährleistet wird. Dass hier staatliche Aktivitäten notwendig sind, wird von kaum jemandem bestritten. Eher dreht sich der Streit darum, was alles als «öffentliches Gut» oder als Externalität gewertet werden soll – zum Beispiel, wenn es um die Vielfalt des kulturellen Lebens oder um die Gestaltung öffentlicher Räume geht.

Nicht zuletzt aber stoßen Märkte bei der Bewältigung von Komplexität auch dann an ihre Grenzen, wenn vorliegt, was der US-Ökonom Alfred E. Kahn die «Tyrannei kleiner Entscheidungen» nannte.[31] Der Kern von Kahns Argument ist, dass durch die Tatsache, dass Konsumentenentscheidungen in vielen einzelnen, dezentralen Schritten gefällt werden, eine Situation entstehen kann, in der die Summe dieser Entscheidungen aus Sicht aller Beteiligten suboptimal ist. Sein Beispiel ist eine Eisenbahnlinie, die geschlossen wurde, weil die Nachfrage anscheinend zu gering war. Doch wären, so Kahn, die meisten Benutzer der Bahn vermutlich bereit gewesen, einen gewissen Betrag dafür zu bezahlen, dass es diese Eisenbahnlinie gibt und man sich darauf verlassen kann, dass sie bei jedem Wetter als Transportmittel zur Verfügung steht. Diese Tatsache wurde durch den Kauf jedes einzelnen Tickets mitfinanziert, und nicht nur die Kunden, sondern auch andere Bewohner profitierten davon, dass sie in Notfällen auf die Bahn hätten zurückgreifen können – aber eben nur so lange, wie die gekauften Tickets ausreichten, um die Linie insgesamt zu finanzieren. Die Struktur dieses Problems findet sich auch in vielen anderen Bereichen: Weil die Einzelnen in Märkten nur ihre jeweils konkret vorliegenden Kaufentscheidungen berücksichtigen, fehlt ein Kommunikations- und Entscheidungsprozess darüber, was für sie *gemeinsam* eigentlich sinnvoll und wünschenswert wäre.

Obwohl Märkte mit ihrer dezentralen, flexiblen Entscheidungsfindung Komplexität oft besser bewältigen können als andere Formen der Steuerung, garantiert dies nicht, dass sie es auch auf eine Art und Weise tun, die insgesamt wünschenswert ist. Es ist unerlässlich, dass sie durch andere Formen der Entscheidungsfindung begleitet und in einen entsprechenden Rahmen gestellt werden. Allerdings wäre es irreführend, zu glauben, dass man Märkte dabei steuern könnte wie einen Ottomotor, bei dem man mal mehr und mal weniger Gas gibt. Auch wenn das Bild von den Staudämmen und auch viele mathematische Modelle Vorhersagbarkeit und Steuerbarkeit implizieren: Was Märkte bei der Komplexitätsbewältigung interessant macht, ist gerade, dass sie *neue* – und damit per definitionem unvorhersehbare – Lösungen finden können. Die Vorstellung, durch das Drehen an irgendeiner Schraube im Rahmenwerk des Marktes könnte man prozentpunktgenau bestimmen, wie sich das Verhalten der Marktteilnehmer ändern wird, passt für «Homo-oeconomicus»-Modelle, aber vermutlich nur in seltenen Fällen für historisch gewachsene Gesellschaften, die aus Menschen aus Fleisch und Blut bestehen. Denn wie ich schon betont habe: Menschen können auch ganz anders handeln, als es die ökonomischen Modelle vorhersagen. Sie sind soziale Wesen und werden durch das Verhalten anderer beeinflusst, und die dabei entstehenden Wechselwirkungen können alle Prognosen über den Haufen werfen. Dies gilt auch deswegen, weil «die Wirtschaft» kein hermetisch abgetrennter Teil der Gesellschaft ist; Prozesse in anderen Bereichen der Gesellschaft beeinflussen sie ebenfalls, und auch hier sind die Wechselwirkungen oft komplex. Und nicht zuletzt gilt: Menschen sehen, was ökonomische Theorien vorhersagen und welche politischen Maßnahmen deshalb möglicherweise ergriffen werden. Sie können ihr Verhalten *gerade deswegen* ändern und die Vorhersagen der Theorie damit zunichtemachen – oder erst recht erfüllen. Weil ökonomische Theorien Theorien *über Menschen* sind und weil Menschen keine Atome sind, sondern freie Wesen, die diese Theorien verstehen und auf sie reagieren können,

können Theorien selbsterfüllend oder selbstuntergrabend sein.[32]

Im liberalen Denken hat das Bild vom Staudamm und der durch ihn kanalisierten menschlichen Energien in der Vergangenheit viele Fragen bestimmt, die die Steuerung der Gesellschaft insgesamt betrafen. Nach dieser Vorstellung muss für den Fall, dass irgendetwas nicht so läuft, wie man es sich vorstellt, das Rahmenwerk geändert werden, entweder indem man neue Regeln erlässt oder indem man neue Anreize schafft. Aber neue Regeln und neue Anreize führen oft zu Verhaltensanpassungen, die über die intendierten Effekte hinausgehen, oder sie entwickeln unerwartete Nebenwirkungen. Ein gerne zitiertes Beispiel ist der sogenannte Kobraeffekt:[33] Als die britischen Kolonialherren eine Kobraplage bekämpfen wollten und deshalb für jede erlegte Kobra eine Prämie zahlten, begann die Bevölkerung, Kobras zu züchten. Andere Beispiele sind weniger extrem, aber das generelle Problem bleibt: Regeln können umgangen und Anreize pervertiert werden, und in welcher Form dies passieren wird, ist oft schwer vorhersagbar. Dann benötigt man neue Regeln oder neue Anreize, um das Problem in den Griff zu kriegen. Das führt zu neuen Kobraeffekten. Also braucht man neue Regeln und Anreize. Und so weiter und so fort.

Keine Frage: Regeln und Anreize sind unerlässliche Mittel, um die Ordnung und das Gemeinwohl einer liberalen Gesellschaft zu sichern. Ebenso gilt: Wenn Gesellschaften komplexer werden, müssen auch Regeln und Anreize komplexer werden. Aber wenn man glaubt, dass man *ausschließlich* durch sie die Komplexität einer Gesellschaft, in der die Menschen frei handeln können, in den Griff bekommen und unerwünschtes Verhalten vermeiden kann, fällt man leicht in eine Spirale von immer neuen Versuchen der Feinsteuerung, immer neuen Nachjustierungen, immer komplizierteren Ausnahmeregelungen oder Sonderanreizen – bis am Ende niemand mehr den Dschungel durchschaut. Ein Schelm, wer jetzt an das deutsche Steuerrecht denkt ...

Das Problem an diesem Modell ist folgendes: Regeln und Anreize sind starr, sobald sie einmal etabliert sind, und können

nicht vorwegnehmen, wie Menschen sich möglicherweise verhalten werden, um sie zu umgehen. Deswegen werden immer
mehr Pflaster aufeinandergeklebt, um das System zu flicken –
bis der ursprüngliche Sinn der Regeln überhaupt nicht mehr
erkennbar ist. Für diejenigen, die sich eigentlich gerne an die
Regeln gehalten hätten, wird es damit kompliziert: Anstatt
sich vorstellen zu können, welchen Zweck die Regeln erfüllen
sollten und wie man mit kritischen Fällen im *Sinne* dieses Rahmenwerks umgehen könnte, müssen sie ständig aufpassen,
dass sie nicht irgendeine Nebenregel einer Nebenregel übersehen. Das kann leicht dazu führen, dass ihre Motivation, sich an
die Regeln zu halten, verdrängt wird durch die bloße Motivation, keine Fehler bei der Regelanwendung zu machen –
oder sich dabei nicht erwischen zu lassen.[34] Diejenigen dagegen, die sowieso nie eingesehen haben, wieso sie sich an die
Regeln halten oder von den Anreizen leiten lassen sollten, werden nach Wegen suchen, sie zu umgehen. Je komplexer das
Geflecht an Regeln ist, desto anfälliger ist es auch dafür, dass
diejenigen, die danach suchen, Lücken oder Inkonsistenzen
finden, die sie ausnutzen können.

Um in einer komplexen Gesellschaft eine Ordnung aufrechtzuerhalten, die die Freiheit aller Menschen sichert und
darüber hinaus die Güter bereitstellt, auf die das Gemeinwesen
sich demokratisch geeinigt hat, hilft das Bild vom Staudamm
und den in ihm fließenden Wassermassen nur bedingt weiter.
Aber es wäre auch falsch zu glauben, dass dieses Bild alle Möglichkeiten abdeckt, die Gesellschaften haben, um mit Komplexität zurechtzukommen. Dieses Bild entspricht dem Blick
der Ökonomen auf die Wirklichkeit. Die Psychologie und die
Soziologie dagegen haben immer schon betont, dass auch andere Faktoren eine Rolle für das menschliche Verhalten spielen. Diese Faktoren haben viel damit zu tun, dass Menschen
eben soziale Tiere sind, die, oft unbewusst, einander nach-
ahmen und dabei eine Menge voneinander lernen. Das führt
dazu, dass soziale Normen, Rollenvorbilder und der «Habitus»[35] bestimmter Gruppen maßgeblich mitbestimmen, wie
wir uns verhalten und welche Optionen wir für uns selber

überhaupt in Erwägung ziehen, wenn wir Entscheidungen treffen. Diese Normen, Rollen und Verhaltensmuster unterscheiden sich je nach Lebensbereich; im Wissenschaftssystem gelten andere Regeln als in der Politik oder in der Wirtschaft.[36] Vieles davon passiert automatisiert: Wir hinterfragen bestimmte Verhaltensformen gar nicht, und sie fallen uns erst auf, wenn die Routinen einmal zusammenbrechen oder wir, zum Beispiel bei Reisen in andere Länder, merken, wie wenig selbstverständlich sie sind.

Ich werde im Folgenden den übergreifenden Begriff des «Ethos» verwenden, um diese Dimension des sozialen Lebens zu beschreiben, die über das Bild von den Staudämmen und den gelenkten Wassermassen hinausgeht.[37] Diese Dimension ist für die Schaffung und Aufrechterhaltung einer Gesellschaft, in der die Einzelnen ein freies Leben führen können, unerlässlich. Der Begriff des Ethos beschreibt eine Haltung, bei der die Individuen Gesetze und Regeln nicht als etwas von außen Gegebenes betrachten, sondern sie selbst mittragen und sich dafür verantwortlich fühlen, dass sie gelebt werden. Ein Ethos lebt in der Zeit: Es wird innerhalb von Institutionen und Gemeinschaften weitergegeben. In der Regel wandelt es sich dabei, aber dies bedeutet nicht, dass seine zentralen Werte dabei untergraben werden müssen. Wenn die Umstände sich ändern, *muss* ein Ethos sich sogar wandeln, um seinen zentralen Prinzipien treu zu bleiben.

Im liberalen Denken blieb die Rolle des Ethos oft unterbelichtet. In gewisser Weise ist das von daher verständlich, dass *bestimmte* Formen von Ethos dem Bild vom freien, aufgeklärten Individuum diametral entgegengesetzt sind. Ein flapsiger Studentenspruch sagt, dass Ökonomie davon handelt, wie Individuen wählen, und Soziologie davon, dass sie keine Wahl haben – weil sie durch ihr soziales Umfeld geprägt werden. Ethos *kann* in Formen auftreten, in denen das Verhalten von Individuen völlig durch Tradition, Gewohnheit und möglicherweise autoritäre Strukturen geprägt wird und freies Denken nicht gefragt ist. Aber es ist auch möglich, dass ein Ethos bewusst gelebt wird und dass Individuen sich dafür entschei-

den, das, was ihnen von anderen vorgelebt wird, zu übernehmen und entsprechende Gewohnheiten zu entwickeln, vielleicht mit einer ganz persönlichen Note. Dann steht es in keinem Widerspruch zur Freiheit der Individuen. Die Weitergabe
eines Ethos findet innerhalb von sozialen Gemeinschaften
statt, in denen idealerweise auch eine gemeinsame Reflektion
über das vorherrschende Ethos und mögliche Veränderungen
stattfinden kann. Liberalen Denkern, die sich gegen diesen Gedanken wehren, lässt sich entgegenhalten, dass, weil Menschen
nun einmal soziale Wesen sind, die Ausbildung eines Ethos
sowieso stattfindet – die Frage ist nur, ob es ein Ethos ist, das
sinnvoll ist für die Institution, um die es geht, oder ob es eines
ist, das diese gerade unterminiert.

Das Ethos von Institutionen enthält, wenn sie nicht völlig
korrumpiert sind, immer auch eine Vorstellung davon, was der
Sinn dieser Institution ist und an welchen Werten sich diejenigen, die in ihnen arbeiten, orientieren sollten. Der Sinn eines
Krankenhauses besteht darin, Patienten zu versorgen – nicht,
irgendwelche Budgets einzuhalten. Der Sinn einer Schule besteht darin, Wissen und Kenntnisse zu vermitteln – nicht, in
irgendwelchen Tests möglichst hohe Punktzahlen einzufahren.
Und auch bei privatwirtschaftlichen Firmen gilt: Ihr Sinn besteht darin, bestimmte Güter oder Dienstleistungen zu einem
guten Preisleistungsverhältnis bereitzustellen – nicht darin, auf
Teufel komm raus Gewinne zu maximieren. Die anderen Faktoren sind nicht unwichtig, aber sie sind Nebenbedingungen
oder auch Mittel zum Zweck. Institutionen setzen das, was sie
ausmacht, aufs Spiel, wenn diese Nebenbedingungen oder
Mittel als die einzigen Prinzipien das Denken und Handeln
beherrschen. Statt einer eigenständigen Vorstellung davon, was
es bedeutet, ein guter Lehrer oder Handwerker zu sein, geht
es dann nur noch um äußerliche Anreize – und man ist wieder
beim Bild der Wassermoleküle, die nur von außen gesteuert
werden.

Ein gut funktionierendes Ethos hat gegenüber rein regel-
und anreizbasierten Institutionen den großen Vorteil, dass es
erlaubt, besser mit Komplexität umzugehen. Weil es darum

geht, den *Sinn* der Tätigkeit, und damit auch den Sinn der Regeln, zu erfassen, können neu auftretende Fälle so unter die Regeln subsumiert werden, wie es dem *Geist* der Regeln entspricht, auch wenn ihr Buchstabe diesen ganz speziellen Fall vielleicht nicht vorgesehen hat. Und beim Auftreten von Konflikten zwischen verschiedenen Regeln kann besser entschieden werden, welche davon Priorität haben soll. Zum Beispiel umfasst das Ethos eines guten Arztes viel mehr, als sich in Regeln fassen ließe. Ein guter Arzt orientiert sich am Wohl der Patienten und wird sich auch in unerwarteten Situationen so verhalten, wie es diesem Prinzip entspricht. Im Idealfall besitzt ein Ethos auch eine gewisse Robustheit gegenüber neuen Regeln oder Anreizen, die den Sinn der Tätigkeit zu unterminieren drohen:[38] Ein guter Arzt wird auch dann keinen Patienten «blutig entlassen», wenn im Gesundheitssystem finanzielle Anreize dafür bestehen sollten. Damit ist nicht gesagt, dass nicht auch für jemanden, der sich an einem derartigen Ethos orientiert, schwierige moralische Fragen auftreten können, bei denen es zwischen verschiedenen Gütern abzuwägen gilt (und natürlich auch nicht, dass es gut ist, wenn das Gesundheitssystem derartige Anreize setzt). Aber anstatt sich einfach davon treiben zu lassen, was die stärksten Anreize sind – wie es das Bild von Staudämmen und Wassermassen impliziert – wird er oder sie trotzdem daran festhalten, dass es um mehr geht als um das Erfüllen von Pflichten oder das Maximieren von Einkünften: Es geht um das Erbringen sinnvoller Leistungen, die einen Maßstab davon, was ihre Qualität ausmacht, in sich selbst tragen.

Begriffe wie Ethos oder auch «Berufsehre» mögen altmodisch und weltfremd erscheinen, wenn man sie mit dem Tempo und der Komplexität moderner Gesellschaften zusammendenkt. Dabei ist genau das Gegenteil der Fall – zumindest dann, wenn man sie in einem zeitgemäßen Sinne versteht: nicht als Festhalten an Tradition um der Tradition (oder des eigenen Machterhalts) willen, sondern die Orientierung sozialer Normen daran, worum es bei einer bestimmten Tätigkeit geht, und eine ständige Suche danach, wie der grundlegende Sinn dieser

Praxis in einer sich ändernden Welt erhalten werden kann und soll. Die Steuerung komplexer Gesellschaften durch Regelwerke stößt irgendwann an ihre Grenzen, oder sie führt dazu, dass sie sich endlos in immer weiteren Regeln verheddern, die alle für sich genommen sinnvoll sein mögen, aber insgesamt ein Knäuel ergeben, das für die Einzelnen kaum noch durchschaubar ist. Viel sinnvoller ist es, auf wenige, klare und klar sanktionierte Regeln zu setzen und den Individuen, ebenso wie den Unternehmen oder anderen kollektiven Akteuren, stärkere Verantwortung für ihre sachgemäße Umsetzung zuzuschreiben. Dies gilt übrigens auch für den Markt – die Vorstellung, dass Ethos und Moral dort keinen Platz hätten, ist einer der vielen Mythen, die bestimmte ökonomische Theorien in die Welt gesetzt haben. Sie setzt aber sowohl ein verkürztes Verständnis von Moral als auch ein verkürztes Verständnis des Marktes voraus. Denn Moral steht nicht in grundsätzlicher Spannung zur Verfolgung von Eigeninteresse (auch wenn es einzelne direkte Konflikte durchaus geben kann), sondern beschreibt, *wie* man sein Eigeninteresse verfolgt. Märkte sind nicht deswegen vorteilhaft, weil sie auf ein moralfreies Eigeninteresse setzen, sondern weil sie Individuen Freiheit geben und weil sie über das Preissystem Informationen darüber bereitstellen, wie teuer bestimmte Optionen im Vergleich zu anderen sind, sodass dezentrale Entscheidungsprozesse koordiniert werden können.

Natürlich wird es Missbrauch geben – aber den gibt es im Regeldschungel ebenso. Ein zukunftsfähiger Liberalismus kann nicht ausschließlich auf immer mehr Regeln setzen, sondern braucht auch individuelle Verantwortung und das Ethos von Gruppen, die in bestimmten Bereichen gemeinsam aktiv sind. Es gibt keinen Grund zu der Annahme, dass die Komplexität unserer Gesellschaften in Zukunft abnehmen wird, eher im Gegenteil. Durch immer weiteres Flicken an einem immer komplizierteren Regelwerk wird sich dies nicht ändern lassen. Weiter oben ging es um die Frage, ob durch den Markt soziales Kapital aufgebaut oder unterminiert wird. Aber nicht nur der Markt ist hierfür ein Risiko: Auch der Versuch, *alles* über Regeln und Anreize zu lösen, birgt die Gefahr, sozialen «Kitt» zu zerstören. Denn er schafft die Illusion, dass der oder die Einzelne, und auch die einzelnen Organisationen innerhalb der Gesellschaft, keinerlei Verantwortung mehr übernehmen müssen. Dann gilt, dass alles, was nicht verboten ist, erlaubt ist – und jeder das Recht hat, Lücken oder Widersprüche in den Regeln oder absurde Auswüchse in den Anreizsystemen zu seinen eigenen Gunsten auszunutzen. Wenn sich die Haltung ausbreitet, dass alle dies tun und es normal und in Ordnung ist, kann dies in der Tat zur Untergrabung des sozialen Kitts führen, auf den jede Gesellschaft angewiesen ist.

Man kann, wenn man so will, die Subprime-Krise in den Vereinigten Staaten als eine Fallstudie dafür verstehen, was mit komplexen Systemen passiert, wenn die Einzelnen nur ihre jeweils eigenen Ziele verfolgen. Vielleicht wurden sie durch fehlkonstruierte Anreize in die falsche Richtung geleitet, aber jedenfalls waren sie nicht bereit, die Fehlentwicklungen des gesamten Systems rechtzeitig zur Diskussion zu stellen und gegebenenfalls gegenzusteuern. Sicherlich gab es auch zahlreiche Probleme bei der staatlichen Regulierung, aber zu glauben, dass diese jemals perfekt sein könnte, wäre sowieso eine unrealistische Annahme. Das eigentlich Erschreckende an dieser Krise war, dass sich kaum einer der Beteiligten dafür verantwortlich zu fühlen schien, nach der Sinnhaftigkeit des Finanzsystems insgesamt und seiner Rolle in der Gesellschaft zu fragen. Niemand fühlte sich aufgerufen, in der Öffentlichkeit davor zu warnen, dass etwas schiefläuft[39] – und diejenigen wenigen, die es versuchten, wurden vom Rest als pessimistische Spinner abgetan. Jeder berief sich darauf, dass man sich an die Regeln halte, und es legitim, ja, erwünscht sei, den eigenen Nutzen zu maximieren. Dabei dürfte vielen Beteiligten ziemlich klar gewesen sein, dass das Regelwerk Fehler hatte. Aber anstatt gemeinsam an Lösungen zu arbeiten, die im Interesse des Gemeinwohls wirken würden, galt, was der Vorstandsvorsitzende der Citigroup, Charles Prince, formulierte: Solange die Musik spielt, muss man aufstehen und tanzen.[40] Was passiert, wenn die Musik aufhört zu spielen, und welche Auswirkungen dies auf die Finanzbranche und die Gesellschaft als Ganze haben könnte – dafür fühlte sich niemand zuständig.

Es wäre eine erschreckende Vorstellung, in einem Krankenhaus behandelt zu werden, in dem die einzelnen Ärzte und Schwestern sich auf die gleiche Weise auf ihre jeweiligen eng begrenzten Aufgaben beschränken würden: wenn niemand von ihnen, und auch niemand in der Leitung der Organisation, ein Auge darauf haben würde, ob das System als Ganzes eigentlich funktioniert und sein Ziel erfüllt, Patienten gut zu versorgen. Für das Finanzwesen aber wurde ein derartiges System zugelassen. Sicherlich ist «das Finanzwesen» keine geschlossene Organisation wie ein Krankenhaus, aber es war letztlich doch eine recht kleine Gruppe von Akteuren, die in den für die Krise wesentlichen Bereichen aktiv waren und von denen man durchaus hätte erwarten können, dass sie sich über die Folgen ihrer Tätigkeit Gedanken machen. Allerdings war das System so komplex geworden, dass für viele der Akteure der Zusammenhang zwischen ihren eigenen Handlungen und den gesellschaftlichen Auswirkungen kaum noch klar gewesen sein dürfte – zumal ein Großteil der Transaktionen nicht mehr durch Menschen, sondern durch Computerprogramme abgewickelt wurde.[41] Das erleichtert es nicht gerade, ein Ethos zu entwickeln, das Wert legt auf verantwortlichen Umgang mit fremden Geldern. Außerdem waren die meisten Akteure, die die Regeln des Systems setzten und in ihm aktiv waren, von ökonomischen Theorien beeinflusst, denen zufolge das Rezept «Regeln plus Nutzenmaximierung» ausreichend ist und das Ethos der Branche und die Verantwortung der Einzelnen nicht gefragt sind.

Die Tatsache, dass manche Banken wichtiger sind als andere und deswegen im Krisenfall auf staatliche Rettung hoffen dürfen, schafft Anreize dafür, möglichst groß und damit «systemrelevant» zu werden, egal, ob dies für die Volkswirtschaften als Ganze sinnvoll ist oder nicht.[42] Größere Banken aber sind auch intern komplexer, sodass innerhalb ihrer Strukturen zahlreiche Fallen lauern, was die Missbrauchsmöglichkeiten von Handlungsspielräumen oder Wissensvorsprüngen angeht.[43] Insgesamt scheint es, dass die Hyperkomplexität des Finanzsystems weit mehr Schaden angerichtet als Nutzen gestiftet hat. Hier herrscht dringender Handlungsbedarf. Dem Mantra vom Wachstum zum Trotz ist eine Ausweitung – und ein Anwachsen der Komplexität – des Finanzsystems nicht per se sinnvoll. Die meisten Bürger und Unternehmen benötigen relativ einfache Dienstleistungen, die auch von Banken bereitgestellt werden können, die keine Investmentabteilung haben. Einige Zentralbanker haben inzwischen sogar den Vorschlag gemacht, die Größe von Banken generell gesetzlich zu begrenzen.[44] Das erleichtert es, intern den Überblick zu behalten, und *wenn* Banken in eine Krise geraten, kann leichter damit umgegangen werden.[45] Dies ist eine Holzhammermethode zur Komplexitätsreduktion, aber das Argument der Autoren ist nicht von der Hand zu weisen: Alle anderen Versuche, das Finanzwesen extern zu regulieren, funktionierten nicht richtig, man habe es schließlich seit Jahren versucht. Ein Ethos verantwortlichen Bankings scheint heute nur noch in kleinen Nischen vorhanden. Der Zwang zu kleineren Institutionen könnte vielleicht dazu beitragen, dass in ihnen ein neues Verständnis dafür entwickelt wird, was eine gute Finanzinstitution auszeichnet, welche Wertschöpfung sie ihren Kunden liefert und welchen Beitrag zur Gesellschaft als Ganzer sie leistet.

Formelle und informelle Machtstrukturen

Wenn man die soziale Natur des Menschen mitdenkt, verändert sich das Bild eines zeitgemäßen Liberalismus noch in einer dritten Dimension. Sie hängt eng mit der Frage nach Komplexität, Ethos und Verantwortung zusammen. Es geht um die zahlreichen Formen von Macht, die in den komplexen Beziehungen zwischen Menschen wirken. Auch eine perfekte liberale Gesellschaft, die ihren Bürgern größtmögliche Freiheit in allen drei Dimensionen – «negative» Freiheit im Sinne von Handlungsspielräumen, «positive» Möglichkeiten zu einem selbstbestimmten Leben und «republikanischen» Bürgerstatus und Mitgestaltungsmöglichkeiten – einräumt, wäre keine Gesellschaft ohne Macht. Macht ist ein Faktor des sozialen Lebens, den man sich zwar in utopischen Fantasien oder Modellen mit «Homines oeconomici» wegwünschen kann, nicht aber, wenn es um real existierende menschliche Gesellschaften geht. Macht ist nicht per se verdammenswert – in vielen Formen allerdings schon, besonders, wenn sie ungleich verteilt ist.

Wie viele sozialwissenschaftliche Begriffe ist auch der der Macht umstritten.[46] Eine erste Annäherung besagt, dass derjenige, der Macht hat, andere dazu bringen kann, etwas zu tun, das sie andernfalls nicht tun würden.[47] Klar ist, dass staatliche Strukturen über Macht verfügen. Ziel der politischen Philosophie war und ist es, diese Macht zu rechtfertigen, aber auch ihre notwendigen Grenzen aufzuzeigen – dazu dienen unter anderem die Vertragstheorien, die früher zur Sprache kamen. Staatliche Politik kann mit Zwang durchgesetzt werden, notfalls mit Gewalt. Genau deswegen unterliegt sie einer strengen Legitimationspflicht: Jede staatliche Handlung muss im Prinzip auf eine ermächtigende Entscheidung durch ein demokratisch legitimiertes Organ zurückführbar sein. Über die Frage, welche staatlichen Eingriffe und Maßnahmen gerechtfertigt sind, wird gerade deswegen so heftig gestritten, weil es immer auch um Machtfragen geht – innerhalb der Grenzen der Verfassung ist dies Teil des demokratischen Prozesses.

Diese Fragen, so wichtig sie sind, dürfen aber nicht darüber hinwegtäuschen, dass Macht ein viel weitergehendes Phänomen ist. Macht wird nicht nur von staatlichen Organen ausgeübt. Dies ist die Kehrseite davon, dass nicht alles, was im Markt passiert, als «frei» beschrieben werden kann. Die Vorstellung, dass man im Markt frei sei, weil alle Verträge freiwillig abgeschlossen würden und man jederzeit aus ihnen aussteigen könne, stimmt auf einer idealisierten theoretischen Ebene. Mit der gelebten Wirklichkeit hat sie wenig zu tun. In wirklichen Märkten wird ebenfalls Macht ausgeübt, die oft sehr ungleich verteilt ist und die nicht nur die gleiche Freiheit, sondern auch die gleiche Würde aller Menschen ernsthaft gefährden kann. Denn wirkliche Märkte bestehen eben nicht aus

atomaren «Homines oeconomici», die nur ein einziges Bewegungsprinzip (die Steigerung ihres materiellen Nutzens)
kennen, sondern aus echten Menschen, die auf die unterschiedlichsten Arten und Weisen miteinander interagieren und aufei-
nander reagieren.

Hierbei ist es hilfreich, sich klarzumachen, dass die Ausübung von Macht nicht nur beobachtbares Verhalten umfasst,
das von anderen beeinflusst wird oder nicht. Dies hat insbesondere der amerikanische Soziologe Stephen Lukes herausgearbeitet, der in einem zum Klassiker gewordenen Text die
Debatte über Macht in der amerikanischen Soziologie der
1960er und 1970er Jahre zusammengefasst und erweitert hat.[48]
Lukes unterscheidet drei Dimensionen von Macht. Die erste
Dimension[49] beschäftigt sich mit beobachtbarem Verhalten in
Konflikten: Wer spielt welche Rolle bei Entscheidungen? Welche Interessen setzen sich durch? Hier ist vor allem die *tatsächliche* Ausübung von Macht im Blick, nicht das *Potential*
dazu; auch der Begriff der Interessen wird als unproblematisch
betrachtet: Individuen und Gruppen haben die Interessen, für
die sie sich auch einsetzen; ein Auseinanderfallen (zum Beispiel, weil den Akteuren ihre eigentlichen Interessen nicht klar
sind) kommt nicht vor. Die zweite Dimension von Macht[50]
geht darüber hinaus: Sie betrachtet nicht nur, worüber de facto
entschieden wird, sondern auch, worüber entschieden werden
könnte, aber nicht wird – was sofort methodische Fragen auf-
wirft, denn *mögliche* Entscheidungen sind weniger gut beob-
achtbar als tatsächliche. Trotzdem lässt sich kaum leugnen,
dass manche Fragen nie auf die Tagesordnung kommen, weil
diejenigen, die von ihnen betroffen sind, von vornherein keine
Chance sehen, dass zu ihren Gunsten entschieden werden
könnte. Es geht also um die Macht, die Tagesordnung zu bestimmen und über die Zulassung von Themen zu entscheiden.
Nicht-Entscheidungen nützen im Zweifelsfall denjenigen, die
immer schon das Sagen hatten und alle Rufe nach Veränderung
ersticken können. Einen ähnlich gelagerten Begriff von Macht
prägte die Ökonomin Susan Strange, die sich insbesondere mit
internationalen Märkten beschäftigt hat. Sie verwendet den

Begriff «strukturelle Macht» für die Macht, die Regeln zu setzen und die Strukturen zu bestimmen, innerhalb derer andere
agieren müssen.[51] Dieser Begriff lässt sich auf viele Institutionen anwenden: Auch innerhalb von Unternehmen, Behörden
oder Altenheimen gibt es diejenigen, die die Strukturen bestimmen, innerhalb derer andere agieren – sodass Letztere ihre
Interessen mehr oder weniger gut verteidigen können, je nachdem, wie die Strukturen funktionieren.

Auch bei dieser Form von Macht liegt der Fokus auf Konflikten. Weiterhin ist die Annahme, dass Interessen relativ
klar und klar artikulierbar sind – auch wenn sie vielfach nicht
artikuliert *werden*. Lukes führt darüber hinaus eine dritte
Form von Macht ein. Hier geht es darum, nicht nur das beobachtbare Verhalten in Konflikten zu analysieren, sondern auch
soziale Gewohnheiten, Verhaltensmuster und Institutionen.
Denn auf die Wünsche, Vorstellungen und das Verhalten anderer kann sehr subtil Einfluss genommen werden, sei es durch
Manipulation, sei es durch Informationskontrolle und -len-
kung (zum Beispiel in den Medien), sei es durch Soziali-
sierungs- und Nachahmungsprozesse oder durch Formen der
Verhaltenssteuerung, die für Einschüchterung und konformes
Verhalten sorgen.[52] Dies kann so weit gehen, dass es überhaupt
nicht mehr zum *Ausbruch* von Konflikten kommt. Die Beteiligten merken möglicherweise gar nicht, dass sie eigentlich
Grund hätten, sich zu beklagen – sie akzeptieren ihre sozialen
Rollen und fügen sich freiwillig in Verhältnisse ein, die eigentlich ihren eigenen Interessen widersprechen. Ein derartiges
Verständnis von Macht muss mit Vorsicht angewandt werden,
um nicht in die Falle zu laufen, anderen paternalistisch zu un-
terstellen, dass man ihre «wahren Interessen» besser kenne
als sie selbst.[53] Trotzdem ist es wichtig, diese dritte Dimension von Macht ernst zu nehmen – die diversen Abweichungen
vom Ideal des rationalen, wohlinformierten und stets selbstbe-
herrschten Individuums, die ich früher diskutiert habe, zeigen
schließlich, wie viele Möglichkeiten es gibt, dass Individuen
nicht das tun, was in ihrem eigenen, wohlinformierten Interesse ist. Und da wir soziale Wesen sind, müssen derartige Pro-

bleme immer im Zusammenhang mit den sozialen Kontexten gesehen werden, in denen wir leben. Dabei stellen sich wichtige Fragen nach Freiheit und Gerechtigkeit.

Die zweite und dritte Dimension von Macht sind besonders wichtig, um zu erklären, wieso manche Gruppen aus wichtigen gesellschaftlichen Bereichen ausgeschlossen bleiben, auch wenn sie formal längst die gleichen Rechte haben. Oft hat dies mit informellen Strukturen zu tun, bei denen die eine Seite besser weiß als die andere, wie das Spiel gespielt wird und was man tun muss, um Vorteile zu erlangen. Ein wichtiges Element dieser dritten Dimension von Macht ist die Herrschaft über Sprache und Ideen: Wer bestimmt, in welchen Begriffen über ein Problem gesprochen wird? Gibt es überhaupt Begriffe, die das Unrecht erklären, das manche Gruppen erfahren?[54] Wer bestimmt, welche Metaphern verwendet werden und welche Wertungen sich dabei einschleichen?[55] Was wird als passende oder unpassende Weise empfunden, ein Thema anzusprechen, und welche Chance haben verschiedene Individuen dementsprechend, ernst genommen zu werden?

Was hat all dies mit der Frage nach einem zeitgemäßen Liberalismus zu tun? Diese Dimensionen von Macht ernst zu nehmen, ist ein wichtiger Schritt dahin, die Chancen, aber auch die Probleme zu sehen, die Märkte für eine freiheitliche Gesellschaft bieten. Traditionelle Modelle des Marktes, die nur auf rationale Individuen und die Verträge blicken, die diese untereinander schließen, bekommen derartige Phänomene kaum in den Blick. In diesem Sinne sind derartige Theorien selbst Ideologien: Sie machen bestimmte Dinge sichtbar und verdecken andere – und nützen dabei den Interessen mancher Gruppen stärker als denen anderer. Typischerweise nutzen sie denen, die in der Lage und willens sind, sich so zu verhalten, wie die Modelle es annehmen, und zum Beispiel sehr flexibel auf Veränderungen im Arbeitsmarkt reagieren, weil sie nicht durch familiäre Pflichten gebunden sind, wie dies auch vom «Homo oeconomicus» angenommen wird. Man sollte aber auch nicht unterschätzen, dass Märkte ein Instrument sein können, das informelle Machtstrukturen aufbrechen kann. Wenn (was keineswegs immer der Fall ist!) die Marktteilnehmer rein auf die angebotene Leistung achten, bekommen auch Individuen oder Gruppen eine Chance, denen gegenüber ansonsten Vorurteile herrschen, die ihnen den Zugang zu gesellschaftlichen Strukturen versperren. Immer wieder war der Markt ein Ort, an dem Frauen, Andersgläubige oder Angehörige ethnischer Minderheiten die Möglichkeit hatten, eine gewisse gesellschaftliche Anerkennung zu finden. Darin liegt ein emanzipatorisches Potential, das auch Kritiker des Marktes ernst nehmen sollten.

Andererseits können die Ergebnisse von Märkten durch informelle Machtstrukturen massiv verzerrt werden. Dies lässt sich anhand einer gedanklichen Parallele zur Problematik der Kartellbildung klar machen. Es waren insbesondere die Denker der Freiburger Schule des Ordoliberalismus, die auf ein Defizit der klassischen liberalen Theorien, wie sie sich im 18. und 19. Jahrhundert entwickelt hatten, aufmerksam gemacht haben.[56] Diese älteren Theorien gingen davon aus, dass sich in Märkten von selbst, auf natürliche Weise, freier Wettbewerb einstellen würde und der Zugang zu ihnen für Neuankömmlinge, mit neuen Ideen und neuen Produkten, stets offen sein würde. Sie übersahen die Möglichkeit, dass sich stattdessen Machtstrukturen bilden könnten: Kartelle oder Monopole, deren Ziel es nicht ist, möglichst gute Waren zu möglichst niedrigem Preis anzubieten, sondern den Wettbewerb zu verringern oder auszuschalten, um dadurch von den Kunden übermäßige Preise zu verlangen. Schon Adam Smith war sich übrigens dieser Gefahr bewusst (auch wenn er keine Lösung anzubieten hatte): Er sprach davon, dass Leute aus einer Branche selten zusammentreffen, ohne eine kleine «Verschwörung gegen die Öffentlichkeit» zu planen, indem sie eine Preiserhöhung absprechen.[57] Die Denker der Freiburger Schule betonten, dass es der Staat ist, der überhaupt erst den Rahmen schaffen kann, innerhalb dessen freier Wettbewerb möglich ist, sodass diese Tendenz zur Kartellbildung verhindert wird. Das wichtigste Instrument dafür ist das Wettbewerbsrecht, das darüber wacht, dass kein Akteur, und keine Gruppe von Akteuren, zu viel Marktmacht erlangt. Dadurch, dass Kartelle und

Monopole verhindert werden, wird ein freier, offener Wettbewerb überhaupt erst geschaffen und aufrechterhalten.

Die Rolle informeller Machtstrukturen im Sinne von Lukes' zweiter und dritter Dimension lässt sich ähnlich verstehen, auch wenn die Prozesse subtiler ablaufen. An vielen Stellen im Markt, an denen eigentlich freier Wettbewerb herrschen sollte, liegen stattdessen «Kartelle» oder «Monopole» durch informelle Machtstrukturen vor. Diese führen dazu, dass manche Bewerber – und, hier ist das besonders relevant, Bewerberinnen – ausgeschlossen werden oder dass ihre Anliegen überhaupt nicht zur Diskussion gestellt werden. Möglicherweise haben sie ihre Exklusion selbst so stark internalisiert, dass sie sich in ihr Schicksal fügen und gar nicht merken, dass sie ungerecht behandelt werden. Das Argument der Ordoliberalen, dass staatliche Aufsichtsbehörden nötig sind, um Monopole und Kartelle zu verhindern, lässt sich analog auf derartige Fälle übertragen, zumindest vom Prinzip her. In der Praxis wirken diese Mechanismen auf komplexere und schwerer beobachtbare Art und Weise, und es können andere liberale Prinzipien und Werte mit ins Spiel kommen, sodass nicht von vornherein klar ist, wie eine liberale Gesellschaft mit diesen Phänomenen konkret umgehen soll. Klar ist jedoch, dass sie für das Ideal einer Gesellschaft, in der alle Individuen gleiche Chancen auf ein selbstbestimmtes Leben haben, ein Problem darstellen.

Ich habe in Kapitel III vorgeschlagen, «soziale Gerechtigkeit» so zu verstehen, dass alle Menschen ein gleiches Recht auf alle Dimensionen von Freiheit in einer Gesellschaft haben. Wenn man den Begriff «sozial» dabei ernst nimmt, bedeutet dies, dass auch in Bezug auf die vielen informellen sozialen Mechanismen unserer Gesellschaft alle Individuen die Möglichkeit haben sollen, ein selbstbestimmtes Leben zu führen, und nicht durch Machtstrukturen verschiedenster Art daran gehindert werden. Damit soll die Bedeutung von Abwehrrechten, wohlfahrtsstaatlicher Absicherung und politischer Teilhabe nicht geleugnet werden – eher im Gegenteil. Denn bei all diesen Dimension von Freiheit können Einschränkungen durch Ausübung informeller Macht entstehen; manchmal sogar ganz ohne böswillige Absichten. Das hat viel damit zu tun, dass unsere Gesellschaften sich historisch entwickelt haben und manche Traditionen und Denkmuster viel zu hartnäckig sind, als dass die Einführung formal gleicher Rechte sie sofort beseitigen könnte. Es hat aber teilweise auch damit zu tun, dass in den komplexen Strukturen moderner Gesellschaften neue Machtungleichgewichte entstehen können – und sich möglicherweise in dieser Komplexität wunderbar verstecken können. Auch deshalb ist es so wichtig, diese Komplexität ernst zu nehmen und sich nicht durch vereinfachte Modelle im Glauben zu wiegen, es sei alles in bester Ordnung – nur weil man die bestehenden Ungerechtigkeiten und ungleichen Freiheiten aufgrund des eigenen theoretischen Rahmens nicht wahrnimmt. Auch die Komplexitätsbewältigung durch Märkte funktioniert übrigens in vielen Fällen nur eingeschränkt, wenn sie von informellen Machtstrukturen durchzogen sind.

Die Beispiele für derartige Phänomene sind so zahlreich, dass hier nur einige wenige genannt werden können; Norbert Härings überaus empfehlenswertes Buch *Macht und Markt* beschreibt zahlreiche Fälle, insbesondere aus der Welt des Finanzkapitalismus.[58] Die «legal theory of finance», die die in New York lehrende Juristin Katharina Pistor entwickelt hat, beschreibt ein derzeit besonders aktuelles Phänomen.[59] Vereinfacht lautet diese Theorie wie folgt: Die Transaktionen an Finanzmärkten beruhen auf juristischen Verträgen. Diese werden zu einem bestimmten Zeitpunkt abgeschlossen und schreiben fest, welche Geldflüsse in der Zukunft zwischen den Geschäftspartnern stattfinden sollen. Aber die Zukunft ist unsicher, und es kann zu Liquiditätsengpässen kommen. Dann kann es passieren, dass ein striktes Beharren auf der Durchsetzung aller Verträge zur Zahlungsunfähigkeit einzelner Institute und über Kettenreaktionen zu Pleitewellen im ganzen Finanzbereich führen kann – vergleichbar einem «Bank Run», nur strukturell komplizierter. In solchen Fällen ist es das kleinere Übel, die Verträge neu auszuhandeln und das Gesetz nicht so starr anzuwenden, wie es eigentlich vorgesehen ist. Allerdings werden dabei nicht alle Akteure im Finanzsystem gleich behandelt. Besonders große, stark vernetzte Player im Zentrum des Systems und diejenigen Zentralbanken, die selbst Währung ausgeben können, sind wichtiger für das Gesamtsystem als andere Akteure, die am Rande stehen. Wenn es zu einer Krise kommt, wird die strikte Einhaltung der Verträge deswegen eher am Rande des Systems eingefordert – während im «Kern» des Systems neu ausgehandelt wird, welche Rechte wie streng durchgesetzt werden, und von politischer Seite Hilfe geleistet wird. Finanzinstitutionen, die dies antizipieren, werden schon alleine deswegen versuchen, möglichst stark zu wachsen, zum Beispiel durch Fusionen und Übernahmen, um im Zweifelsfall zu dem auserwählten Kreis derjenigen zu gehören, die «gerettet» werden. Dass sich hieraus Fragen nach Gerechtigkeit ergeben, dürfte offensichtlich sein. Antworten auf sie zu finden, ist nicht einfach, denn wir stecken seit Jahrzehnten in einem hierarchisch organisierten Finanzsystem, und selbst wenn eine Alternative in Sicht wäre, wäre die Frage, wie man dorthin gelangen könnte. Derartige Fragen aber wurden von der Mainstream-Ökonomie jahrelang überhaupt nicht gestellt, weil das unterschiedliche Gewicht und damit die ungleiche Macht von Finanzakteuren in ihren Modellen nicht vorkam.

In manchen Märkten, insbesondere Arbeits- und Kreditmärkten, hat Macht sogar eine systemische Funktion, wie unter anderem der oben schon erwähnte US-Ökonom Samuel Bowles analysiert hat:[60] Da die Arbeitgeber beziehungsweise Banken ein Mittel brauchen, um ihre Vertragspartner zur Einhaltung der Verträge zu bewegen, brauchen sie Drohpotential – und das besteht in der Beendigung des Vertrags oder der Verweigerung eines erneuten Vertrags. Gäbe es nicht die Gefahr des Jobverlusts oder der Kündigung einer Kreditlinie, dann, so dieses Argument, könnten die Arbeitgeber (beziehungsweise Banken) die Arbeitnehmer (beziehungsweise Kreditnehmer) nicht dazu bewegen, in ihrem Sinne zu handeln; denn die vielen Entscheidungen, die an einem Arbeitsplatz (beziehungsweise bei den Investitionen, mit denen ein Kredit zurückgezahlt werden soll) getroffen werden müssen und bei denen jeweils im Interesse des Auftraggebers gehandelt werden kann oder auch nicht, lassen sich nicht alle vertraglich festzurren, und es wäre viel zu aufwendig, sie jeweils gerichtlich durchzusetzen. Die Drohung mit Vertragsabbruch funktioniert, weil es andere Marktteilnehmer gibt, die die Jobs oder Verträge zu diesen Bedingungen – etwas höhere Löhne beziehungsweise günstigere Zinsen, als es sie gäbe, wenn *alle* Kandidaten einen Job bzw. Kredit bekämen – gerne annehmen würden. Solche Märkte bilden also ein Gleichgewicht, in dem – im Gegensatz zu den allgemeinen Gleichgewichtsmodellen der Lehrbücher – *nicht* alle Marktteilnehmer zum Zuge kommen und die eine Seite daher erhebliche Macht über die andere hat. Ohne diese Machtverhältnisse aber wäre es schwieriger, mit dem Problem nicht vollständig spezifizierbarer Verträge umzugehen. Die Frage, wie viel und welche gesetzliche Regulierung hier das richtige Gleichgewicht schafft, ist daher nicht einfach zu beantworten.[61]

Darüber hinaus spielen gerade in Arbeitsmärkten oft Faktoren eine Rolle, die in den Lehrbüchern der Ökonomie nicht vorkommen und die mit Macht in allen drei von Lukes' analysierten Dimensionen zu tun haben. Die vielbeschworenen Netzwerke und der soziale Hintergrund sind für die Besetzung von Spitzenpositionen in vielen Bereichen der Gesellschaft wesentlich, mindestens ebenso wesentlich wie die Qualifikation der Kandidaten.[62] Die eigentliche Macht hat hier, wer bestimmt, nach welchen Regeln gespielt wird, was überhaupt als Leistung gilt und welche Bewerber als «geeignet» empfunden werden. Denn die Fähigkeit der Menschen, sich in derartigen Sphären zurechtzufinden und zu verstehen, welches Spiel gespielt wird, ist oft sehr unterschiedlich ausgeprägt, auch bei Leuten, die ansonsten für die Erfüllung der Aufgabe gleich geeignet wären. Darüber hinaus gibt es zahlreiche subtile Mechanismen, die dazu führen, dass sich bestimmte Gruppen in manchen Organisationen gar nicht erst willkommen fühlen und vielleicht nie an eine Bewerbung denken. Das sorgt für ungleiche Chancen *und* für wirtschaftliche Ineffizienzen, zum Beispiel, wenn der beste Bewerber oder die beste Bewerberin nicht zum Zug kommt, weil er oder sie einen exotisch klingenden Namen hat. Derartige Diskriminierung führt zu einem dreifachen Übel: ungleiche Chancen, ungleiche Einkommen und Ineffizienz.[63] Dabei muss bei denjenigen, die die diskriminierende Entscheidung treffen, nicht einmal böser Wille vorliegen. Oft lässt sich ihr Verhalten damit erklären, dass «impliziter Bias» vorliegt: die unbewusste Assoziation von bestimmten Eigenschaften einer Person mit bestimmten Fähigkeiten oder deren Abwesenheit.[64]

Die zahlreichen subtilen Mechanismen von Macht und Ausgrenzung, die sich durch verschieden ausgeprägte Fähigkeiten des Zurecht-Kommens-in-der-Welt ergeben, resultieren in zahlreichen Formen sozialer Ungerechtigkeit. Wer es mit der Freiheit für alle Individuen ernst meint, darf davor nicht die Augen verschließen. Zumal viele Lösungsansätze direkt auf der Hand liegen: Manchmal dürfte ein wesentlicher Schritt schon sein, andere zu ermutigen, ihr Leben in die Hand zu nehmen und Angebote, die ihnen offenstehen, auch zu nutzen.[65] Wieder gilt dies besonders in Bezug auf den Arbeitsmarkt – er ist nun einmal der Ort, an dem wesentliche Formen sozialer Integration stattfinden und auf den wir deshalb ein besonderes Auge haben müssen. Jedes Individuum muss, wenn irgendwie möglich, die Fähigkeiten erwerben können, die man braucht, um in der heutigen (Arbeits-)Welt, und insbesondere auch bei der Suche nach Arbeit, zurechtzukommen. Das gilt insbesondere für Kinder und Jugendliche. Aber auch im Erwachsenenalter muss es möglich sein, sich in dieser Hinsicht weiterzuentwickeln und weiterzubilden. Dies entspricht dem «Capabilities»-Ansatz, den ich früher vorgestellt habe – nur dass die «Capabilities», die man braucht, um in einer modernen kapitalistischen Arbeitswelt zurechtzukommen, teilweise andere sind als die, die in Ländern mit weniger entwickelten Volkswirtschaften gebraucht werden. An vielen Stellen in westlichen Demokratien gibt es aus genau dieser Motivation heraus Angebote, sie zu erwerben. Wer sich als Liberaler versteht, sollte diese Tatsache nicht als Zugeständnis an «linke» Positionen verstehen, sondern als ein urliberales Anliegen, das

Menschen in die Lage versetzt, ein freies Leben zu führen. Eine liberale Gesellschaft bietet ihren Mitgliedern viele Möglichkeiten, von denen sie in anderen Gesellschaften kaum zu träumen wagen dürften. Aber sie «verlangt» auch von ihnen, dass sie sie nutzen. Bestimmte Fähigkeiten und Eigenschaften, die an sich weder gut noch schlecht sein müssen, sind dabei hilfreicher als andere. Armut ist heute oft auch Armut an den Eigenschaften, die man braucht, um in einer modernen Gesellschaft sein Leben zu meistern. Die subtilen Formen ungleicher Macht und die ungleiche Freiheit, die sich daraus ergeben, dürfen für eine Gesellschaft, die es ernst meint mit dem selbstbestimmten Leben für alle Individuen, nicht gleichgültig sein.

Weil Akteure ungleich sind, weil Märkte nie vollkommen sind und weil ihre Steuerung über den gesetzlichen Rahmen nie alle Machtunterschiede ausschalten kann, sind Märkte auch nicht «moralfrei». Die wunderbare Formelwelt der mathematischen Ökonomie kann den Eindruck aufkommen lassen, in Märkten *bräuchten* und *sollten* Akteure sich nicht an moralische Standards halten. Nur der gesetzliche Rahmen müsse eingehalten werden: Keiner dürfe morden, rauben oder stehlen, und Verträge seien einzuhalten, dann regle sich der Rest von alleine.[66] Wären Märkte das, was sie in den allgemeinen Gleichgewichtsmodellen sind, wäre all dies einigermaßen plausibel: Schließlich könnten alle Akteure jederzeit aus Verträgen aussteigen, die ihnen nicht mehr genehm sind, und die Preise würden sich nicht durch den Willen einzelner Akteure, sondern allein durch das anonyme Spiel von Angebot und Nachfrage formen, auf das niemand Einfluss nehmen kann – vor dem Gesetz des Marktes wären alle gleich. Aber die Welt ist kein lineares Modell, und deshalb gibt auch in Märkten eine Vielzahl von Anlässen, bei denen moralische Fragen virulent werden. Besonders ist das im Arbeits«markt» der Fall, denn hier sind Machtungleichgewichte eher die Regel als die Ausnahme – der Chefin, die über die Schichteinteilung ihrer Mitarbeiterinnen und Mitarbeiter entscheiden muss, braucht das vermutlich niemand zu erzählen. Aber auch die Abhängigkeiten zwischen Zulieferunternehmen und Großkonzernen sind oft derart, dass jenseits aller Vertragsabschlüsse viel Raum für die Frage bleibt, welches Verhalten moralisch rechtfertigbar ist.

Die Vorstellung, dass Märkte Räume seien, in denen man sich um Moral keine Gedanken machen müsste, in denen es ausreiche, die Gesetze einzuhalten und ansonsten auf Teufel komm raus das eigene Interesse zu verfolgen, war immer schon eine Illusion. Selbst Milton Friedman, der unter anderem für den Satz «The business of business is to maximize its profits» bekannt wurde, hat dabei betont – was oft unterschlagen wurde –, dass dies unter Einhaltung der geltenden Gesetze *und der in der Gesellschaft vorherrschenden ethischen Normen* passieren solle.[67] Immer dann, wenn einzelne Individuen oder Unternehmen Handlungsspielräume haben und nicht reine Preisnehmer sind wie in den Modellen perfekter Märkte, kommt auch ihre moralische Verantwortung ins Spiel, besonders denjenigen gegenüber, die in einer schwächeren Position sind. Damit soll nicht gesagt werden, dass grundsätzlich immer den Wünschen und Interessen Anderer höhere Priorität eingeräumt werden kann oder soll als den eigenen. Unternehmen müssen auf ihre langfristige Überlebensfähigkeit achten, und auch Individuen haben ein berechtigtes Interesse daran, ein eigenes Leben zu führen und dafür gewisse Ressourcen zur Verfügung zu haben. Oft sind Kompromisse und Abwägungen nötig. Derartige Fragen aber sind echte moralische Fragen, die nicht mit dem Hinweis darauf weggeschoben werden können, dass es nun einmal im Markt um nichts anderes gehe als um das eigene Interesse und die «unsichtbare Hand» schon für das Wohl des großen Ganzen sorgen werde. Die Kernidee von Märkten ist, dass Menschen Win-win-Situationen entdecken und nutzen können – nicht, dass sie Machtungleichgewichte möglichst gewieft ausnützen. Staatliche Gesetze können einiges verhindern, aber sie können die ethische Integrität Einzelner und die moralische Verantwortung von Unternehmen nie völlig ersetzen.

Umbau auf hoher See

Weil Menschen soziale Wesen sind, sind liberale Gesellschaften komplexer, als viele vereinfachenden Modelle, gerade in der Tradition liberalen Denkens, dies nahelegen. Das Bild von den drei Ebenen, in denen 1) der Staat die Regeln setzt, 2) der Markt den wirtschaftlichen Motor bereitstellt und 3) wiederum der Staat ein bisschen nachbessert, was Umverteilung angeht,[68] übersieht wesentliche Fragen, die sich für eine liberale Gesellschaft stellen. Die drei Themenfelder, die ich in diesem Kapitel diskutiert habe – die Rolle sozialer Normen und des sozialen «Kitts», der eine Gesellschaft zusammenhält; die Fragen nach Komplexität und dem Verhältnis von Ethos und Regeln; und die Problematik ungleicher Macht, die sich innerhalb des «freien» Marktes an zahlreichen Fällen ergibt –, führen uns näher an die historisch gewachsenen, chaotischen und in vieler Hinsicht verbesserungsfähigen Gesellschaften heran, in denen wir de facto leben.

Die vereinfachten Bilder vom Markt als einem Strom, der zwischen ordentlich gesetzten Deichen dahinfließt, legen nahe, dass Veränderungen in liberalen Gesellschaften relativ einfach erfolgen könnten, indem einfach ein paar Hebel umgelegt werden. Aber dieses Modell übersieht, dass wir in historisch gewachsenen Strukturen leben, bei denen Veränderungen an einer Stelle zahlreiche Veränderungen an anderen Stellen nach sich ziehen können – oder auch durch bestehende und hartnäckig weiterlebende Strukturen erleichtert oder erschwert werden können.[69] Um die richtige Balance von Stabilität und Veränderung zu finden, müssen liberale Gesellschaften sich daher ständig selbst beobachten, möglicherweise nachjustieren und sich an andere Regeln oder Normen anpassen. Denn gesellschaftliche Veränderungen passieren ja nicht am Reißbrett und können dann Stück für Stück in die Wirklichkeit umgesetzt werden, als handle es sich um eine Lego-Burg. Stattdessen laufen zahlreiche Prozesse weiter, während an bestimmten Stellen etwas verändert werden soll – und welche Wechselwirkungen daraus entstehen, ist oft nicht vollständig absehbar.

Trotzdem, und gerade deswegen, sind Veränderungen immer wieder nötig.

Es gibt eine Metapher aus der theoretischen Philosophie, die auf den Punkt bringt, unter welchen Bedingungen derartige Veränderungen stattfinden müssen. «Neuraths Schiff»[70] beschreibt das Bild eines Schiffs, auf dem eine Gruppe von Menschen auf hoher See unterwegs ist. Die Planken des Schiffs sind teilweise morsch und müssen ausgewechselt werden. Es gibt aber kein Ufer, an das man fahren könnte, um das Schiff in seine Einzelteile zu zerlegen, zu analysieren und dann wieder zusammenzusetzen. Stattdessen müssen diejenigen Planken, die am stärksten durchgefault sind, ausgewechselt werden, während die anderen Planken das Schiff zusammenhalten. Theoretisch, so kann man es sich ausmalen, könnten alle Planken ausgetauscht werden, obwohl man nie an ein Ufer gelangt ist. Ursprünglich ging es bei dieser Metapher darum, die Abhängigkeit einzelner Bestandteile unseres Wissens von anderen Bestandteilen zu beschreiben. Aber genauso geeignet ist dieses Bild, um die Phänomene zu beschreiben, die auftreten, wenn in einer komplexen Gesellschaft Veränderungen nötig sind. Wir sind selbst auf dem Schiff, in voller Fahrt. Wir können unsere Gesellschaft nicht einfach auseinandernehmen, tief durchschnaufen, alles neu sortieren und dann wieder zusammensetzen. Davon abgesehen, dass wir uns möglicherweise über viele Dinge nicht einig wären und uns über dem auseinandergenommenen Schiff in die Haare bekommen würden, gibt es ein derartiges «Aussteigen» auch gar nicht. Natürlich können wir einzelne Bereiche reformieren; natürlich sind auch «große Würfe» möglich – aber wir können unsere Gesellschaft nicht als Ganze neu entwerfen und diesen Entwurf dann eins zu eins, «top down», durchsetzen.[71] Einen Vorteil hat dies immerhin: Oft ist es leichter, sich darauf zu einigen, welche Planken am dringendsten ausgewechselt werden müssen, als darauf, wie das bestmögliche Schiff, das man sich abstrakt ausmalen könnte, aussähe.

Allerdings ist eines der großen Probleme liberaler Gesellschaften dabei, dass oft diejenigen, die sowieso benachteiligt sind, nur wenige Möglichkeiten haben, ihre Stimme hörbar zu machen und sich an den Diskussionen über Veränderungsprozesse zu beteiligen. Redefähig sind in der Regel die Erfolgreichen – die dann für ihre eigenen Interessen eintreten können, möglicherweise ohne überhaupt zu merken, wie stark ihre Sicht durch ihre persönliche Erfahrung und ihre Position beeinflusst wird. Dadurch, dass alle ein gleiches Wahlrecht haben, ist das Prinzip nur unzureichend umgesetzt, dass politische Rechte Gleichheit gewähren sollen, die der Ungleichheit im Markt entgegengesetzt ist. Es muss auch darum gehen, dass alle eine gleiche Chance auf eine Stimme im öffentlichen Diskurs haben, um anderen ihre Position zu erklären und ihre Argumente darzulegen. An dieser Stelle haben liberale Gesellschaften viel zu tun – auch wenn das Ideal nie vollständig erreichbar sein mag, kann sicherlich mehr getan werden, als dies derzeit der Fall ist. Das Internet könnte im Prinzip wunderbare neue Möglichkeiten der Partizipation für bisher marginalisierte Gruppen bieten, aber ob es in diesem Sinne genutzt wird (oder ob sich eine oberflächliche, kurzfristige Popularitätskultur durchsetzt[72]), scheint derzeit völlig offen zu sein. Die Frage, wie die systematische Benachteiligung bestimmter Gruppen verhindert oder zumindest verringert werden kann, ist eine ständige Aufgabe für liberale Gesellschaften, bei der all die oben diskutierten Dimensionen von Macht ständig im Blick behalten werden müssen.

Ungleiche Macht, und ungleiche Chancen darauf, ein selbstbestimmtes Leben zu führen, werden sich nie völlig abschaffen lassen. Aber eine liberale Gesellschaft kann einiges tun, um die schlimmsten Exzesse zu vermeiden. Gegen Machtmissbrauch hilft oft am meisten, wenn es genug Menschen gibt, die hinschauen und sich trauen, etwas zu sagen. Je weniger intransparente, einseitige Abhängigkeitsverhältnisse es gibt, desto besser. Und hier ist jeder Einzelne gefragt, in den Institutionen, in denen er oder sie aktiv ist, die Augen offen zu halten und sich einzubringen – hier schließt sich der Kreis zur Notwendigkeit eines Ethos, in dem die Einzelnen Verantwortung übernehmen. Die Kollegin, die dazwischengeht, wenn über eine Mitarbeiterin ausländischer Herkunft hergezogen wird; der Betriebsrat, der sich für die Rechte teilzeitarbeitender Eltern starkmacht, die Gruppe von Führungskräften, die sich gegenseitig daran erinnert, fair mit Lieferanten umzugehen und auf langfristige Wertschöpfung statt auf das kurzfristige Erpressen des niedrigmöglichsten Preises zu setzen – auch dies sind Formen, wie Einzelne dazu beitragen, dass eine Gesellschaft sozial gerechter wird. Sie können und sollen staatliche Eingriffe, und insbesondere eine wohlfahrtsstaatliche Absicherung, nicht überflüssig machen. Sie können und sollen auch nicht die Frage danach ersetzen, wie eine breitere Beteiligung an politischen Prozessen möglich ist und wie die Stimmen derjenigen, die wirklich betroffen sind, gehört werden können. Aber es sind Formen von Verantwortungsübernahme durch einzelne Individuen oder durch Gruppen und Organisationen, auf die eine liberale Gesellschaft nicht verzichten kann.

Der Mainstream liberaler Theorien hat lange den Schwerpunkt auf formale, individuelle Rechte gelegt. Das Fazit dieses Kapitels ist, dass ein zeitgemäßer Liberalismus auch die Fragen mitdenken muss, die sich aus der sozialen Natur des Menschen ergeben und die soziale Strukturen betreffen, die jenseits der formalen Rechte liegen. Denn Ungerechtigkeiten, die sich durch Ungleichheit in diesem Bereich, vor allem im Sinne ungleicher Macht, ergeben, spielen für die Frage nach einem freien Leben der Einzelnen eine viel zu wichtige Rolle, als dass man sie vernachlässigen dürfte. Aber in der Sozialität des Menschen liegen auch große Möglichkeiten – denn wir sind eben nicht nur Atome, die sich von ihren Präferenzen in bestimmte Richtungen treiben lassen. Die Bereitschaft der Einzelnen, Verantwortung für die sozialen Prozesse um sie herum zu übernehmen und sich für eine freiheitliche Gesellschaft einzusetzen, ist die vielleicht wichtigste Ressource, die eine liberale Gesellschaft besitzt, um in der wachsenden Komplexität der heutigen Welt am Ideal der Freiheit festzuhalten.

V.

Liberalismus ohne Endlichkeit – Wie der Liberalismus die Umwelt vergaß, und warum ein Umsteuern uns zufriedener machen könnte

Einleitung

«The economist, like everyone else, must concern himself with the ultimate aims of man.» Diesen Satz von Alfred Marshall (1842–1924), einem Klassiker der Ökonomie, zitiert John Kenneth Galbraith (1908–2006) zu Beginn seines Buches *Gesellschaft im Überfluss*.[1] Galbraiths Buch ist über 50 Jahre alt, aber es hat nichts an Aktualität verloren – eher im Gegenteil. Marshalls Frage nach den letzten Zielen des Menschen und Galbraiths Frage nach der Überflussgesellschaft scheinen auf den ersten Blick weit auseinanderzuliegen – und weit weg von der Frage danach, was einen zeitgemäßen Liberalismus ausmacht. Was beide jedoch verbindet, ist, dass sie sich Themen zuwenden, die der klassische Liberalismus kaum im Blick hatte. Die Grundzüge liberalen Denkens stammen aus einer Zeit, in der andere Dinge Priorität hatten. Freiheit hieß über lange Zeit hinweg auch: Freiheit zu einem «Immermehr», einem materiellen Wachstum, nach dessen tieferem Sinn und dessen Vereinbarkeit mit den natürlichen Grundlagen menschlichen Lebens kaum gefragt wurde.

In diesem Kapitel soll es darum gehen, wie liberales Denken erweitert werden muss, wenn es sich vom simplen Dogma des «Immer-mehr» verabschieden will und sich den Herausforderungen der heutigen Zeit stellen will. Da ist einerseits die ökologische Frage nach dem Verbrauch natürlicher Ressourcen und vor allem nach einem stabilen Weltklima. Die schiere Möglichkeit, dass die Spezies Mensch zu einer Bedrohung für das Ökosystem insgesamt werden könnte, wäre für klassische liberale Denker wie John Locke oder Adam Smith kaum vorstellbar gewesen – und insofern, als ihre Vorstellungen bis heute nachwirken, müssen sie ergänzt werden um die Frage danach, wie unsere Wirtschafts- und Lebensformen auf einen nachhaltigen Pfad gelenkt werden können. Zum zweiten ist da die Frage nach dem, was Menschen motiviert und was sie als die Sinndimensionen ihres Lebens empfinden. Gerade in Bezug auf Arbeit hat wirtschaftsliberales Denken hier mit grob vereinfachten – und wenig schmeichelhaften – Annahmen über die menschliche Natur gearbeitet: nämlich dass Menschen vor allem durch die Aussicht auf immer mehr Geld motiviert werden und nach dem tieferen Sinn dessen, was sie tun, nicht fragen. Doch ist dies kein geeignetes Modell, nicht für Erwerbsarbeit und erst recht nicht für den Rest des Lebens. Die Frage danach, wie die Arbeitswelt im Hinblick auf ein möglichst selbstbestimmtes Leben der Einzelnen gestaltet werden sollte, muss daher neu gestellt werden. Zum dritten werde ich eine Frage anreißen, die jemand, der sich am Wert der Freiheit orientiert, nicht kalt lassen kann: Wie sieht es eigentlich mit der Freiheit in anderen Teilen der Welt aus? Eine typisch westliche Antwort darauf ist es, zu Spenden und Hilfsmaßnahmen aufzurufen. Dabei wäre es viel sinnvoller, die globalen Verflechtungen, die sowieso schon bestehen, zu überdenken. Denn auch hier hat ein verkürztes Bild des Marktes, das Machtunterschiede nicht berücksichtigt, vorgeherrscht. Sich von ihm zu verabschieden, bedeutet, dass die Frage nach *beidseitigen* Gewinnen im Welthandel wieder in den Blick rückt. Insgesamt ergeben diese drei Dimensionen ein Bild von einer Art des Liberalismus – und auch des Kapitalismus! –, die im 21. Jahrhundert lebbar sein könnte. Denn der Reformbedarf am derzeitigen System lässt sich nicht leugnen; es sind dringend Veränderungen nötig, wenn unsere Gesellschaften mehr sein sollen als ein «brutales Aussortieren von Gewinnern und Verlierern», wie es in einem aktuellen Aufsatztitel heißt.[2] Das Ziel muss sein, *mit* dem Liberalismus gegen ein verkürztes Bild des Kapitalismus zu arbeiten und das Versprechen auf Selbst-

bestimmung auch in Bezug auf die Wirtschaft einzulösen, individuell und kollektiv und innerhalb der Grenzen der natürlichen Welt.

Wirtschaften in einer endlichen Welt

Betrachtet man die Frage nach Wachstum und Endlichkeit auf
einer ganz abstrakten Ebene, ist offensichtlich und altbekannt,
dass es ein Problem gibt: Die Welt ist endlich, sie verfügt über
endliche natürliche Ressourcen und vor allem über endliche
Kapazitäten für die Aufnahme von CO_2 – zumindest, wenn
man die Kapazitäten betrachtet, bei denen nach allem, was
derzeit an Wissen verfügbar ist, das Ökosystem einigermaßen
stabil gehalten werden kann. Wirtschaftliches Wachstum wird
dagegen von den gängigen Modellen der Ökonomen als nach
oben offen verstanden; grundsätzliche Grenzen des Wachstums kommen nicht vor. Die Wachstumsraten der vergangenen Jahrzehnte scheinen, allen Unkenrufen und gelegentlichen
Einbrüchen zum Trotz, ebenfalls eine einzige Richtung zu haben: nach oben. Schon leichte Abschwächungen dieses Trends
werden als Risiken betrachtet, und eine länger anhaltende
Stagnation oder gar Schrumpfung ist für viele Politiker ein
Horrorszenario, das es mit allen Mitteln zu verhindern gilt.

Allerdings ist dieses Wachstum weltgeschichtlich betrachtet
eine sehr junge Angelegenheit: Es betrifft gerade einmal die
letzten 250 Jahre. Über Jahrhunderte hinweg stand das Kräfte-
verhältnis von Mensch versus Natur so sehr zuungunsten des
ersteren, dass alles, was irgendeine *Verbesserung* seiner Beherr-
schungsmöglichkeiten über letztere darstellte, für die Möglichkeit, ein freies Leben zu führen, nur vorteilhaft sein konnte.
Abgesehen von einer verschwindend kleinen Oberschicht
war lebensbedrohliche Knappheit ein ständiger Begleiter, so
wie dies auch heute in vielen Ländern noch der Fall ist. Neben
dem Unbill des Wetters konnten auch Seuchen – bei Pflanzen,
Tieren oder Menschen – die Subsistenz zerstören; viele aus
heutiger Sicht «leichte» Krankheiten endeten tödlich; bei Ge-
burten stand regelmäßig das Leben von Mutter und Kind auf

dem Spiel. Wer nicht nur Krankheiten, Dürren und Unwettern ausgeliefert war, sondern möglicherweise auch noch kriegerischen Nachbarn und willkürlichen Feudalherren, der hatte andere Sorgen als den Schutz der Umwelt. Es ging vor allem um eine *Befreiung von* etwas; *wohin* die Reise anschließend gehen könnte, danach fragte man nicht. Alles, was der Vermehrung der Macht des Menschen über die Natur diente, insbesondere Naturwissenschaft und Technik, war willkommen. Der Clou an dem Wissenschaftsverständnis, das Francis Bacon (1561–1626) und andere Denker der Renaissance entwickelten, war, dass man nur, indem man die Natur besser verstehen lerne, sie auch beherrschen könne, um sie für die menschlichen Zwecke nutzbar zu machen.

Die Vorstellung, dass es Aufgabe der Menschheit sein könnte, sich um die Erde als Ganzes zu kümmern, musste aus einer solchen Perspektive – und aus dieser Zeit stammen die frühen Ideen des Liberalismus, die bis heute nachwirken – schlicht absurd erscheinen. «Die Erde» war für die meisten Menschen sowieso eine vollkommen abstrakte Vorstellung; die Entdecker und Eroberer, die sich in fremde Länder wagten, waren eine verschwindend kleine Minderheit. Die Aufmerksamkeit der Menschen richtete sich auf das, was um sie herum zu tun war: sich um die Familie zu kümmern, auf den Zusammenhalt der Dorfgemeinschaft zu achten, vielleicht Almosen zu geben für Witwen und Waisen – oder auch für die Seelen der Verstorbenen. Überhaupt war die Pflege des eigenen Seelenheils vermutlich für viele eine näherliegende Aufgabe als die Frage nach dem großen Ganzen der Gesellschaft, geschweige denn der Erde. Bei Adam Smith zum Beispiel heißt es noch, dass der Mensch sich um die Dinge kümmern solle, über die er am besten Bescheid wissen könne und auf die er am meisten Einfluss habe: die Sorge um diejenigen, die einem nahestehen. Sich um den Kosmos, das Universum als Ganzes, zu kümmern, sei Aufgabe des Schöpfers, nicht des Menschen.[3]

Unsere Psychologie, und in gewissem Maß auch unsere moralischen Intuitionen, sind stark von derartigen Kontexten geprägt, in denen Menschen in kleinen «Face-to-face»-Ge-

meinschaften leben.[4] Dass die Menschheit eine kollektive Verantwortung für den Zustand des Globus als Ganzem haben
könnte, wurde erst eine Denkmöglichkeit, als die technischen
Fähigkeiten immer stärker wuchsen und schließlich, im Kalten
Krieg, auch die Möglichkeit einer völligen Vernichtung der
Erde, oder zumindest des menschlichen Lebens, im Raum
stand. Während Ernst Bloch in den 1950ern noch das Wort
vom utopischen «Prinzip Hoffnung» geprägt hatte,[5] stellte
Hans Jonas ihm wenige Jahrzehnte später das «Prinzip Verantwortung» gegenüber.[6] Weil der Mensch, so Jonas, «in die Lage
versetzt worden [ist], alle anderen [Lebensformen] (und damit
auch sich selbst) zu gefährden»,[7] muss er auch Verantwortung
für sie übernehmen. Die Sorge um die Zukunft der Menschheit
und um die Zukunft der Natur werden damit zu zentralen
Pflichten.[8] Statt «Fortschritt» und «Vervollkommnung» sei
eine «Ethik der Erhaltung, der Bewahrung, der Verhütung»
gefordert.[9] Etwa zur gleichen Zeit warnten erste Stimmen, na-
mentlich der «Club of Rome», vor der Erschöpfung der natürlichen Rohstoffe – insbesondere der fossilen Energieträger –,
auf denen die technischen Errungenschaften der Zeit fußten.[10]
Bekanntlich sind die Vorhersagen in der Form, in der sie gemacht wurden, nicht eingetroffen. Aber das heißt nicht, dass
das Problem damit vom Tisch wäre. Statt der Verfügbarkeit
von fossilen Brennstoffen sind es derzeit vor allem die Auswirkungen von deren Nutzung auf die Atmosphäre, die im Zentrum der Debatte stehen, denn die Evidenz dafür, dass die derzeit beobachtbaren Klimaveränderungen menschengemacht
sind, ist erdrückend.[11] Vor lauter Klimawandel-Diskussionen
sollte aber auch nicht vergessen werden, dass zahlreiche der
schon seit Längerem bekannten Umweltprobleme keineswegs
gelöst sind, sei es die Abholzung von Regenwäldern, der Rückgang der Artenvielfalt oder die Verschmutzung der Meere.

Es wäre aber zu einfach, als Lösung hierfür nach einem
generellen «Ende des Wachstums» zu rufen – der Begriff des
Wachstums ist viel zu unscharf, als dass diese Aussage sinnvoll
wäre. Zwar stimmt es, dass im Mainstream des ökonomischen
Denkens die Frage nach der Belastbarkeit der Erde nicht ge-

stellt wurde und viele Modelle implizit davon ausgehen, dass Wachstum grundsätzlich gut ist. Aber das, was Ökonomen unter «Wachstum» verstehen, bedeutet zunächst einmal nichts anderes, als dass die Präferenzen der Akteure zu einem höheren Grad erfüllt werden. Ob dies dadurch geschieht, dass mehr natürliche Ressourcen verbraucht werden, oder dadurch, dass jemand eine brillante Idee hat und eine neue Technologie entwickelt, dazu machen die allgemeinen Modelle keine Aussage. Wie ich immer wieder betont habe, ist eine der wichtigsten Eigenschaften von Märkten, dass sie den Individuen die Chance geben, nach neuen, innovativen Möglichkeiten der Kombination von Produktionsfaktoren – inklusive der menschlichen Arbeits- und Geisteskraft – Ausschau zu halten und diese auch auszuprobieren. Wollte man «das Wachstum» generell eindämmen, wäre die Frage, ob man damit auch diese Freiheit einschränken wollte. Aber es liegt in der Natur von neuen Ideen, dass wir vorher nicht wissen können, was sie sein werden. Niemand kann wissen, welche Ideen als nächstes entwickelt werden und welche Chancen sie bieten werden, sei es in der Armutsbekämpfung, sei es bei der Heilung von Krankheiten oder der Schaffung neuer Kulturgüter. Menschliche Kreativität und die Dinge, die sie erschließt, sind nicht nur instrumentell wertvoll, sondern besitzen auch einen Wert an sich. Das Ziel kann nicht sein, die Menschheit auf dem heutigen Stand von Wissenschaft und Technik einfrieren zu wollen – auch zukünftige Generationen müssen eine Chance haben, ihre Geisteskraft zu gebrauchen und Neues zu entwickeln, ganz zu schweigen von den Menschen in Entwicklungsländern, deren Lebensstandard weit unter dem westlichen liegt.

All dies ändert aber nichts daran, dass die Erde endlich ist. Die Frage, die sich daher stellt, kann sich also nicht nur auf «Wachstum» an sich beziehen. Das Bruttoinlandsprodukt (BIP), mit dessen Hilfe die wirtschaftliche Leistungsfähigkeit eines Landes üblicherweise gemessen wird, ist hierfür nur bedingt hilfreich, denn es unterscheidet nicht zwischen Ressourcen-Ersparnis und Ressourcen-Verschleiß. Ob sich ein neues Automodell gut verkauft, weil es weniger Benzin verbraucht oder weil das Design schick ist und die Kunden bereit sind, dafür mehr zu zahlen, macht zunächst einmal keinen Unterschied: Wenn beide Autos gleich teuer sind, gehen sie unter ansonsten gleichen Umständen gleich ins BIP ein. Wenn eine Familie einen Abend in einem Restaurant verbringt und dorthin mit dem Auto fährt, ergibt dies einen höheren Beitrag für das BIP, als wenn sie günstig einkauft, selbst kocht und sich einen netten Abend daheim macht – dabei dürfte der Verbrauch an Ressourcen bei Letzterem niedriger sein.

Bislang war es in der Regel so, dass das BIP, selbst wenn es an sich keine sinnvolle Größe sein mag, als Indikator gut funktionierte, weil es mit einer Reihe anderer Faktoren, deren «Wachstum» durchaus erstrebenswert ist, korrelierte, zum Beispiel besserer Gesundheitsvorsorge oder höherer Lebenserwartung (allerdings auch mit höherem Energieverbrauch). Für viele Länder der Welt ist dies immer noch so, zumindest dann, wenn das Wachstum sich nicht ausschließlich auf die sowieso schon am besten Gestellten bezieht, sondern alle Bevölkerungsschichten erfasst. Für sie mag es eine ausreichend gute Annäherung sein, ein höheres BIP pro Kopf anzustreben. Aber bei den weiterentwickelten Volkswirtschaften des Westens müssen hier neue Fragen ansetzen: Welche der Faktoren, die ins BIP eingehen, sind wie schädlich für die Umwelt? Wie viele Ressourcen verbrauchen sie, wie viel CO_2 entlassen sie in die Atmosphäre? Welche Auswirkungen haben sie auf besonders gefährdete Umweltgüter, zum Beispiel tropische Wälder? Natürlich sind dies schon an sich schwierige Fragen; hinzu kommt, dass unterschiedliche Interessengruppen oft versuchen, ideologischen Einfluss auf die Debatte zu nehmen.

Das Hauptproblem mit dem *Markt* ist dabei, dass der «Preis» für viele Güter, der sich in freien Märkten bildet, die Auswirkungen auf die Natur nicht oder nur unzureichend erfasst. Denn aus Sicht von Marktbefürwortern wäre die Ideallösung in etwa folgende: Preise zeigen relative Knappheit an und sorgen dafür, dass Güter an diejenigen gehen, die die höchste Zahlungsbereitschaft haben. Bei den Preisen der Produktionsfaktoren ist es genauso, sodass die Produzenten einen

Anreiz haben, die günstigste Lösung zu finden und material-sparende Innovationen durchzusetzen. Wenn Ressourcen knapp werden, die Nachfrage aber konstant bleibt (oder steigt), dann steigt der Preis, sodass weitere Nachfrager abge-schreckt werden und die Nachfrage sich von selbst regeln sollte. Soweit die Theorie, die Praxis sieht allerdings anders aus: Die Preise für viele Ressourcen stehen in keinem Verhält-nis zu den Kosten, die ihr Verbrauch für die Gesellschaft insge-samt bedeutet. Zum Beispiel müsste nach diesem Modell der Preis von Uran für Atomkraftwerke von vornherein die Kos-ten widerspiegeln, die die sichere Lagerung ausrangierter, aber immer noch radioaktiver Brennstäbe langfristig verursacht – und «langfristig» bedeutet in diesem Fall einen unabsehbaren Zeitraum über Jahrhunderte, vermutlich Jahrtausende hinweg.

Bei der Problematik des Klimawandels kommt hinzu, dass diejenigen, die unter seinen Folgen zu leiden haben, meistens andere sind als diejenigen, deren Verhalten sich ändern müsste, und außerdem beide Gruppen oft Erdteile voneinander ent-fernt leben. Unsere moralischen Intuitionen aber sind darauf gepolt, Schaden von uns selbst und anderen in unserer unmit-telbaren Umgebung abzuwenden. Und weil die Kausalket-ten lang, die Prozesse komplex und Nutzen und Schaden auf viele Schultern verteilt sind, ist es leicht, sich in der Illusion zu wiegen, dass das eigene Handeln sowieso keinen Einfluss habe. Diese strukturellen Züge des Problems implizieren, dass indi-viduelles Handeln, so wichtig es ist, ergänzt werden muss durch politische Regeln. Innerhalb einzelner Länder können diese durchaus erfolgreich sein.[12] Aber wie so oft gibt es der-artige Gesetze nicht in allen Ländern, und gerade beim Thema Klimawandel liegt ein globales Problem vor, für das im Prinzip globale Spielregeln nötig wären. Dass es diese noch nicht gibt – und nicht klar ist, ob in absehbarer Zeit ein Nachfolger für das Kyoto-Protokoll ausgehandelt werden kann, der ausreichend wäre, um den Klimawandel einzudämmen –, bedeutet aller-dings nicht, dass Individuen, Unternehmen und einzelne Län-der aus der Verantwortung entlassen wären, das ihnen Mög-liche zu tun. Im Gegenteil: Stattdessen müssen wir uns von der – nur für Kleingruppenkontexte geeigneten – Vorstellung lösen, dass das Zufügen eines geringen Schadens, bei dem man die Opfer nicht klar benennen kann, von unserer persönlichen Verantwortung nicht erfasst wird.[13] Denn Schäden werden durch die Summe solchen Verhaltens verursacht, und nur eine große Summe an Verhaltensänderungen wird Veränderungen herbeiführen können. Dabei gilt weiterhin das Klugheitsprinzip, sich zu fragen, an welchen Stellen Änderungen besonders nötig und besonders wirksam sind.

Wenn es um den Erhalt der natürlichen Umwelt und die Eindämmung des Klimawandels geht, kann die Antwort also nicht lauten: Bitte alles auf dem derzeitigen Stand der Technik einfrieren oder gar das Rad insgesamt zurückdrehen. Vielmehr muss es darum gehen, an denjenigen Rädern zu drehen, die wirklich für Ressourcenverbrauch und Treibhausgase verantwortlich sind – im Großen wie im Kleinen. Den Rädern dagegen, die Innovationen und neue technische Lösungen zur *Reduktion* des Verbrauchs ermöglichen, sollte freies Spiel gelassen werden – zum einen, weil es keine Rechtfertigung dafür gibt, sie einzuschränken, und zum anderen, weil man damit genau jene Kreativität und Hoffnung auf Innovation abwürgen würde, die manche der Probleme möglicherweise lösen könnten.[14] Nur auf technische Lösungen ohne Verhaltensänderungen zu setzen, wird sicherlich nicht ausreichen – aber technische Innovationen ausschließen zu wollen, wäre ebenso problematisch.

Wie realistisch es ist, dass die Weltwirtschaft auf einen nachhaltigeren Pfad einschwenkt und es schafft, den Klimawandel auf ein zu bewältigendes Maß zu begrenzen, ist derzeit eine völlig offene Frage. Wie lernfähig die Menschheit hierbei ist, ist *das* historische Großexperiment unserer Zeit. Um nicht jeden Optimismus zu verlieren, hilft es vielleicht, sich ins Gedächtnis zu rufen, wie neu die Problematik, im historischen Maßstab gesehen, ist, seit wie kurzer Zeit erst die Probleme bekannt sind und ein Bewusstseinswandel einsetzen konnte. Dass es nach Jahrhunderten, in denen eine Gefährdung der Erde völlig jenseits des Horizonts lag, nicht so schnell geht, im

Denken, in Institutionen und im Verhalten umzusteuern, liegt auf der Hand. Aber leider kümmern sich die klimatischen Prozesse, die zu einem anthropogenen Klimaanstieg um mehrere Grad Celsius mit dramatischen Folgen für viele Regionen der Erde führen könnten, wenig darum, wie schnell oder langsam menschliche Gesellschaften in der Lage sind, ihr Verhalten zu ändern.

Allerdings ist die gedankenlose Annahme immer größeren Wachstums, die wir aus früheren Jahrhunderten mitgeschleppt haben, nicht nur in Bezug auf die natürlichen Grenzen der Erde problematisch. Es ist überhaupt die Frage, wie sinnvoll ein «Immer-mehr» ist, wenn die materiellen Bedürfnisse so gut gedeckt sind, wie das in vielen westlichen Ländern für die überwiegende Mehrheit der Menschen der Fall ist. Die Frage nach einer ökologischen Umstrukturierung unserer Marktwirtschaften darf daher nicht losgelöst betrachtet werden von den anderen Dimensionen der Frage nach dem «Immer-mehr». Hieraus, so wird sich zeigen, ergibt sich auch ein gewisser Hoffnungsschimmer, was die Frage nach dem Klimawandel angeht.

Wozu das Ganze – die Frage nach dem Sinn

Der klassische Liberalismus hat die Frage danach, was Individuen eigentlich antreibt und ob sie das, was sie tun, als sinnvoll empfinden können, weitgehend außen vor gelassen. In gewisser Weise ist das verständlich: Genau dies sollte eben den einzelnen Individuen überlassen bleiben, emanzipiert von den Vorgaben, die Kirche oder Obrigkeit über Jahrhunderte hinweg gemacht hatten. Der liberale Staat sollte neutral sein gegenüber verschiedenen Lebensentwürfen und größtmögliche Toleranz walten lassen. Diese Neutralität bezog sich vor allem auf verschiedene Religionen und Konfessionen. Religion sollte, nach der Vorstellung vieler liberaler Denker, eine private Angelegenheit der Individuen sein. Dieses Denkmodell vom neutralen Staat, der größtmögliche Toleranz walten lassen soll, wurde auch auf die «private» Wirtschaft übertragen: Auch dort sollte den Einzelnen überlassen bleiben, ob und wie sie Geld verdienen und wie sie ihre Zeit verbringen. Allerdings ist die «private» Wirtschaft ein soziales System, in dem Individuen auf zahlreiche und komplexe Arten miteinander interagieren und dabei in wechselseitigen Abhängigkeiten stehen. Welche Optionen der Einzelne darin hat, hängt davon ab, welche Optionen andere Menschen haben und wie sie sie nutzen – und manche dieser Abhängigkeiten können so groß sein, dass das einzelne Individuum de facto wenig Möglichkeiten hat, alleine zu entscheiden, wie es leben will. *Jede* Form der staatlichen Regelung, inklusive der Vorstellung, man solle den Markt so stark wie möglich der privaten Freiheit der Individuen überlassen, führt zu Konstellationen, die für Menschen mit bestimmten Lebensentwürfen besser sind als für diejenigen mit anderen. Deswegen lässt sich das Verhältnis des Staats zu den Individuen in Bezug auf das Wirtschaftsleben nicht gut anhand des Modells der Toleranz gegenüber verschiedenen Religionen verstehen.[15]

Der Wirtschaftsliberalismus hat in der Theoriebildung versucht, dieses Problem mit einem Schlag durch den gordischen Knoten zu lösen. Die meisten Menschen, so die Überlegung, streben danach, möglichst viel Geld mit möglichst wenig Arbeit zu verdienen – was sie damit machen, bleibt dann ihnen überlassen. Die ökonomische Theorie, so vertrat es zum Beispiel John Stuart Mill, konzentriere sich auf diese beiden Züge des Menschen.[16] Allerdings war sich Mill durchaus bewusst, dass das menschliche Leben viele weitere Dimensionen hat. Anstatt bei dem wenig schmeichelhaften Menschenbild des «Homo oeconomicus» zu bleiben, das alles menschliche Streben auf das Streben nach Geld reduziert, beschrieb er in seinen *politischen* Schriften die Vision einer Gesellschaft, in der unterschiedliche Menschen ganz unterschiedliche Lebensformen praktizieren – als «Experimente» darin, wie menschliches Leben möglich sei. Mills Sorge war vor allen, diese Vielfalt von Lebensstilen vor dem vereinheitlichenden Druck der Massen zu schützen.[17] Dieses Bild allerdings wurde im liberalen Denken in der Regel auf das Privatleben der Menschen bezogen –

für die Arbeitswelt galt weiterhin die Annahme, dass Menschen nach Gewinn streben. Die elegante Mathematisierbarkeit dieses Ansatzes tat ihr Übriges, denn das Streben nach Geld und nach der Vermeidung von Arbeit lassen sich leichter in Modelle fassen, als all die vielfältigen Motive, die Menschen üblicherweise haben. Dadurch entstand ein seltsam schizophrenes Muster: Im Privatleben, und auch als politische Bürger, wurden Menschen als vielfältig und vielfältig motiviert vorgestellt. Arbeitsmärkte dagegen wurden so modelliert, als ob «menschliche Arbeit» ein Inputfaktor wie Baumaterial oder Brennstoff wäre, dessen Angebot ausschließlich durch die Höhe des Preises (in diesem Fall des Arbeitslohnes) beeinflusst wird.

Die Soziologie, Psychologie und Verhaltensökonomie haben diesem Bild längst einen Strich durch die Rechnung gemacht. Denn nicht einmal in der Arbeitswelt funktionieren Menschen wie die «Rädchen im System», die die ökonomischen Modelle nahelegen und deren Energie man durch den Anreiz höherer Gehälter steigern kann. Das mag zu Zeiten, als die meiste menschliche Arbeit körperliche Arbeit mit viel Routine war, anders gewesen sein. Inzwischen aber sind derartige Arbeitsplätze weitgehend durch Maschinen ersetzt worden, zumindest in den westlichen Industrieländern, und zunehmend auch in anderen Teilen der Welt. Die heutige Arbeitswelt ist eine, in der die Motivation der Menschen, und damit auch ihre Fragen nach dem Sinn der Tätigkeit, eine viel wichtigere Rolle spielen. Denn viele der Aufgaben verlangen von den Arbeitenden, dass sie mitdenken, dass sie Instrumente flexibel einsetzen und dass sie kreative Lösungen für Probleme finden. Dafür aber ist Geld ein überraschend schlechter Anreiz. Wie umfassende Studien gezeigt haben, kann eine höhere, erfolgsabhängige Entlohnung die Leistung sogar *reduzieren* – und dies nicht nur in kleinen Laborexperimenten, bei denen es um ein paar Euro ging, sondern auch in großangelegten Studien (aus Kostengründen in Indien durchgeführt), bei denen Größenordnungen von mehreren Monatsgehältern verwendet wurden.

Der US-Autor Dan Pink, der zahlreiche derartige Studien ausgewertet hat, kommt zu dem Ergebnis, dass es vor allem drei Dinge sind, die Menschen motivieren, gute Arbeit zu leisten: Autonomie, d. h. die Möglichkeit, selbst gestalten zu können; Können («Mastery»), d. h. die Chance, Fähigkeiten zu erwerben und besser darin zu werden, etwas zu tun; und schließlich Sinn («Purpose»), d. h. das Wissen darum, dass die eigene Tätigkeit einen Zweck hat und zum Beispiel eine wichtige Aufgabe in der Gesellschaft erfüllt.[18] Oder, wie es der Soziologe Stud Terkel im Vorwort einer großangelegten Befragungsstudie beschreibt: Menschen streben «nach täglichem Sinn ebenso wie nach täglichem Brot».[19] Die Strafe des Sisyphos, immer wieder einen Felsbrocken den Berg hinaufzurollen, im Wissen darum, dass er unweigerlich wieder hinunterrollen wird, war vor allem deswegen eine Strafe, weil die Sinnlosigkeit des Unterfangens so offensichtlich war. Geld ist für menschliche Motivation zwar nicht völlig überflüssig – wenn die Bezahlung zu *niedrig* ist oder man sich anderweitig unfair behandelt fühlt, kann das die Motivation schneller zerstören, als viele andere Faktoren sie wieder aufbauen können. Aber wenn diese Schwelle einmal erreicht ist, führt mehr Geld nicht zu besserer Arbeit – es kann sogar zum Gegenteil führen, weil es zum Beispiel den Blick auf die zu erreichenden Ziele verengt oder kurzfristige Boni das Denken so sehr beherrschen, dass auch unethische Mittel eingesetzt werden.

Allerdings gibt es eine Dimension liberaler Gesellschaften, die die Einzelnen trotz all dieser Faktoren dazu veranlassen könnte, im Arbeitsmarkt in erster Linie nach monetärem Einkommen zu streben. Wieder gilt, dass diese Dimension für ein bestimmtes Welt- und Menschenbild, demzufolge Menschen immer zu 100 Prozent rational sind und rein nach ihren eigenen Nutzenerwägungen entscheiden, nicht sichtbar ist. Deswegen haben sich liberale Denker mit dieser Problematik oft nicht befasst. Sie wurde vielmehr von Kritikern an das liberale Weltbild herangetragen und hängt eng mit den Fragen nach der Möglichkeit einer ökologisch erträglichen Marktwirtschaft zusammen.

In einer Marktwirtschaft besteht die Gefahr, dass, ganz allgemein gesprochen, Güter, von deren «Konsum» andere etwas haben, die Überhand gewinnen gegenüber den Gütern, bei denen es niemanden gibt, der unmittelbar davon profitiert, dass man sie verbraucht. Die Volkswirtschaft hat nichts davon, wenn ich eine halbe Stunde lang stillvergnügt auf meinem Balkon meditiere – damit schaffe ich keine Nachfrage, bringe kein Geld in den Umlauf, sichere keine Arbeitsplätze. Besser wäre es da schon, wenn ich in eine Yoga-Klasse gehen würde und am besten gleich noch eine Yoga-Matte, Yoga-Schuhe, eine DVD mit Übungsanleitungen und eine CD mit Meeresrauschen kaufe. Nichts gegen Meeresrauschen – aber macht es wirklich glücklicher als das Gezwitscher der Vögel im Garten? Ein «Homo oeconomicus» hätte natürlich kein Problem, zwischen diesen Dingen abzuwägen (wenn er sich denn für sie interessiert): Er würde vollkommen rational seine langfristigen Interessen abwägen. Wir menschlichen Wesen aber lassen uns oft von sozialen Einflüssen oder kurzfristigen Stimmungsschwankungen bewegen und sind daher um einiges anfälliger dafür, in Richtung des materiellen Konsums getrieben zu werden.

Dazu trägt auch eine grundlegende Eigenschaft der menschlichen Wahrnehmung bei: Wir registrieren nicht so sehr das, was gleich bleibt, sondern vor allem das, was sich ändert. Deswegen flaut der Wunsch nach «mehr» oder zumindest nach «anderem» auch bei denjenigen kaum ab, die schon sehr viel und vielleicht sehr viel mehr als andere besitzen. Hinzu kommt die menschliche Neigung, sich mit anderen zu vergleichen. Während der «Homo oeconomicus» nur seine eigenen Nutzenskalen beachtet, schauen echte Menschen auf das, was sie im Verhältnis zu anderen haben. Bei vielen Gütern geht es nicht so sehr darum, was sie einem «an sich» bringen – ein wichtiger Punkt ist auch, wie gut man durch ihre Nutzung im Verhältnis zu anderen dasteht. Bei vielen Gütern ist dies zumindest *ein* Aspekt der Nachfrage. Ob Urlaub, Küchenausstattung, neuer Haarschnitt oder gelesene Romane: Oft ist einem wichtig, dass man mit anderen mithalten kann. Man täte manches vielleicht nicht, wenn man nicht das Gefühl hätte, dass es regelrecht von einem erwartet wird, ungefähr so viel davon zu konsumieren wie andere. Es ist ein interessantes Gedankenexperiment, sich zu überlegen, wie man sich bei Kaufentscheidungen, die über überlebensnotwendige Güter hinausgehen, verhalten würde, wenn man niemandem davon erzählen dürfte. Dies kann ein Indiz dafür sein, in welchem Maß man die Dinge an sich wertschätzt und in welchem Maß man mithalten will mit anderen.[20]

Schon Adam Smith – dessen Überlegungen über menschliche Psychologie viel komplexer sind als die, die in spätere, mathematisch formalisierte Modelle der Ökonomie eingingen – sah sehr klar, welche Rolle die soziale Natur des Menschen und der Wunsch, sich mit anderen zu vergleichen, für sein Konsumverhalten spielt. Wie er schreibt, ist es «die Eitelkeit, nicht die Bequemlichkeit oder das Vergnügen»,[21] die die Menschen viele Dinge erstreben lässt. Smith schrieb vor der Zeit, in der ökologische Fragen auf der Tagesordnung standen. Trotzdem ist er zwiespältig gegenüber dieser menschlichen Neigung: Einerseits ist er fasziniert von dem Bettler, der fast völlig ohne Hab und Gut lebt und friedlich am Wegesrand sitzt und die Sonne genießt. Andererseits stellt er fest, dass, wenn wir alle diese Einstellung teilen würden, die Menschheit keinen Schritt vorankommen würde – das Streben nach mehr, und nach der Bewunderung von anderen, sei die Ursache dafür, dass Äcker bebaut, Städte gegründet und Wissenschaft und Kunst vorangetrieben würden.[22] Wenn wir in schlechter Stimmung seien, würden wir all dies als nutzlosen Tand beschimpfen, aber in guter Stimmung würden wir uns daran erfreuen, was durch dieses Streben alles ermöglicht worden ist.[23]

Problematisch wird diese «Positionalität» – die Bestimmung des Wertes von Gütern in Abhängigkeit davon, welche Position das eigene Gut im Vergleich zu anderen hat – dann, wenn der intrinsische Nutzen vollkommen davon überlagert wird, eine bestimmte Position zu erreichen. Denn relative Positionen sind per definitionem knapp – nur zehn Prozent der Individuen können die besten zehn Prozent sein, egal, wie sehr sich alle Beteiligten anstrengen. Nur zehn Prozent aller Leute können in den zehn Prozent teuersten Häusern wohnen, und nur zehn Prozent können die zehn Prozent Bestausgebildeten sein. In solchen Fällen kann es zu sogenannten «Rattenrennen» (englisch «rat races») kommen: Alle rennen wie wild, aber am Ende stehen doch alle, relativ betrachtet, an der gleichen Stelle. Keiner hat sich gegenüber den anderen besser stellen können. Alle Häuser sind größer oder alle Studenten haben mehr gelernt – und trotzdem gibt es nicht mehr «Platz» für all diejenigen, die gerne zur Spitze gehören würden, weil sich die Spitze immer relativ zum Rest definiert. Zudem können diese «Rennen» negative Auswirkungen auf den Rest der Gesellschaft oder die Umwelt haben, wie besonders der US-Ökonom Robert F. Frank betont hat.[24] Zum Beispiel könnte – und damit ist man wieder beim Thema der Endlichkeit der Erde – der Ressourcenverbrauch durch sie erheblich höher sein, als er es wäre, wenn die Leute nur auf ihren je individuellen, intrinsischen Nutzen schauen würden. Außerdem tragen Rattenrennen maßgeblich zu dem Empfinden bei, dass die Einzelnen kaum noch hinterherkommen mit all den Dingen, die es zu erledigen gibt, dass sich alles immer schneller bewegt und diese Beschleunigung alle Lebensbereiche erfasst.[25]

Allerdings ist die Berechnung von Kosten und Nutzen in derartigen Fällen schwierig: zum einen, weil oft nicht klar ist, wie sich intrinsischer Wert und positionaler Wert zueinander verhalten (Was macht wie viel aus? Ist dies für alle gleich oder möglicherweise unterschiedlich?). Zum anderen, weil es neben den Kosten von Rattenrennen für die Gesellschaft auch einen Nutzen geben kann – zum Beispiel Arbeitsplätze für diejenigen, die die immer größeren Häuser bauen. Die Größenordnungen dieser Kosten- und Nutzeneffekte lassen sich nur schwer erfassen, vor allem, wenn man in längeren Zeiträumen denkt. Vielleicht konkurrieren gerade ein paar Häuslebauer darum, die schickste Glasfront in ihrem Wohnzimmer zu haben, was einen Chemiker in der Kunststoffindustrie dazu bringt, sich zu überlegen, wie man besonders wärmedämmendes Kunstglas herstellen kann, das wiederum eine zusätzliche

Anwendung in Elektroautos findet, die wiederum ... und so fort. Wie der niederländische Sozialphilosoph Rutger Claassen herausgearbeitet hat, lässt sich auf so schwankendem Grund keine sinnvolle Kritik an den «Rattenrennen» um positionale Güter aufbauen.[26] Eher schon funktioniert dies, wenn man das Streben nach positionalen Gütern so versteht, dass damit eigentlich etwas anderes gemeint ist: die Suche nach Anerkennung. Wenn es Menschen eigentlich darum geht, von anderen anerkannt (und vielleicht geliebt) zu werden, und sie dies zu erreichen versuchen, indem sie bestimmte Dinge erwerben oder konsumieren, wären die «Rattenrennen» tatsächlich vollkommen sinnlos. Denn die Summe an Aufmerksamkeit, die Menschen füreinander haben, wird nicht dadurch größer, dass sie sich gegenseitig beweisen, was für wunderbare Dinge sie besitzen. Man kommt von diesem Gedanken schnell zu einem Bild der gesamten Menschheitsgeschichte, besonders aber der letzten Jahrhunderte, als eines einzigen großen Missverständnisses, in dem armselige Menschlein, die eigentlich nur geliebt werden möchten, die verrücktesten Dinge tun, um das zu erreichen.[27]

Nur: Das wäre dann doch ein zu einseitiger Blick auf die Entwicklungen der jüngeren Geschichte und all das, was sie an zivilisatorischen Errungenschaften mit sich gebracht haben. Es ist auch keine besonders originelle Sicht der Dinge. Spätestens seit Jean-Jacques Rousseau (1712–1778) ist eine derartige Zivilisationskritik *en vogue*, und Anklänge davon finden sich, wie erwähnt, sogar bei Adam Smith. Rousseau wurde bekanntermaßen dadurch berühmt (oder berüchtigt), dass er eine Preisfrage der Akademie von Dijon, ob die Fortschritte in Wissenschaften und Künsten die Sitten der Menschen verbessert hätten, mit einem entschiedenen «Nein» beantwortete.[28] In der im Anschluss daran verfassten «Abhandlung über den Ursprung und die Grundlagen der Ungleichheit unter den Menschen» startete er einen Frontalangriff auf das, was man heutzutage die Grundlagen der bürgerlichen Gesellschaft nennen würde, der von genau diesem Argument ausgeht: Die Menschen würden sich nur noch «an der Meinung der anderen» orientieren, anstatt ein einfaches, tugendhaftes, sich selbst genügendes Leben zu führen.[29] Aber wer würde wirklich zurückwollen zu diesem Leben des «edles Wilden», ohne Konkurrenz, aber auch ohne eine gesicherte Lebensmittelversorgung, Warmwasser, Zahnmedizin und die diversen anderen Annehmlichkeiten des modernen Lebens? Die große Mehrheit der Menschen – und darunter auch viele derjenigen, die sich vielleicht gelegentlich einem Rousseau'schem Pessimismus hingeben – hat mit den Füßen abgestimmt: gegen die ländliche Einfachheit, für geheizte Häuser, Internetanschlüsse und medizinische Versorgung – oder zumindest die Hoffnung darauf. Wer dies verdammt, setzt sich schnell dem Verdacht aus, entweder nicht ganz ehrlich mit sich selbst und der Welt zu sein oder aber eigene Geschmacksurteile unzulässig zu verallgemeinern und zu glauben, besser als andere zu wissen, was die «wahren» Bedürfnisse der Menschen seien.

Vor derartigem Naturkitsch sollte man sich also hüten. Allerdings heißt dies nicht, dass nicht an so manchen Exzessen des sich gegenseitig hochschaukelnden Konsumrauschs Kritik geübt werden könnte – vor allem dann, wenn die Folgen nach ganz objektiven Kriterien problematisch sind, ohne dass man in den Untiefen der Motive derjenigen stöbern müsste, die nach hochtourigen Wagen, Markenklamotten und exotischen Reisezielen streben. Wie schon erwähnt, ist das Problem mit vielen Formen des materiellen Konsums, dass die Effekte auf die Umwelt nicht hinreichend eingepreist sind, wenn zum Beispiel mit größeren Häusern ein höherer Energieverbrauch verbunden ist. Das gleiche «Rattenrennen» könnte auch in kleinerem Maßstab stattfinden, der subjektive Nutzen der Individuen wäre also der gleiche – aber die Umweltbelastung wäre geringer. In solchen Fällen ist politisches Eingreifen gefragt, zum Beispiel über eine gezielte Besteuerung des Ressourcenverbrauchs.

Ein Beispiel, wo politisches Eingreifen ebenfalls legitim ist – und teilweise praktiziert wird –, ist die Förderung der Autonomie auf Seiten der Kunden, um sie besser in die Lage zu versetzen, für sich selbst zu entscheiden, was ihnen wirklich wichtig ist. Natürlich wirft dies sofort Fragen nach paternalistischen Tendenzen auf. Aber wieder gilt (und hier ist dies besonders offensichtlich): Es geht vor allem darum, die Einzelnen dazu zu befähigen, mit den auf sie einstürmenden Botschaften *Dritter* umzugehen, die sie ebenfalls beeinflussen möchten und dabei *nicht* unbedingt nur an ihr vernünftiges Eigeninteresse und die «echtesten» ihrer Wünsche appellieren. Natürlich muss es legitim sein, potentielle Kunden über Neuerungen zu informieren und damit möglicherweise auch neue Wünsche in ihnen zu wecken. Aber oft tut Werbung, ob absichtlich oder nicht, mehr: Sie kreiert ein Glücksversprechen, das gleichzeitig impliziert, dass man *ohne* den Konsum dieser Güter weniger attraktiv, weniger interessant, weniger liebenswert sei. Sie appelliert damit besonders an diejenigen, die sich unsicher sind über den eigenen Platz im Leben und zu wenig Anerkennung erhalten, ob gefühlt oder tatsächlich. Hier mit einer klaren Botschaft entgegenzuwirken, die den Wert jedes Menschen unabhängig von den konsumierten Gütern betont, ist, besonders bei Kindern und Jugendlichen, kein Paternalismus, sondern eine dringend notwendige Schutzmaßnahme. Und es kann helfen, unsere Wirtschafts- und Konsumweise auf einen Pfad zu steuern, der mit einer endlichen Erde besser vereinbar ist.

Letztlich ist die Frage nach «Rattenrennen», Vergleichswahn und Selbstwertgefühl, wie so vieles, eine Frage der Einstellung. Als der Geiger Jascha Heifetz 1917 seine kometenhafte Solo-Karriere begann, machte in der amerikanischen Musikszene die Rede von der «Heifetz-Krankheit» die Runde. Angesteckt hatten sich alle anderen – all die Musiker nämlich, die nicht Heifetz waren und deren Spiel auf einmal so viel weniger perfekt, so viel weniger strahlend schien. Aber hätte Heifetz deswegen nicht spielen sollen? Hätte man dem Publikum dieses Erlebnis vorenthalten sollen, ja, dürfen? Andererseits: Eine Musikwelt, die nur aus Heifetzen bestünde, wäre wenig sinnvoll – vermutlich nicht einmal eine, in der alle Musiker danach streben, Heifetze zu werden. Und auch in anderen Bereichen des Arbeitsmarktes gilt: Spitzenpositionen sind rar, aber es wäre auch völlig sinnlos, sich einen Arbeitsmarkt zu wünschen, der in erster Linie aus solchen Spitzenpositionen bestünde. Wenn man sich die Arbeitswelt (und überhaupt das ganze Leben, denn auch bei der Freizeitgestaltung und selbst bei der Partnerwahl finden sich teilweise ähnliche Mechanismen) als einen einzigen Kampf um die besten Plätze vorstellt, müssen naturgemäß ziemlich viele Menschen scheitern. (Und diejenigen, die oben ankommen, stellen möglicherweise fest, dass es sie überhaupt nicht so glücklich macht, wie sie dachten. Nur weil etwas in einem äußerlichen, messbaren Sinn irgendwie maximal oder besser als bei anderen ist, heißt dies schließlich noch lange nicht, dass das innere, subjektive Erleben ebenfalls maximal oder besser als bei anderen ist.)

Bei diesen Themen liegt der Verdacht nahe, dass starke Wechselwirkungen zwischen den Charakterzügen der Einzelnen, kultureller Prägung und institutionellen Rahmenbedingungen vorliegen. Wie sehr Menschen danach streben, ein höheres Einkommen als die Menschen in ihrer Umgebung zu erlangen, dürfte auch davon abhängen, in welchem sozialen Kontext sie leben. Der kanadische Sozialphilosoph Frank Cunningham argumentiert, dass sogar die Vorstellung vom «Homo oeconomicus», der nach immer mehr Einkommen strebt, nicht in der Natur des Menschen liegt, sondern sich erst *ergibt*, wenn nicht nur ein begrenzter Teil der Gesellschaft, sondern quasi das ganze Leben von Markt- und Wettbewerbsmechanismen beherrscht wird.[30] Dann nämlich können Individuen kaum anders, als die Maximierung ihres (materiell verstandenen) Privateigentums anzustreben. Denn in einer durch Märkte organisierten Gesellschaft sind Individuen in allen Lebensbereichen dem Wettbewerb ausgesetzt und können sich nur durch privates Eigentum absichern, zum Beispiel gegen Krankheit oder den Verlust des Arbeitsplatzes. Sind sie dagegen sozial abgesichert, können sie auch andere Ziele im Leben verfolgen und können es sich sozusagen «leisten», weniger am eigenen finanziellen Interesse orientiert zu sein. Mehr soziale Sicherheit könnte den Einzelnen also erlauben, sich besser zu überlegen, wie viel materiellen Wohlstand sie wirklich benöti-

gen. Sicherheit und damit auch Planbarkeit sind für ein selbstbestimmtes Leben von nicht weniger großer Bedeutung als die
Höhe des Einkommens. Möglicherweise kann mehr Sicherheit sogar für wirtschaftliche Entwicklung förderlich sein –
dann nämlich, wenn sie Kreativität und Innovationen freisetzt,
weil die Einzelnen auch gewisse Risiken eingehen können. Es
kann aber auch sein, dass eine Spannung zwischen beiden
Zielen vorherrscht. Dann ist nicht klar, wieso Wirtschaftswachstum grundsätzlich der Vorrang gegeben werden sollte –
wenn der Maßstab die Möglichkeit aller Menschen ist, ein
selbstbestimmtes Leben zu führen, müssen *sowohl* eine gewisse Sicherheit als auch eine gewisse Wirtschaftsleistung Be-
standteil des Gesamtpakets sein.

Wer die Berichterstattung über den heutigen Arbeitsmarkt
verfolgt, all die Zeitschriften und Internetforen mit «Karriere-
tipps» und dazu noch das implizite «Wettrennen» um den
spannendsten Urlaub, die tollste Wohnung oder die schickste
kulinarische Neuentdeckung, könnte den Eindruck bekommen, das ganze Leben sei ein Wettrennen und der eigene Wert
ausschließlich von der Platznummer abhängig.[31] Dass dies zu
Erschöpfung führt, ist nicht verwunderlich (genauso wenig wie
die Tatsache, dass es mächtige Interessengruppen gibt, die wollen, dass die Menschen genau dieses Gefühl haben). Die medi-
zinisch ungenaue, dafür aber anscheinend umso beliebtere
Rede vom «Burn-out» hat möglicherweise mit diesem Phänomen zu tun.[32] Die Einzelnen sind frei, über ihr Leben selbst zu
verfügen, anstatt von traditionellen Mustern eingeengt zu werden. Aber ist die Alternative zum Korsett der Tradition, dass
jeder sich an anderen orientiert und alle dabei in eine ungesunde
Konkurrenz um die besten Plätze geraten? Zusätzlich zu der
tatsächlichen Belastung wird oft auch noch durch Werbung
und Medien der Eindruck vermittelt, dass man ständig in Be-
wegung sein müsse, dass man in einem ständigen Konkurrenz-
verhältnis zu anderen stehe, die, wenn man auch nur einen
Moment verschnaufe, zum Überholmanöver ansetzen – wenn
nicht im eigenen Land, dann im globalen Wettbewerb. Oft wird
als Ursache dieses Befunds der Markt genannt, mit seiner Ideo-

logie, dass der Wettbewerb gut für alle sei und diejenigen, die zurückblieben, selbst daran schuld seien – jeder Einzelne sei schließlich seines Glückes Schmied und müsse schauen, wo er oder sie bleibe. Damit sind wir wieder bei der problematischen Haltung mancher liberaler Denker gegenüber denjenigen, die es schwerer im Leben haben, die ich im zweiten Kapitel beschrieben habe und die dazu neigt, strukturelle Probleme fälschlicherweise einzelnen Individuen zuzuschreiben.

Aber niemand sagt, dass Arbeitsmärkte so verstanden – und so ausgestaltet! – werden *müssen*, dass es um ein ständiges Höher, Schneller, Weiter geht, bei dem notwendigerweise Verlierer zurückbleiben. Ich habe immer wieder betont, dass ein wesentlicher Vorteil von Märkten ihre Rolle bei der Informationsübermittlung ist. Dies ist eine andere Funktion als die, Menschen anzutreiben, ständig schneller zu rennen.[33] Die Informationsverarbeitungsfunktion von Märkten in den Mittelpunkt zu stellen, ergibt eine völlig andere Optik, als sich auf ihre Anreizfunktion zu konzentrieren. Letztere geht oft mit der Vorstellung einher, dass nur monetäre Zahlungen die Menschen dazu bringen, gesellschaftlich erwünschte Arbeit zu leisten. Wie schon erwähnt, ist dies kaum eine angemessene Beschreibung menschlicher Psychologie, geschweige denn ein wünschenswerter Ansatz. Der Unterschied zwischen diesen beiden Bildern des Marktes ist der zwischen der Vorstellung, dass sämtliche Kindergärtner oder Ingenieurinnen nur wegen des Geldes arbeiten, und der weitaus realistischeren Vorstellung, dass es in der Bevölkerung eine bestimmte Zahl an Menschen gibt, die sich für diese Berufe interessieren, jedoch mit verschiedenen Vorstellungen davon, wie hoch ihr Gehalt dafür sein soll, dass sie diese Tätigkeit ausführen. In dieser zweiten Perspektive besteht die Leistung des Marktpreises darin, ein gesellschaftliches Signal zu setzen, ob eher ein Überangebot oder ein Unterangebot an Kandidaten herrscht, sodass jemand, der auf der Kippe zwischen diesen und anderen Laufbahnen steht, sich dafür oder dagegen entscheiden kann. Damit soll nicht bestritten werden, dass Preise darüber hinaus von verschiedenen gesellschaftlichen Faktoren beeinflusst und teil-

weise auch verzerrt werden, von direkten oder indirekten Sub-
ventionen bestimmter Branchen bis hin zu Stereotypen über
die «Männlichkeit» oder «Weiblichkeit» bestimmter Tätigkeiten. Worauf es im vorliegenden Kontext ankommt, ist, dass
dies eine Erklärung der Funktion von Preisen ist, die *nicht* davon ausgeht, dass sie dazu dienen, Individuen zu einem immer
schnelleren Rennen anzuhalten. Sie dienen vielmehr dazu, ihnen zu signalisieren, wo sie ihre Talente und Fähigkeiten in der
Gesellschaft sinnvoll einbringen können.

Der Arbeitsmarkt, als Koordinationsinstrument verstanden, dient dazu, Menschen einen Platz in der Gesellschaft finden zu lassen. Er steht damit sozusagen für die Verflüssigung
einer sehr alten Vorstellung von sozialer Ordnung, der Vorstellung nämlich, dass jeder Mensch einen bestimmten Platz in
der Gesellschaft haben sollte, an dem er sinnvoll zum Gemeinwohl beitragen kann. Ich habe in Kapitel II das Bild von der
«großen Kette des Daseins» geschildert, von der kosmischen
Ordnung, in der jeder seinen Platz hat – und auch geschildert,
wie sich der Liberalismus gegen dieses Bild wandte und die
Freiheit der Individuen, selbst über ihr Leben zu entscheiden,
in den Mittelpunkt stellte. Aber das bedeutet nicht, dass die
einzige Alternative das Bild eines ewigen Wettrennens und
Wettbewerbs zwischen den Individuen ist. Die Vorstellung,
dass eine Gesellschaft dann gut funktioniert, wenn jeder und
jede den richtigen Platz für sich findet, ist nicht inkompatibel
mit der Freiheit der Einzelnen – dann nämlich, wenn es sich
statt um gottgegebene, starre Hierarchien um ein Netzwerk an
Sozialbeziehungen handelt, in dem die Akteure selbstbestimmt
und flexibel auf Veränderungen, sei es ihrer eigenen Präferenzen, sei es der Umweltfaktoren, reagieren können. Dafür dient
die Freiheit des Marktes, die allerdings als Kehrseite hat, dass
Wettbewerb entsteht und es oft viel zu viele Kandidaten für
herausgehobene Positionen gibt. Aber das heißt nicht, dass
das, was diejenigen leisten, die nicht an der Spitze stehen, nicht
genauso notwendig wäre und genauso seinen Platz und seine
Funktion für die Gesellschaft als Ganze hätte. Es wäre ziemlich absurd, sich eine Gesellschaft zu wünschen, in der alle

Menschen Unternehmensführer, Profifußballer oder Bundes-
kanzler wären – auch wenn manche Karrierezeitschriften den
Eindruck erwecken, dass jeder Einzelne eine derartige Position anstreben sollte. Dabei hat die Frage, wer an welcher Stelle
landet, sowieso in erheblichem Maße mit Zufällen zu tun und
nur in begrenztem Maße damit, was die Einzelnen tun oder
lassen.

Die Abkehr von der verzerrten Optik, dass es im Arbeitsmarkt und in der Marktwirtschaft generell nur um das Höher,
Schneller, Weiter eines ewigen Rattenrennens geht, ist nicht
nur als Frage der Perspektive wichtig, sondern auch aus praktischen Gründen. Zum einen haben Ökonomen, allen voran
Joseph Schumpeter, immer wieder betont, dass die Wohlfahrts-
steigerung durch Märkte maßgeblich durch die Freisetzung
kreativen Potentials bedingt ist. Kreativität aber funktioniert
nach allem, was die moderne Hirnforschung weiß, nicht, indem der Druck auf die Individuen und die Konzentration auf
eine spezialisierte Tätigkeit immer weiter erhöht werden. Viel
wichtiger sind, wie schon erwähnt, intrinsische Motivation
und Autonomie. Wenn überhaupt, lässt sich Kreativität dadurch «erzeugen», dass man Freiräume schafft und den Einzelnen zum Beispiel die Gelegenheit zur Begegnung mit ganz anders denkenden Menschen gibt. Viele Firmen in wissensinten-
siven Branchen, in denen das wichtigste Kapital in den Köpfen
der Mitarbeiter steckt, haben dies längst erkannt.

Zum zweiten legt dieses Bild andere Empfehlungen für individuelle Entscheidungen, aber auch für politische Entscheidungen nahe, die den Umgang mit Arbeitslosigkeit und Ar-
beitssuche betreffen. Demnach ist es sinnvoller, sich ein bisschen mehr Zeit dafür zu nehmen, herauszubekommen, wo
man wirklich hinpasst, und ruhig auch verschiedene Optionen
auszuprobieren. Das erhöht die Wahrscheinlichkeit, eine Pas-
sung zwischen eigenen Talenten und Neigungen und gesellschaftlichen Bedürfnissen zu finden. Wie Forscher aus der
Schweiz kürzlich gezeigt haben, spricht dies auch dafür, Ar-
beitslosen mehr Zeit für die Suche nach einem neuen Job zu
lassen[34] – denn wenn sie durch staatliche Anreize gezwungen

werden, sehr schnell eine neue Arbeit anzunehmen, finden sie möglicherweise keine Stelle, die ihren Qualifikationen entspricht, und landen in einer Niedriglohnfalle, aus der sie sich nicht mehr befreien können. Dagegen könnte zum Beispiel die Einrichtung von Lebenszeitkonten nicht nur auf Ebene einzelner Firmen, sondern auch im Rahmen der Sozialversicherungen, den Einzelnen größere Flexibilität geben, um berufliche und private Ziele in ein sinnvolles Verhältnis zu setzen und den richtigen Platz im Arbeitsmarkt zu finden. Und wenn der richtige Platz gefunden ist, sollte er auch so gestaltbar sein, dass die eigene Tätigkeit als sinnvoll gesehen werden kann und als Teil eines Lebensentwurfs, in dem auch andere sinnstiftende Elemente ihren Platz haben.

Zum dritten, und das führt zurück zu den obigen Überlegungen zu einer Wirtschaftsform, die mit einer endlichen Erde kompatibel ist, ergibt sich aus diesem Verständnis des Arbeitsmarktes ein Bild von Gesellschaft, in dem nicht von vornherein der Druck zu ständigem Wachstum Prämisse ist. Natürlich gibt es um bestimmte Positionen Konkurrenz, schon allein wegen der unvermeidbaren Rattenrennen um die obersten zehn Prozent der Positionen. Aber dies bedeutet nicht, dass die anderen 90 Prozent nicht auch sinnvolle, erfüllende Tätigkeiten finden könnten. Wer Gesellschaft als Wettrennen denkt, für den sind die meisten Leute relativ gesehen Verlierer, deren Schicksal überhaupt nur deshalb erträglich ist, weil das Rennen aller wenigstens die absolute, wenn schon nicht die relative, Position auch der unteren 90 Prozent verbessert. Wer Gesellschaft dagegen als Netzwerk denkt, für den ergibt sich, dass es sehr viele und sehr unterschiedliche Wege gibt, sich nützlich zu machen, auch ohne dass ein permanenter Wachstumszwang herrscht.

Selbst dann allerdings, wenn sie ihr Arbeitsleben *nicht* als einziges Rattenrennen sehen, ist für die allermeisten Menschen ihre Arbeit höchstens eine von mehreren Sinndimensionen im Leben. Den Parolen von der «Selbstverwirklichung» durch Arbeit stehen sie mit einer gesunden Skepsis gegenüber: Arbeit ist nicht alles – man arbeitet, um zu leben, man lebt nicht, um zu arbeiten. Deswegen muss «Zeitpolitik» auch daran interessiert sein, manche Zeiträume freizuhalten und den Individuen einen möglichst selbstbestimmten Umgang mit Zeit zu ermöglichen. Wie der Soziologe Hartmut Rosa in seiner vielbeachteten Studie zur «Beschleunigung» in der Moderne betont,[35] sind im Kapitalismus Zeitvorsprünge Wettbewerbsvorteile – aber wieder schlägt das Problem der Positionalität zu, denn wenn alle mehr Zeit investieren, steht am Ende niemand besser da, aber alle sind gestresster. Ein Wirtschaftssystem aber, das den Einzelnen kaum noch Zeit außerhalb des Jobs lässt, ist mit dem liberalen Ideal einer Gesellschaft, die ein *selbstbestimmtes* Leben ermöglicht, nicht vereinbar. Denn die Zeit dafür zu haben, sich über die eigenen Wünsche und Vorstellungen klarzuwerden, ist die Vorbedingung dafür, in Bezug auf andere Güter zu wissen, was man will. Das Schreckensszenario, das Rosa uns vor Augen führt, ist eines, in dem durch eine sich ständig beschleunigende Wirtschaft ein, vielleicht *der* zentrale Wert der Moderne untergraben wird: die Möglichkeit der Einzelnen, *sie selbst* zu sein. Dieses Ideal des Man-selbst-Seins, der Authentizität,[36] verlangt nämlich Zeit: Zeit, darüber nachzudenken, wer man sein will, vielleicht nach Vorbildern zu suchen, vielleicht Dinge auszuprobieren, von denen man auch wieder Abstand nimmt. Das macht einen weder zum idealen Arbeitnehmer noch zum idealen Konsumenten, zumindest aus der Sicht eines verkürzt materialistisch verstandenen Kapitalismus. Dessen idealer Arbeitnehmer strebt nach einem hohen Einkommen und tut dafür alles für seine Firma, um dann mit dem hohen Einkommen möglichst viel zu konsumieren. Das ist aber nicht nur von der Realität (zum Glück!), sondern auch vom Modell des «Homo oeconomicus» ein ganzes Stück entfernt – der «Homo oeconomicus» weiß immer schon, was er will, er braucht keine Zeit dafür, es herauszufinden. Echte Menschen dagegen brauchen diese Zeit und können sich dann durchaus dafür entscheiden, weniger zu konsumieren und ihre Zeit anderweitig zu verbringen.

Der «Homo oeconomicus» hat keine Familie, zumindest wissen wir davon nichts, ebenso wenig wie von seinen Freunden, Nachbarn und Haustieren. Echte Menschen sind soziale

Wesen und brauchen Zeit für die Gemeinschaft mit anderen. Für viele Menschen ist dies eine der wichtigsten sinnstiftenden Dimensionen des Lebens. Um aber Gemeinschaften zu bauen, braucht es Zeit – nicht nur eine bestimmte Menge Zeit an sich, sondern auch Zeitfenster, die *gemeinsam* zur Verfügung stehen, d. h. koordinierte Zeit. Eine immer stärkere Flexibilisierung der Arbeitszeiten, bei der die Einzelnen keine Mitspracherechte haben, macht dies unmöglich. Für ein selbstbestimmtes Leben der Einzelnen ist eine stärker *selbstbestimmte* Flexibilität gefragt – nicht nur in Bezug auf die Wochenarbeitszeit, sondern auch in Bezug auf die Lebensarbeitszeit. Das könnte zum Beispiel so aussehen, dass über Arbeitszeitkonten eine selbstgewählte Steuerung der Arbeitszeit zwischen 50 und 100 Prozent möglich ist. Es könnte bedeuten, dass flexible Absprachen darüber möglich sind, für einige Zeit auszusetzen, ohne danach als unmotiviertes «altes Eisen» betrachtet zu werden. Wie Rosa betont, ist die Frage «wie möchte ich meine Zeit verbringen» die «temporale Fassung der ethischen Frage *wie möchte ich leben?*»[37] Diese kann und muss, innerhalb der Grenzen grundlegender moralischer Standards, jedes Individuum für sich selbst beantworten. Die gesellschaftlichen Rahmenbedingungen aber sollten es so gut wie möglich erlauben, dass Individuen selbstbestimmt an die Gestaltung ihrer Zeit gehen.

Viele Firmen, die um rare Fachkräfte konkurrieren, haben dies längst verstanden und entsprechende Schritte in die Praxis umgesetzt. Allerdings beschränken sich diese Möglichkeiten oft auf Personen, die sowieso relativ privilegiert sind und die ihrem Arbeitgeber gegenüber eine gute Verhandlungsposition haben. Andere, die es schwerer haben auf dem Arbeitsmarkt, sind viel stärker auf ihren Job angewiesen, und ihr Arbeitgeber hat dadurch ein größeres Drohpotential. Deswegen reicht es nicht, sich auf das Kräftespiel am Arbeitsmarkt zu verlassen (obwohl die demographische Wende in Deutschland tendenziell die Position der Arbeitnehmer stärkt). Auch auf Ebene des gesetzlichen Rahmens stellt sich die Frage, wie Arbeitsmärkte gestaltet werden können, in denen die einzelnen eine möglichst breite Auswahl an Jobs mit verschiedenen Gestaltungsmöglichkeiten haben, die mit verschiedenen Lebensentwürfen kompatibel sind. Eine derartige Vielfalt zu ermöglichen, kommt dem Gebot staatlicher Neutralität verschiedenen Lebensentwürfen gegenüber, das ich oben erwähnt habe, viel näher als die Vorstellung, dass der Staat sich aus all diesen Fragen heraushalten sollte. Stattdessen benötigen wir eine öffentliche Diskussion darüber, welche Lebens- und Arbeitsformen in unserer Gesellschaft einen Platz haben sollen und wie verschiedene Lebensentwürfe nebeneinander existieren können. Die Vielfalt der Lebensformen, die «Experimente» menschlichen Lebens, die John Stuart Mill beschwor, sollte nicht erst im Feierabend beginnen. Eine freie Gesellschaft sollte auch die Wünsche der Individuen nach verschiedenen Formen der Zeitgestaltung und der eigenen Sinnsuche und Sinngebung im Arbeitsmarkt ernst nehmen. Und weil Menschen unterschiedlich sind, schließt das auch unterschiedliche Lebens- und Arbeitsformen ein, sowohl zu einem gegebenen Zeitpunkt als auch über den Lauf eines Lebens hinweg. Damit die Einzelnen selbst wählen können und nicht nur von den Zwängen eines immer stärker deregulierten Arbeitsmarkts in die Enge getrieben werden, braucht es ein neues Nachdenken über die Instrumente, die den Einzelnen möglichst viel Selbstbestimmung in dieser Hinsicht ermöglichen. Natürlich ist dies ein Luxus – aber es ist einer, den reiche Gesellschaften wie die unsrigen sich leisten können. Und es ist ein Luxus, der mit einer Form von Kapitalismus, die die natürliche Umwelt in einem erträglichen Zustand belässt, allemal besser vereinbar ist, als die Vorstellung, dass das materielle «Immer-mehr» der wichtigste Orientierungspunkt für Wirtschafts- und Arbeitsmarktpolitik ist.

Und der Rest der Welt?

Der Gedanke der Freiheit zu einem selbstbestimmten Leben trägt es in sich, dass allen Menschen diese Freiheit zukommen soll. Dies ist kein *logischer* Zwang: Es ist kein *logischer* Fehler, Freiheit für sich selbst zu fordern und sich nicht um die Freiheit anderer zu scheren. Aber im Ethos der Freiheit liegt doch etwas, das über die Freiheit der Einzelnen hinaus greift: Wenn Freiheit ein Wert ist, den ich für mich beanspruche, mit welchem Recht kann ich ihn anderen absprechen? Könnte ich einem anderen Menschen in die Augen sehen und ihm, bei vollem Wissen und Bewusstsein, sagen: «Ich will Freiheit für mich, aber Deine Freiheit geht mich nichts an?» Natürlich «könnte» man dies, im Sinne einer abstrakten Möglichkeit, aber darin läge etwas zutiefst Unmenschliches. Diejenigen, die anderen ihre Freiheit abgesprochen haben, taten dies denn auch oft, indem sie sie in andere Kategorien geschoben haben und ihnen das gemeinsame *Menschsein* abgesprochen haben. Die Gefährlichkeit derartiger Denkmuster ist hinreichend bekannt.

Bei allen Problemen, die es in den westlichen Ländern mit der Verwirklichung und vor allem der *gleichberechtigten* Verwirklichung eines selbstbestimmten Lebens gibt: Sie sind geringfügig im Vergleich zu den Herausforderungen, die sich in anderen Teilen der Erde stellen. All die Dimensionen der Freiheit, die ich im dritten Kapitel unterschieden habe, stehen in vielen Ländern auf dem Spiel, und in manchen häufen sich die Einschränkungen so sehr, dass die Rede von einem selbstbestimmten Leben nur noch zynisch klingen kann. In vielen Ländern fehlen grundlegende Bürger- und Menschenrechte, zum Beispiel das Recht auf freie Religionsausübung oder auf körperliche Unversehrtheit. In einer vielleicht noch größeren Zahl von Fällen fehlt positive Freiheit im Sinne der Ressourcen, die für ein selbstbestimmtes Leben notwendig sind – sei es im Schulwesen, sei es in der Gesundheitsversorgung, sei es auf der Ebene des schieren Überlebens. Und republikanische Freiheit im Sinne von politischer Mitbestimmung und dem Status als freie Bürgerin oder freier Bürger ist in vielen Ländern eine Utopie, weil diktatorische Strukturen herrschen oder auch weil Minderheiten das Recht auf kulturelle oder politische Selbstbestimmung versagt bleibt.

Meine Überlegungen zu einem zeitgemäßen Liberalismus bezogen sich in erster Linie auf die reichen Volkswirtschaften des Westens, und ganz konkret auf Deutschland. Kann man aus dieser Perspektive etwas dazu sagen, was unser Verhältnis zur Freiheit der Menschen in anderen Teilen der Welt angeht? Diese Fragen hat das liberale Denken erst nach und nach für sich entdeckt. Auch wenn man auf einer abstrakten Ebene von der Freiheit aller Menschen ausgegangen sein mag – praktisch hatte dies kaum Konsequenzen. Für die allermeisten Menschen stellte sich das Problem schlicht nicht; die weite Welt war für sie so weit weg wie die eingangs zitierten Chinesen, von denen Adam Smith sagte, dass ein Erdbeben, das sie treffe, für uns zwar abstrakt vorstellbar sei, uns aber nie und nimmer um unseren Schlaf bringen würde. Am ehesten stellten sich Fragen nach dem Umgang mit anderen Völkern für diejenigen Länder, die in der Frühen Neuzeit Kolonien auf anderen Kontinenten gründeten. In diesem Kontext entstanden erste Überlegungen zu international verbindlichen Rechtssätzen, zum Beispiel in der «Schule von Salamanca» und beim «Vater des Völkerrechts», Hugo Grotius (1583–1645). In den letzten Jahren ist die Diskussion um Standards internationaler Gerechtigkeit auch in der politischen Philosophie wieder aufgeflammt, was wenig verwunderlich ist angesichts des Grades an Globalisierung, den wir inzwischen erreicht haben.

Die Debatte darüber, welche moralischen Pflichten «wir im Westen» gegenüber «dem Rest der Welt» haben, ist komplex.[38] Zum einen ist da die Frage, ob wir überhaupt *verpflichtet* sind, Hilfe zu leisten, oder ob dies eine freiwillige Leistung aus Großzügigkeit heraus ist. Und wenn man annimmt, dass eine gewisse Hilfspflicht besteht, bleibt immer noch offen – und ist höchst umstritten –, welche Formen von Hilfe überhaupt funktionieren. Der Entwicklungsökonom Jeffrey Sachs vertritt die These, dass schon ein Beitrag von wenigen Zehntelprozentpunkten aus den Staatshaushalten der reichsten Länder den Hunger in der Welt weitgehend eliminieren könnte.[39] Kritiker von Entwicklungshilfe, wie zum Beispiel die aus Sambia stammende Autorin Dambisa Moyo,[40] halten dagegen, dass durch die Geldströme aus dem Westen Abhängigkeiten geschaffen worden seien, lokale Märkte zerstört worden seien und sich dysfunktionale und korrupte Institutionen am Leben

gehalten hätten. Allerdings bleibt offen, was an Stelle der Entwicklungshilfe treten könnte: Hilfe zur Selbsthilfe? Stärkere
Handelsverflechtungen? Aber welchen Regeln sollten diese
folgen? Nimmt man das Problem, oder eher den ganzen Prob-
lemkomplex, hinzu, dass sich bei entwicklungspolitischen
Maßnahmen immer auch Fragen nach der eigenständigen Kultur eines Landes stellen, landet man in einem Dickicht, das nur
schwer zu entwirren ist. Dass bei akuten Hungersnöten oder
Naturkatastrophen geholfen werden muss, ist offensichtlich –
aber wie eine langfristig orientierte Hilfe aussehen könnte, die
die Freiheit der Einzelnen fördert, ohne in westlichen Kulturimperialismus zu verfallen, ist derzeit alles andere als klar.

Ein Beispiel dafür, wie komplex die Gemengelage ist, bietet
ein entwicklungspolitisches Instrument, das jahrelang ganz besonders im Namen der Freiheit der Einzelnen propagiert
wurde: Mikrokredite.[41] Der ursprüngliche Gedanke war beste-
chend: Viele «arme» Menschen sind unglaublich erfinderisch
und kreativ darin, aus dem Wenigen, das sie haben, etwas zu
machen. Was ihnen fehlt, ist der Zugang zu Krediten, mit
denen sie in größerem Stil investieren könnten, um sich aus der
Armut «hochzuarbeiten». Was mit den Krediten des Entwicklungsökonomen Muhammed Yunus an bengalische Frauen-
gruppen begann, wurde schnell zu einem größeren Geschäft:
Leute, die vorher keinerlei Zugang zu Finanzprodukten hatten, erhielten Kredite im Wert von einigen Hundert Dollar, um
sich zum Beispiel Nähmaschinen oder landwirtschaftliches
Werkzeug anzuschaffen. Zunächst waren vor allem NGOs
und andere Institutionen ohne Gewinnabsicht in diesem Bereich aktiv. Dann aber setzte sich die Überzeugung durch, dass
auch kommerzielle Anbieter in diesem Marktsegment arbeiten
könnten – der Gedanke war, dass es egal sei, ob ein Anbieter
mit oder ohne entwicklungspolitische Absichten es bediene,
solange nur die Versorgung mit Krediten gewährleistet würde.
Dies führte in vielen Fällen dazu, dass die Märkte regelrecht
geflutet wurden mit Kleinstkrediten, bei denen gar nicht mehr
klar war, ob sie den Kreditnehmern etwas bringen oder sie
nicht vielmehr in die Überschuldung treiben. Inzwischen zie-

hen Entwicklungsökonomen eine gemischte Bilanz: Einerseits konnten viele arme Familien den «Kredithaien» entkommen und eine gewisse «Konsumglättung» betreiben, also Ausgaben jeweils dann tätigen, wenn es nötig ist, und nicht nur, wenn sie gerade über Geld verfügen. Andererseits wurde ein wirkliches Ende der Armut in den Ländern, die in erster Linie auf Mikrokredite gesetzt haben, nicht erreicht. Erfolgreicher, so der englische Kritiker Milford Bateman, waren Länder, die auf einen Mix an staatlichen Maßnahmen und auf die Förderung nicht nur kleinster, sondern auch kleiner und mittlerer Unternehmen gesetzt hätten, zwischen denen die selbstverstärkenden Mechanismen, die eine Volkswirtschaft in Schwung bringen können, ausgeprägter sind. Überhaupt dürfte die Schaffung der «richtigen» Strukturen in vielen Fällen der Schlüssel zu wirtschaftlicher Entwicklung sein. Ohne eine gewisse Rechtssicherheit und ohne eine einigermaßen funktionierende öffentliche Verwaltung kann auch der «freie» Markt nicht funktionieren.[42] Selbst Ressourcenreichtum kann für «arme» Länder zum Fluch werden, wenn die daraus entstehenden Gewinne von einer korrupten Elite gekapert werden, die kein Interesse daran hat, das Land insgesamt voranzubringen.[43]

Allerdings hat der deutsch-amerikanische Philosoph Thomas Pogge darauf hingewiesen, dass wir uns moralisch sozusagen erst einmal an die eigene Nase fassen sollten, bevor wir versuchen, anderswo Strukturen zu verändern: Wir sind Teil eines Weltwirtschaftssystems, das die Rechte zahlreicher Menschen verletzt.[44] Ein Beispiel, das Pogge diskutiert, ist die weltweite Organisation des Patentrechts, die dazu führt, dass es eine Versorgungslücke an Medikamenten für zahlreiche Patienten gibt, denen geholfen werden könnte, wenn billige Generika verfügbar wären. Pogge schlägt deshalb vor, einen «Health Impact Fund» einzurichten, der diese Lücke schließen könnte, ohne die Anreize für Pharmafirmen zu zerstören, an verbesserten Medikamenten zu forschen.[45] Dies ist ein wichtiges Beispiel für den Versuch, bessere Institutionen aufzubauen, um bestehende Ungerechtigkeiten zu verringern. Doch das An-die-eigene-Nase-Fassen könnte noch viel weitergehen.

Schließlich sind wir jetzt schon mit den Menschen in zahlreichen Ländern der Welt durch komplexe Austauschbeziehungen verbunden, derer wir uns vielfach kaum bewusst sind. Ein Blick auf die Herkunftslabels der Produkte in einem durchschnittlichen deutschen Haushalt illustriert dies. In der Regel wissen wir kaum etwas darüber, wer diese Menschen sind und unter welchen Bedingungen sie leben und arbeiten. Wenn wir überhaupt daran denken, macht es uns vielleicht ein schlechtes Gewissen, und vielleicht spenden wir ein paar Euro an das Rote Kreuz. Ansonsten bleibt alles beim Alten.

Dabei war die Vorstellung vom Weltwandel, die die liberale Tradition entwickelt hatte, eine ganz andere. Die Vorstellung war, zum Beispiel bei Montesquieu und auch bei Adam Smith, dass der Handel die Nationen so zusammenschweißen würde, dass es in ihrem eigenen Interesse wäre, keine Kriege mehr gegeneinander zu führen. Und die Vorstellung war, dass Handel *beiden* Seiten nutzen würde und anstatt einseitiger Ausbeutung ein echtes «Win-win» geschaffen werden könnte. In manchen Bereichen der weltweiten Wirtschaft ist dies sicherlich auch der Fall. Aber wieder schlägt zu Buche, dass die Frage nach ungleicher Macht in der Wirtschaft in den letzten Jahren zu wenig gestellt wurde. Die Reichtums- und Machtunterschiede zwischen Ländern und zwischen individuellen Akteuren im Welthandel sind enorm. Dass deshalb viele der Austauschbeziehungen eher den Charakter erpresserischer Ausbeutung als der gemeinsamen Schaffung von Win-win-Situationen haben, ist wenig überraschend. Eigentlich wohlmeinende Kunden im Westen wurden zu schweigenden Mittätern in diesem System, dessen Komplexität für den Einzelnen kaum überschaubar ist.

An dieser Stelle sei ein bisschen Utopie erlaubt – als Orientierung dafür, wo es vielleicht hingehen könnte. Einen Weltstaat, der eine gerechte globale Ordnung für alle Menschen durchsetzen könnte, wird es auf absehbare Zeit nicht geben, und vielleicht ist er nicht einmal erstrebenswert. Aber das heißt nicht, dass nicht anderweitige Schritte unternommen werden könnten, um den weltweiten Markt in eine Richtung weiterzuentwickeln, die der Vision der Denker des 18. Jahrhunderts

entspricht: als einen Ort friedlichen Austauschs und gemeinsamer Wertschöpfung, die *alle* besserstellt. Unsere Globalisierung ist in erster Linie eine wirtschaftliche – also muss auch
die Verbreitung von Standards, die den Einzelnen ein selbstbestimmtes Leben ermöglichen, hier ansetzen. Es wäre aber
ein Fehler, zu glauben, dass der freie Markt *an sich* schon positiv für alle Beteiligten, auch diejenigen in ärmeren Ländern,
wäre. Denn wie ich immer wieder betont habe, können Märkte
sehr verschiedene Formen annehmen – zum Beispiel je nachdem, wie gut die Betroffenen in der Lage sind, einzeln oder
kollektiv ihre Interessen zu vertreten, oder wie ausgeprägt
Machtungleichgewichte und die Beeinflussung der Politik
durch die wirtschaftlich Mächtigen sind. Um den Welthandel
zu einem echten Motor für Entwicklung und für ein selbstbestimmtes Leben zu machen, kann man nicht einfach von
«dem» freien Markt ausgehen. Stattdessen müssen Märkte bewusst so gestaltet werden, dass sie dieses Ziel befördern – im
Idealfall sowohl durch staatliche Regulierung als auch durch
das freiwillige Verhalten der beteiligten Unternehmen und Individuen. Dies würde bedeuten, dass vor allem diejenigen
Markttransaktionen unterstützt würden, die *wirklichen* Mehrwert schaffen – anstatt nur deswegen profitabel zu sein, weil
sie zum Beispiel auf die laschen Umweltbestimmungen in
anderen Ländern setzen oder die verzweifelte Lage einfacher
Arbeiter ausnützen, um ihren Lohn zu drücken. Damit dies
funktionieren könnte, müssten sich auch die Kunden in westlichen Ländern stärker daran orientieren, welche Unternehmen
sich an grundlegende ethische Standards halten, auch und gerade wenn die gesetzlichen Regelungen in anderen Ländern
unzureichend sind, um Schaden von Menschen und Umwelt
abzuwenden. Dazu müsste die Transparenz über die jeweiligen
Wirtschaftspraktiken massiv erhöht werden, und es müssten
verlässliche Informationsmöglichkeiten entstehen.

Die Modelle der Ökonomielehrbücher gehen in der Regel
von «vollständiger Information» aus, sodass die Marktteilnehmer sich theoretisch auch über die weiteren Dimensionen von
Gütern informieren könnten, zum Beispiel ob sie mit Kinder-

arbeit produziert wurden oder nicht. An kaum einer Stelle aber dürfte diese Annahme so wenig zutreffen wie in Bezug auf die internationalen Lieferketten, die bis in unsere Wohnzimmer führen. Und selbst da, wo Information im Prinzip verfügbar wäre, schlagen oft Trägheit und die Macht der Gewohnheit zu und verhindern, dass wir alles wissen, was wir wissen könnten – zumal es oft viel angenehmer ist, es nicht zu wissen und sich nicht damit auseinandersetzen zu müssen. Es entbehrt nicht einer traurigen Ironie, dass wir über Warnaufschriften und abschreckende Bilder auf Zigarettenpackungen endlose öffentliche Debatten führen, über die Möglichkeit einer Warnaufschrift für Güter, die *anderen* schaden, aber kaum nachgedacht wird. Wie groß die Wirkung einer Aufschrift à la «Dieses Produkt kann tödlich sein – für die Kinder, die bei der Herstellung mitarbeiten» wäre, darüber kann man derzeit nur spekulieren. Derzeit gibt es eine Reihe von Labels, die *positive* Beispiele fairen und ökologischen Handels auszeichnen. Es wäre den Versuch wert, zu schauen, was passieren würde, wenn die Beweislast umgedreht würde und Firmen nachweisen müssten, dass die von ihnen vertriebenen Produkte *keine* Rohstoffe enthalten, bei deren Abbau oder Ernte grundlegende Standards verletzt wurden, und insgesamt unter menschenwürdigen und fairen Bedingungen produziert wurden.

An die Stelle des Modells, das polemisch gesprochen dem Motto «Erst ausbeuten und dann spenden» folgt und das die reicheren Länder derzeit mit dem Rest der Welt betreiben, könnte dann ein Modell sinnvollen gemeinsamen Wirtschaftens treten, das die Entwicklung langfristig orientierter Institutionen, die sich an der Freiheit der Einzelnen orientieren, befördern könnte. Weder die Notwendigkeit von Spenden, gerade bei akuten Krisensituationen, noch die Notwendigkeit besserer gesetzlicher Rahmenbedingungen und besserer institutioneller Lösungen, zum Beispiel durch die gewerkschaftliche Organisation der Arbeiter in Drittweltländern, soll damit bestritten werden (genauso wenig wie die Tatsache, dass der Welthandel für die Bekämpfung von Armut auch jetzt schon eine zentrale Rolle spielt). Aber es würde ein Umdenken er

lauben, auch und gerade in der «westlich» geprägten Wert-
schöpfungskette, das sich wieder daran orientieren würde,
wozu Märkte eigentlich sinnvoll sind. Dabei geht es wohlge-
merkt nicht nur um die Erschließung neuer Handlungsfelder
als nette Zusatzprojekte, die sich öffentlichkeitswirksam be-
werben lassen, sondern auch um dringend notwendige Veränderungen in schon bestehenden Märkten. Dass dabei auch
schwierige Dilemmata auftreten können und dass allgemein-
gültige Antworten darüber, was die jeweils beste Lösung ist,
schwierig sind, steht außer Frage. Aber gerade deshalb wäre es
nötig, dabei die Stimmen derjenigen zu hören, die von unserem
Wirtschaftssystem so existenziell betroffen sind, aber in der
Regel keine Stimme haben: der Menschen in anderen Ländern
der Welt, mit denen wir längst in einem Netz unsichtbarer
Kausalbeziehungen stehen. Im Idealfall wäre es möglich, *voneinander* zu lernen und gemeinsam zu entscheiden, welche
Institutionen gut funktionieren könnten und welche Lösungen in einem konkreten Kontext umgesetzt werden könnten.
Denn auch «wir im Westen» könnten viel über andere Formen
der gemeinschaftlichen Entscheidungsfindung und das Lösen
kollektiver Probleme von anderen Ländern lernen. Je mehr die
Globalisierung von einem machtgesteuerten, anonymen Prozess, von dem vor allem die sowieso schon Bessergestellten
profitieren, zu einem lebendigen Austausch wird, bei dem *alle*
Beteiligten eine Stimme – vielleicht auch ein Vetorecht! – haben, desto eher können Lösungen gefunden werden, die allen
Beteiligten ein selbstbestimmtes Leben ermöglichen. Dies
würde auch erlauben, über Fragen nach dem Schutz des Klimas
und dem Erhalt schützenswerter Natur- und Kulturgüter zu
diskutieren und vielleicht bessere Lösungen zu finden als derzeit der Fall ist. Utopisch? Vielleicht. Vielleicht ist es aber auch
die einzige Möglichkeit, die globalen Märkte von anonymen
Monstern in menschenfreundliche Orte des Austauschs zu
transformieren und die Klimakatastrophe noch einigermaßen
abzuwenden.

VI.

Schluss: Unterwegs zu einem zeitgemäßen Liberalismus

Der Kapitalismus, und mit ihm auch der Liberalismus generell, haben in den vergangenen Jahren viel Kritik einstecken müssen. Sehr viel davon war berechtigt. Aber eine Alternative im Sinne eines völlig anders organisierten Systems ist nicht in Sicht. Doch es wäre falsch, aus der Abwesenheit einer großen Systemalternative abzuleiten, dass das bestehende System nicht durchaus Spielräume für Veränderung besäße, und sich eine liberale Gesellschaft sehr unterschiedlich ausgestalten lässt. Dies betrifft, wie ich immer wieder betont habe, nicht nur die Frage, wie viel «freien Markt» man gegen wie viel «Gerechtigkeit» eintauscht. Diese Dichotomie ist fehlgeleitet, denn *welche* Art von Markt wir haben, beeinflusst selbst schon, wie viel Freiheit – in allen drei Dimensionen – die Mitglieder einer Gesellschaft haben und wie gerecht sie verteilt ist. Viel zu oft wurde «der Markt» von Befürwortern wie Gegnern als ein Naturphänomen angesehen, das man entweder als Ganzes hassen oder als Ganzes lieben kann. Beide Positionen sind verkürzt, denn sie übersehen, dass Märkte davon abhängen, wie wir sie gestalten – durch den gesetzlichen Rahmen, durch das Ethos, das in Unternehmen und Branchen herrscht, und durch die Konsum- und Investitionsentscheidungen der einzelnen Individuen. Die unsichtbare Hand, die ein System von selbst in die richtige Richtung lenken würde, in dem jeder nur kurzfristig und egoistisch seine Interessen verfolgt, gibt es nicht. Es liegt an uns allen, uns zu überlegen, wo es hingehen soll – und entsprechend zu handeln. Der große Vorteil einer liberalen Gesellschaft ist schließlich, dass innerhalb ihrer Strukturen derartiger Wandel möglich ist. Die Verantwortung dafür gilt es anzunehmen.

In den letzten Jahren herrschte vielfach das Gefühl vor, dass das soziale Klima rauer geworden sei. Für viele Menschen hat sich der Eindruck verstärkt, dass denen auf der Sonnenseite des Lebens nichts passieren könne, während alle anderen sich noch so sehr anstrengen könnten und sich an ihrer Lage doch nichts ändere. Das Gefühl, dass jeder seines eigenen Glückes Schmied sei, wurde von einer marktliberalen, individualistischen Rhetorik verstärkt, die die Bedeutung der sozialen Kontexte völlig herunterspielte, in denen es überhaupt erst möglich ist, Leistung zu erbringen. Das konnte denjenigen, die viel hatten, das Gefühl geben, sie alleine hätten es «verdient» und Besteuerung tue ihnen Unrecht, während es bei denjenigen, die weniger hatten, zu Resignation und Fatalismus beitrug. Aus beidem entsteht schnell ein Gefühl des «Rette-sich-wer-kann»: Wer gerade erfolgreich ist, versucht, zu holen, was zu holen ist, und hat keine Lust, es mit anderen zu teilen. Wer nicht erfolgreich ist, sieht nicht ein, wieso er nicht jede Möglichkeit nutzen sollte, sich von wohlfahrtsstaatlichen Systemen alimentieren zu lassen. Und alle Seiten argumentieren damit, dass dies ja «alle so machen würden» und man deswegen von niemandem verlangen könne, anders zu handeln. Dies aber ist weit davon entfernt, was eine liberale Gesellschaft im Idealfall sein könnte: eine Gesellschaft nämlich, in der die Individuen wissen, dass ihr Schicksal miteinander verknüpft ist, und in der sie sich *gemeinsam* für die Anerkennung eines möglichst selbstbestimmten Lebens für alle Individuen einsetzen.

Umso mehr muss es heute darum gehen, sich zu überlegen, wie eine liberale Gesellschaft ausgestaltet sein muss, um Ernst zu machen mit dem Ideal gleicher Freiheit und sich insbesondere neu zu orientieren darüber, was der Sinn des Wirtschaftens eigentlich ist und wie es in einer Welt endlicher Ressourcen so gestaltet werden kann, dass alle profitieren. Wir brauchen die Orientierung an einer Vision von Märkten, in denen es um echte Win-win-Situationen geht – und nicht darum, die Natur gnadenlos auszubeuten, die Schwächen anderer auszunutzen oder die langfristigen Grundlagen des sozialen Zusammenlebens zu unterminieren.[1] Dazu braucht es keinen Umsturz des Systems, aber doch eine Weiterentwicklung, die, wenn sie erfolgreich wäre, einer Revolution gleichkäme. Die beiden wichtigsten Faktoren dafür sind eine konsequente langfristige Orientierung und das Ernstnehmen ethischer Maßstäbe, die verhindern, dass Machtverhältnisse oder Regelungslücken einseitig ausgenutzt werden. Änderungen müssen auf allen Ebenen ansetzen: auf der Ebene gesetzlicher Regelungen und der Governance Structure von Firmen, aber auch im Verhalten von Kunden, Arbeitnehmern (gerade die so vielgefragten «Fachkräfte» haben schließlich erhebliche Verhandlungsmacht) und Kapitalgebern. Letztere sitzen in vielen Fällen am längsten Hebel, und es liegt an ihnen, Veränderungen zu ermöglichen oder zu blockieren. Langfristig orientiertes, «geduldiges» Kapital[2] ist unbedingt notwendig, um die kurzfristige Orientierung aus dem System zu nehmen, die so oft zu ausbeuterischen oder sogar kriminellen Verhaltensformen geführt hat.

Es gibt Zeichen für vorsichtigen Optimismus, dass ein derartiger Wandel möglich ist. Die Generation, die derzeit auf dem Arbeitsmarkt einsteigt, hat andere Präferenzen als die ihrer Eltern und Großeltern. Wenn das Label der «Generation Y» (vom englischen Wortspiel Y = why?)[3] mehr als ein von Konsumforschern geschickt kreiertes Label wäre, könnte hier großes Potential liegen. Wenn es stimmt, dass ein gelungenes Leben und nachhaltiger Konsum dieser Generation wichtiger sind als das reine Geldverdienen, und sie es schaffen würde, dies in ihren Kauf- und Lebensentscheidungen zum Ausdruck zu bringen, wären Veränderungen nicht nur möglich, sondern unvermeidlich. Zumindest in Deutschland ist diese Generation kleiner als ihre Vorgängergeneration und hat deswegen auf dem Arbeitsmarkt eine bessere Verhandlungsposition – ihr «Humankapital» ist für die Wirtschaft schließlich ebenso wichtig wie das Finanzkapital. Was würde passieren, wenn sie diese Position konsequent dafür nutzen würde, einen Kapitalismus zu leben, der sich wirklich an einem selbstbestimmten Leben für sich selbst und andere orientieren würde? Wenn sie sich einfach weigern würde, für Firmen zu arbeiten, die nicht plausibel machen können, welchen Mehrwert sie schaffen und welches Sinnangebot für das eigene Arbeiten sie damit bieten können? Und wenn sie dabei nicht nur die eigene Freiheit, sondern auch die Rechte und Freiheiten anderer in den Blick nehmen würde? Wie würde die Arbeitswelt sich ändern, wenn sie sich konsequent an den Ergebnissen psychologischer Forschung orientieren würde, dass das bloße Streben nach Geld und Status für ein glückliches Leben nicht besonders hilfreich ist, weil es oft auf Kosten guter Beziehungen zu Freunden und Familie geht?[4] Was wäre, wenn diese Generation sich weigern würde, sich einfach vom System treiben zu lassen, sondern stattdessen das System dahin treiben würde, sich zu ändern?

Für einen zeitgemäßen Liberalismus ist bei all diesen Schritten die Orientierung an einem selbstbestimmten Leben maßgeblich, und zwar an einem selbstbestimmten Leben für *alle* Menschen. Das bedeutet, dass auf die Balance verschiedener Freiheiten geachtet werden muss, dass sowohl individuelle Handlungsspielräume als auch die Befähigung zu einem selbstbestimmten Leben mit den entsprechenden Ressourcen und die Möglichkeit zur Mitgestaltung der politischen und gesellschaftlichen Verhältnisse im Blick bleiben müssen. Und besonders ist auf die Freiheit derjenigen zu achten, die in den formellen und informellen Machtverhältnissen unserer sozialen Welt die schwächsten Glieder sind. Das Pathos der Freiheit verträgt sich schlecht damit, die Abhängigkeit anderer auszubeuten – zumal, wenn es oft so viel sinnvoller ist, *gemeinsam* an Lösungen zu arbeiten. Eine liberale Position hat dabei auch keine Angst davor, mit denjenigen «Kapitalisten» zusammenzuarbeiten, die es ernst meinen mit nachhaltiger Wertschöpfung, die der Gesellschaft einen echten Mehrwehrt bietet – sie erkennt an, dass auch die Privatwirtschaft einen wichtigen Beitrag zur Lösung der Probleme leisten kann und muss. Dieser Ansatz spricht sich auch in der Welt der Unternehmen langsam herum, selbst in den «Harvard Business Review» hat er es schon geschafft: Statt «Corporate Social Responsibility», die bloße Kosmetik einer engstirnigen Gewinnmaximierung, ist das neue Schlagwort «Shared Value», die Adressierung *gemeinsamer* Anliegen von Unternehmen und Gesellschaft.[5] Dies sollte nicht nur, wie von den Autoren vorgeschlagen, bei der Suche nach neuen Betätigungsfeldern, sondern auch im bisherigen Kerngeschäft der Unternehmen der Fall sein. Dort ist vieles bisher nur Rhetorik. Aber aus derartiger Rhetorik kann Wirklichkeit werden, wenn genug Leute – Kunden, Arbeitnehmer, Geschäftspartner – dies einfordern.

Frei nach Kant lässt sich sagen: Eine liberale Gesellschaft ist uns nicht gegeben, sondern aufgegeben. Bei der Suche nach den besten Lösungen helfen Grabenkämpfe zwischen «der Politik», «der Wirtschaft» und «der Zivilgesellschaft» wenig – was zählt, ist, ob wirklich die Freiheit und die Handlungsmöglichkeiten aller Beteiligten erweitert werden und sie die Möglichkeit haben, die Bedingungen, unter denen sie leben und arbeiten, mitzugestalten. Dann kann sogar der vielgefürchtete Wettbewerb in den Dienst einer guten Sache gestellt werden: dann nämlich, wenn es ein Wettbewerb darum ist, die besten Lösungen zu finden, die Erde am nachhaltigsten zu bewirtschaften und die fairsten Lebens- und Arbeitsbedingungen zu schaffen. Den Liberalismus, mitsamt seiner Wirtschaftsordnung, dorthin weiterzuentwickeln, wo wir ihn haben wollen – in Bezug auf die Verträglichkeit mit einer Welt endlicher natürlicher Ressourcen, die Freiheit der Einzelnen und eine Form von Globalisierung, die auf Gemeinsamkeit anstelle von Ausbeutung setzt –, auch das ist eine Form der Selbstbestimmung. Es ist *die* Aufgabe für den Liberalismus des 21. Jahrhunderts.

Anmerkungen

I. Einleitung

1 Dies geht aus einer Umfrage des Allensbacher Instituts für Demoskopie für die *FAZ* aus dem Jahr 2012 hervor. Vgl. für Details die Grafiken bei Lisa Herzog, «Freiheit gehört nicht nur den Reichen», *Frankfurter Allgemeine Sonntagszeitung*, 4. 3. 2012, S. 36.

2 Genauer: des von der schwedischen Reichsbank in Erinnerung an Alfred Nobel gestifteten Preises für Wirtschaftswissenschaften. Hayek erhielt die Ehrung im Jahr 1974 gemeinsam mit dem schwedischen Ökonomen Gunnar Myrdal, der eine in vieler Hinsicht entgegengesetzte Position vertrat. Diese Episode wird immer wieder als Beispiel zitiert, wenn es um die Frage geht, ob die Ökonomie eine Wissenschaft mit einheitlichen Erkenntnisfortschritten oder doch eher ideologiegetrieben ist.

3 Zitiert z. B. auf http://www.hayek.de/index.php/biographie-friedrich-a-von-hayeks.

4 *Grundlinien der Philosophie des Rechts* [1820/21], in: *Werke. Bd. 7*, Frankfurt am Main 1970, Vorrede.

5 John Maynard Keynes, *The General Theory of Employment, Interest and Money*, London 1936, Kap. 24, Abschnitt V.

6 John Stuart Mill, *Grundsätze der politischen Ökonomie, nebst einigen Anwendungen derselben auf die Gesellschaftswissenschaften. Band 1 (= Gesammelte Werke. Bd. 5)*, Aalen 1968, S. 222.

7 Die Geschichte des Autonomiebegriffs und seine Rolle für das Freiheitsverständnis der Moderne hat insbesondere der kanadische Philosoph Charles Taylor herausgearbeitet. Siehe besonders *Sources of the Self. The Making of Modern Identity*, Cambridge, MA, 1989. Von «postmoderner» Seite wird der Autonomiebegriff manchmal als zu starr und zu homogen kritisiert, sodass er der Vielschichtigkeit und Wandelbarkeit moderner «Selbste» nicht gerecht würde. Aber Vielschichtigkeit und Wandelbarkeit stehen nicht grundsätzlich in Spannung mit dem Verständnis von Autonomie, das ich im Folgenden zugrunde lege – auch und gerade vielschichtige und wandelbare Selbste haben ein Interesse daran, selbst über ihr Leben bestimmen zu können.

8 Im Aufsatz «Die Russische Revolution», in: *Gesammelte Werke. Bd. 4*, Berlin 1974, S. 359.

9 Axel Honneth hat kürzlich (*Das Recht der Freiheit. Grundriß einer demokratischen Sittlichkeit*, Berlin 2011) einen Begriff von «sozialer Freiheit» vorgeschlagen, der von vornherein die *gegenseitige* Anerkennung von Freiheitsansprüchen in sozialen Strukturen mitdenkt. Für den wirtschaftlichen Bereich ist es nicht nötig und teilweise problematisch, diese anspruchsvolle Konzeption zu verwenden. Trotzdem ist sein Werk für mich eine Inspirationsquelle dafür, die soziale Dimension von Freiheit immer mitzudenken. Für eine Diskussion vgl. auch Andreas Busen/Lisa Herzog/Paul Sörensen, «Mit Hegel zu einer kritischen Theorie der Freiheit. Eine Heranführung an Honneths *Das Recht der Freiheit*», *Zeitschrift für Politische Theorie* 2 (2012), S. 247–270.

10 Wie dieses Recht begründet werden kann, ist natürlich selbst umstritten. Einen interessanten Vorschlag hat kürzlich Rainer Forst vorgelegt, der vom «Recht auf Rechtfertigung» jedes Menschen ausgeht (*Das Recht auf Rechtfertigung. Elemente einer konstruktivistischen Theorie der Gerechtigkeit*, Frankfurt am Main 2007).

11 Siehe auch Lisa Herzog, *Inventing the Market. Smith, Hegel, and Political Theory*, Oxford 2013, Kap. II.

12 Vgl. besonders Francis Fukuyama, *The End of History and the Last Man*, London 1992.

13 Wittgenstein, *Philosophische Untersuchungen*, Frankfurt am Main 2001, § 115.

14 Diese Metapher wird John F. Kennedy zugeschrieben, der sie in einer Rede 1963 verwendete. Siehe http://en.wikipedia.org/wiki/A_rising_tide_lifts_all_boats.

15 Die Rede von «trickle down» war vor allem in den USA seit der Reagan-Ära verbreitet; die Metapher scheint es jedoch schon in den 1930er Jahren gegeben zu haben. Die Idee ist mindestens seit dem 18. Jahrhundert nachweisbar, zum Beispiel in Bernard de Mandevilles *The Fable of the Bees, Part I* (1714), *Part II* (1729), ed. F.B. Kaye, Oxford 1924. Auf Mandeville werde ich im nächsten Kapitel eingehen.

16 Der Begriff wurde eingeführt von James Stock und Mark Watson, «Has the Business Cycle Changed and Why?», *NBER Macroeconomics Annual* 17 (2002), S. 159–230, hier 162.

17 Vgl. Eugene Fama, «Efficient Capital Markets: A Review of Theory and Empirical Work», *Journal of Finance* 25(2) (1970), S. 383–417.

18 *The Theory of Moral Sentiments*, ed. D.D. Raphael and A.L. Macfie, Oxford/New York 1976 (Dt. Übersetzung zum Beispiel *Theorie der ethi-*

schen Gefühle, übers. und hrsg. von Walter Eckstein, Hamburg 1977), III.
III.4.

19 Smith, *Moral Sentiments,* VI.II.3.6, ähnlich auch II.II.3.1.

II. Liberalismus ohne Psychologie

1 Dies ist eine Formulierung von Immanuel Kant, dessen philosophische
Strategie in der *Kritik der reinen Vernunft* (Akademie-Textausgabe Band 3,
Berlin/New York 1970) darin besteht, die «Bedingungen der Möglichkeit»
menschlichen Wissens zu untersuchen.

2 «Große Kette des Daseins! Die bei Gott begann, / Himmlische und irdische Wesen, Engel und Menschen, / Tiere, Vögel, Fische, Insekten, was kein
Auge sehen, / Kein Vergrößerungsglas erreichen kann; von der Unendlich-
keit zu Dir, / Von Dir zum Nichts ...» Zitiert in Arthur O. Lovejoy, *The
Great Chain of Being. A Study of the History of an Idea,* Cambridge, MA,
1957, S. 60, eigene freie Übersetzung.

3 John Locke, *Two Treatises of Government,* ed. Peter Laslett, Cambridge
1960. Die Auseinandersetzung mit Filmer findet sich im *First Treatise.*

4 Ich konzentriere mich hier auf einige wichtige Denker in der Tradition
des Sozialvertrags. Die Wurzeln des Modells gehen bis in die Antike
zurück, insbesondere zu den Stoikern und zum römischen Recht. In der
Frühen Neuzeit waren andere wichtige Autoren Hugo Grotius (1583–
1645), Samuel Pufendorf (1632–1694) und Jean-Jacques Rousseau (1712–
1778).

5 Thomas Hobbes, *Leviathan,* ed. Richard Tuck, Cambridge 1996, XIII.9.

6 Hobbes, *Leviathan,* XIII.8.

7 Hobbes, *Leviathan,* Buch III und IV.

8 Hobbes, *Leviathan,* XIII.1–2.

9 Die autochthone Bevölkerung lässt Locke geflissentlich unter den Tisch
fallen, wie so viele Denker seiner Zeit.

10 *Two Treatises,* Second Treatise, Ch. 5, Section 49.

11 *A Theory of Justice,* Cambridge, MA, 1971.

12 Die Frage nach dem Zusammenhang von wirtschaftlicher Ungleichheit
und Freiheit werde ich in Kapitel III aufgreifen.

13 Vgl. z. B. Lynn Hunt, *The Family Romance of the French Revolution,* Ber-
keley 1993.

14 Artikel 2.1.

15 In diesem Kapitel beschäftige ich mich in erster Linie mit der individuellen
Perspektive; die soziale Perspektive wird in den nächsten Kapiteln dazu-
kommen.

16 Jean-Jacques Rousseau, *Du Contrat Social ou Principes du Droit Politique*, Paris 1993, Erstes Buch, Vorrede.

17 In seinen verschiedenen Schriften ist Rousseaus Menschenbild teils extrem positiv im Hinblick auf die Fähigkeit zu Gemeinschaftlichkeit, teils betont er aber auch sehr die dunklen Seiten des menschlichen Charakters. Ob sich insgesamt ein konsistentes Bild herstellen lässt, darüber streiten die Gelehrten.

18 Niccolò Machiavelli, *Der Fürst* (dt./it.), hrsg. von Philipp Rippel, Stuttgart 1986.

19 Hobbes, der für diese Formulierung berühmt wurde, verwendet sie in der Widmung zu seinem Werk *De Cive* (*On the Citizen*, ed. Richard Tuck, Cambridge 1998). Der Ausspruch wurde allerdings, wie Hobbes bekannt war, schon in der Antike verwendet.

20 *Leviathan*, XIII.

21 Bernard de Mandeville, *The Fable of the Bees*. Die deutschen Passagen stammen aus *Die Bienenfabel, oder: Private Laster, öffentliche Vorteile*, Einleitung von Walter Euchner, Frankfurt am Main 1968.

22 Smith, *Moral Sentiments*, VII.II.4.6 ff.

23 Smith, *Moral Sentiments*, I.III.2.1.

24 Smith, *Moral Sentiments*, IV.I.10. In Kapitel V werde ich auf dieses Thema zurückkommen.

25 Albert O. Hirschman, *The Passions and the Interests. Political Arguments for Capitalism before Its Triumph,* Princeton 1977. Andere Denker in dieser Tradition sind zum Beispiel de Condorcet und Paine.

26 Smith, *Moral Sentiments*, I.III.3.5. Zur genaueren Ausführung vgl. Herzog, *Inventing the Market,* Kap. VI.

27 Adam Smith, *An Inquiry into the Nature and Causes of the Wealth of Nations*, ed. R.H. Campbell/Andrew S. Skinner, Oxford 1976, I.VIII. 12.

28 Smith, *Moral Sentiments*, I.III.3.5 f.

29 Deirdre McCloskey, *The Bourgeois Virtues: Ethics for an Age of Commerce*, Chicago 2006.

30 Vgl. z. B. David Ricardo, *On the Principles of Political Economy and Taxation*, ed. Pierro Sraffa, Cambridge 1981, Kap. V.

31 Karl Marx, *Das Kapital,* in: Karl Marx/Friedrich Engels, *Werke. Bd. 23*, Berlin 1962, z. B. S. 91–92.

32 Allerdings gibt es eine reichhaltige Vorgeschichte des «Homo oeconomicus» in der Literatur. Vgl. dazu Laurenz Volkmann, *Homo oeconomicus, Studien zur Modellierung eines neuen Menschenbildes in der englischen Literatur vom Mittelalter bis zum 18. Jahrhundert*, Heidelberg 2003.

33 Eine Ausnahme stellt die Forschungsrichtung «law and economics» dar, begründet von Gary S. Becker, in der die Einhaltung oder Nichteinhaltung von Gesetzen ebenfalls als eine Frage von Anreizen modelliert wird (bahnbrechend dazu: Gary Becker, «Crime and Punishment: An Economic Approach», *The Journal of Political Economy* 76 (1968), S. 169–217).

34 Auch hierzu bildet eine von Gary Becker initiierte Forschungsrichtung eine Ausnahme, nämlich «economics of discriminiation»: Dort wird eine «Präferenz» für rassistische Diskriminierung modelliert (vgl. *The Economics of Discrimination*, Chicago 1957).

35 *Nikomachische Ethik*, übers. von Eugen Rolfes, Hamburg 2010, Buch VII, Kap. 2–11.

36 Dies wird vor allem im Dialog *Protagoras* von Platon diskutiert (ed. Nicholas Denyer, Cambridge 2008).

37 Siehe z.B. Römer 7,15: «Ich tue nicht, was ich will; sondern was ich hasse, das tue ich» (Übersetzung: Luther 1912).

38 Diese Darstellung, die auf einem von Paul Samuelson entwickelten Modell fußt, findet sich in zahlreichen Lehrbüchern. Siehe z.B. Andreu Mas-Colell/Michael D. Whinston/Jerry R. Green, *Microeconomic Theory*, Oxford 1995, Kap. 20. Einen guten Überblick über die Geschichte dieser Fragestellung und die Kritik am klassischen Modell bietet der Artikel «Time Discounting and Time Preferences: A Critical Review» von Shane Frederick, George Loewenstein und Ted O'Donoghue, *Journal of Economic Literature* 40(2) (2002), S. 351–401.

39 Die Literatur zu diesen Studien wird zitiert in Frederick/Loewenstein/ O'Donoghue, «Time Discounting», S. 360 f.

40 Vgl. dazu auch den Bericht von Patrick Bernau, «Wir sind geduldiger als gedacht» auf dem FAZIT-Blog vom 22. 3. 2013, http://blogs.faz.net/fazit/ 2013/02/22/wir-sind-geduldiger-als-gedacht-961/.

41 Vgl. besonders David Laibson, «Golden Eggs and Hyperbolic Discounting», *Quarterly Journal of Economics* 112(2) (1997), S. 443–477.

42 Richard H. Thaler/Shlomo Benartzi, «Save More Tomorrow ®: Using Behavioral Economics to Increase Employee Saving», *Journal of Political Economy* 112(1) (2004), S. 164–187.

43 Dieses Phänomen wurde zum ersten Mal von Daniel Kahneman und Amos Tversky empirisch gezeigt und analysiert: «Choices, Values, and Frames», *American Psychologist* 39(4) (1984), S. 341–350.

44 Einen guten Überblick über die Literatur bietet Max H. Bazerman/Don A. Moore, *Judgment in Managerial Decision Making*, 7th edition, Hoboken 2006, Kap. 2 und 3.

45 Das führt zu der paradoxen Situation, dass man in einem Volkswirtschafts-
studium mit Nebenfach Marketing (oder auch anderen Fächern der Be-
triebswirtschaftslehre, die enger mit der psychologischen Forschung ver-
zahnt sind) mit völlig konträren, inkompatiblen Modellen menschlichen
Verhaltens konfrontiert wird – in der Regel, ohne dass dies durch eine Beschäftigung mit Wissenschaftstheorie und mit der Funktion von Modell-
bildung begleitet würde.

46 Bazerman/Moore, *Jugdment*, Kap. 2, bietet einen generellen Überblick
über «Biases»; besonders relevant daraus sind «confirmation trap», «an-
choring» und «conjunctive- and disjunctive-events bias».

47 Ein derartiges Spiel wurde zum ersten Mal von Werner Güth, Rolf
Schmittberger und Bernd Schwarze untersucht («An Experimental Analy-
sis of Ultimatum Bargaining», *Journal of Economic Behavior and Orga-
nization* 3(4) (1982), S. 367–388). Seitdem sind unzählige Varianten
(z. B. bezüglich der Höhe der Auszahlung, in unterschiedlichen Kultu-
ren, mit oder ohne Blickkontakt zwischen den Parteien etc.) des Spiels
durchgeführt worden. Eine Modellierung, die von einer «Fairness-
Präferenz» der Individuen ausgeht, ist z. B. Ernst Fehr/Klaus M. Schmidt,
*Theories of Fairness and Reciprocity – Evidence and Economic Applica-
tions*, CEPR Discussion Paper 2703 (2001) http://ssrn.com/abstract=
264344.

48 Ernst Fehr/Simon Gächter, «Altruistic Punishment in Humans», *Nature*
415 (2002), S. 137–140.

49 Max Weber, *Die protestantische Ethik und der Geist des Kapitalismus*,
Tübingen 1934.

50 Allerdings ist Webers These nicht unumstritten; zum Beispiel legt eine
neuere Analyse nahe, dass der «Protestantismus»-Effekt auch aufgrund
der höheren Alphabetisierungsrate in den entsprechenden Ländern erklärt
werden könnte. Siehe Sascha O. Becker/Ludger Wössmann, «Was Weber
Wrong? A Human Capital Theory of Protestant Economics History»,
Munich Discussion Paper 2007-7, 22. 1. 2007, http://epub.ub.uni-muen-
chen.de/1366/1/weberLMU.pdf.

51 Max Horkheimer/Theodor W. Adorno, *Dialektik der Aufklärung. Philosophische Fragmente*, Frankfurt am Main 1988, S. 50.

52 Jon Elster, *Ulysses and the Sirens*, Cambridge 1979.

53 Frank Bruni, «How to Choose a College», *The New York Times*, 5. 1.
2013, http://www.nytimes.com/2013/01/06/opinion/sunday/bruni-how-
to-choose-a-college.html?smid=fb-share&_r=0.

54 Vgl. die (vielleicht etwas überzeichnete) Darstellung bei Robert Jackall,
Moral Mazes. The World of Corporate Managers, New York/Oxford

1988, besonders Kap. 3, zum hohen Maß an Selbstbeherrschung und Selbstdarstellung bei Managern in Großkonzernen.

55 Vgl. insbesondere Ulrich Bröckling, *Das unternehmerische Selbst. Soziologie einer Subjektivierungsform*, Frankfurt am Main 2007.

56 So z. B. Brian Barry, *Why Social Justice Matters*, Cambridge 2005, Kap. IV.

57 Vgl. auch Bazerman/Moore, *Judgment*, S. 124 f. zu einer ähnlichen menschlichen Tendenz, nämlich dem Überschätzen des eigenen Beitrags zu einer gemeinsam erbrachten Leistung.

58 Eine Ausnahme – und ein sehr ernst zu nehmendes Problem – bilden sich verfestigende Milieus, deren Mitglieder vollständig von staatlichen Leistungen abhängen. Wenn dies zur Normalität wird, haben sie möglicherweise wenig Antrieb, daran etwas zu ändern. Aber selbst wenn es diese Milieus in der Reinform, in der sie als Schreckgespenst an die Wand gemalt werden, geben sollte: Eine reine «Homo-oeconomicus»-Betrachtung des Problems ohne eine psychologische und soziologische Perspektive wird kaum in der Lage sein, sinnvolle Lösungen vorzuschlagen.

59 Die Frage nach verschiedenen Freiheitsbegriffen, die bei den Gegnern und Befürwortern dieser und anderer Maßnahmen zum Tragen kommen, wird in Kapitel III aufgegriffen.

60 Samuel Fleischacker, *A Third Concept of Liberty: Judgment and Freedom in Kant and Adam Smith,* Princeton 1999, besonders Kap. 4 und 11.

61 Einen guten Überblick über diesen Ansatz mit zahlreichen Verweisen auf weitere Literatur bietet Ingrid Robeyns, »The Capability Approach», *The Stanford Encyclopedia of Philosophy (Summer 2011 Edition)*, ed. Edward N. Zalta, http://plato.stanford.edu/archives/sum2011/entries/capability-approach/.

62 *The Wealth of Nations*, V.I.III.II.55.

63 Robert J. Shiller, *Märkte für Menschen. So schaffen wir ein besseres Finanzsystem*, Frankfurt am Main 2012, S. 125 ff.

64 Richard H. Thaler/Cass R. Sunstein, *Nudge: Improving Decisions about Health, Wealth, and Happiness,* New Haven 2008.

65 Vgl. z. B. Joshua E. Keating, «The Nudgy State. How Five Governments Are Using Behavioral Economics to Encourage Citizens to Do the Right Thing», *Foreign Policy*, 2. 1. 2013, http://www.foreignpolicy.com/articles/2013/01/02/the_nudgy_state, für einen Überblick über Maßnahmen in verschiedenen Ländern.

66 Vgl. z. B. Emanuel Derman, «Fehlverhaltensökonomie», *Frankfurter Allgemeine Zeitung Online,* 13. 12. 2012.

67 Besonders auffällig ist dieses Problem im Bereich der Finanzbranche. Der englische Bankspezialist und Ex-Banker Antony Elliot vergleicht das Vor-

gehen vieler Banken mit Autoherstellern, die Autos mit mehr und mehr PS, aber ohne verbesserte Bremssysteme herstellen würden. Außerdem hätten die Banken bewusst psychologische Tendenzen der Kunden ausgenutzt, um ihre Gewinne zu maximieren, anstatt sich am langfristigen Interesse der Kunden zu orientieren. Siehe »Fair Banking: the Road to Redemption for UK Banks», 2009, http://www.fairbanking.org.uk/Fair%20 Banking%20Report%202 009%20(CSFI).pdf.

68 Für die Problematik des Sparens für die Altersvorsorge diskutiere ich dies anhand eines Rawls'schen Vertrags in «Economic Ethics for Real Humans – The Contribution of Behavioral Economics to Economic Ethics», *Zeitschrift für Wirtschafts- und Unternehmensethik*, Sonderausgabe: Veröffentlichungen zur European Conference on Business and Economic Ethics – Heidelberg 09/07 – October, 112–128. Für eine Rechtfertigung von Nudging siehe auch jüngst Chris Mills, «Why Nudges Matter: A Reply to Goodwin», *POLITICS* 33 (1) (2013), S. 28–36.

69 Auch die Smith'sche Frage, welche Verhaltensweisen in Märkten eigentlich belohnt werden, ist es wert, aufgegriffen zu werden – dies wird in Kapitel III diskutiert.

70 Vgl. insbesondere Friedrich August von Hayek «The Use of Knowledge in Society», *The American Economic Review* XXXV (4) (1945), S. 519–530.

III. Liberalismus ohne Gerechtigkeit

1 *The Jungle,* New York 1906. Dt. z. B. Reinbek 1993.

2 *The Grapes of Wrath*, London 1992. Dt. z. B. München 1985.

3 Ich erweitere hier Überlegungen, die ich in dem Artikel «Freiheit gehört nicht nur den Reichen» (*Frankfurter Allgemeine Sonntagszeitung*, 4. 3. 2012, S. 36) dargestellt habe.

4 Die Labels sind umstritten – immer wieder wurden andere Konzeptualisierungen vorgeschlagen, trotzdem hat sich die Begrifflichkeit, der ich hier folge, weitgehend durchgesetzt (vgl. z. B. Gerald Gaus/Shane D. Courtland, «Liberalism», in: *The Stanford Encyclopedia of Philosophy* (2011), ed. Edward N. Zalta, http://plato.stanford.edu/archives/spr2011/entries/liberalism/).

5 Zur Abfolge der Erringung von bürgerlichen Rechten im 18. und politischen Rechten im 19. Jahrhundert vgl. T.H. Marshall, *Citizenship and Social Class,* London 1992. Die dritte Welle, soziale Rechte, die Marshall im 20. Jahrhundert erreicht sieht, wird weiter unten diskutiert.

6 Das «Harm»-Prinzip (besser: No-harm-Prinzip) wurde besonders von John Stuart Mill betont. Vgl. *On Liberty and Other Essays*, ed. John Gray, Oxford 2008, Kap. I.

7 Diese Argumentationslinie lässt sich bis zu G.W.F. Hegel zurückführen, siehe *Grundlinien der Philosophie des Rechts*, §§ 41 ff.

8 Vgl. dazu auch Honneth, *Das Recht der Freiheit*, 129 ff., zu rechtlicher Freiheit.

9 Dieses Beispiel stammt von G.A. Cohen, siehe «Capitalism, Freedom and the Proletariat», in: *The Idea of Freedom. Essays in Honour of Isaiah Berlin,* ed. A. Ryan, Oxford 1979, S. 9–25.

10 Dies hat G.A. Cohen (z.B. in dem oben genannten Aufsatz) besonders betont. Zur Abgrenzung von Marktfreiheit und republikanischer Freiheit vgl. auch die interessante historische Studie von Eric MacGilvray, *The Invention of Market Freedom*, Cambridge 2011.

11 Steinbeck, *Grapes of Wrath*, S. 198.

12 In einem berühmten Vortrag hat Isaiah Berlin den Begriff fast diskreditiert, indem er eine Reihe von Aspekten unter ihm zusammenfasste, die eine gefährliche Mischung ergeben können: Aus dem Gedanken der Herrschaft über sich selbst und *kollektiven* Formen der Selbstherrschaft kann ein Szenario werden, in dem der Staat die Einzelnen im Namen ihrer «höheren» Ichs (z.B. der «Vernunft» gegen die «Triebe») bevormundet oder unterdrückt (*Two Concepts of Liberty,* Oxford 1958). In der darauffolgenden Debatte, die bis heute anhält, wurde herausgearbeitet, dass hier ganz verschiedene Aspekte zusammenkommen, die sich sehr wohl trennen lassen. Viele der Probleme stellen sich gar nicht erst, wenn man negative und positive Freiheit nicht gegeneinander ausspielt, sondern ein Ergänzungsverhältnis zwischen ihnen sieht.

13 Mill, *On Liberty and Other Essays*, S. 71.

14 *Wealth of Nations*, V.I.III.II.50.

15 Siehe z.B. Thomas Piketty/Emmanuel Saez, «Income and Wage Inequality in the United States, 1913–2002», in: *Top Incomes over the Twentieth Century*, ed. A.B. Atkinson and T. Piketty, Oxford 2006, S. 141–225.

16 Wolfgang Streeck hat jüngst die Abfolge von Maßnahmen der Keynesianischen Steuerung durch Inflation, der Staatsverschuldung und der privaten Verschuldung unterschieden, die allesamt der Aufrechterhaltung des Wirtschaftswachstums dienen sollten (*Gekaufte Zeit. Die vertagte Krise des demokratischen Kapitalismus*, Berlin 2013). Streecks beeindruckende Analyse erscheint mir allerdings in mindestens drei Hinsichten problematisch: Zum einen personifiziert er «das Kapital», ohne ausreichend nach der Rolle anderer Faktoren (z.B. dem Aufstieg von Schwellenländern mit bil-

ligen Arbeitskräften) zu fragen; zum zweiten zieht er nicht in Betracht, dass der Glaube an die Kraft freier Märkte zumindest bei manchen Akteuren echt und nicht rein interessengesteuert gewesen sein könnte; zum dritten bewegt er sich in einem düsteren Krisenszenario, ohne in Erwägung zu ziehen, dass zum einen eine ständige Spannung zwischen Kapitalismus und Demokratie konstitutiv für die Moderne sein könnte und zum anderen auch die von ihm abgelehnten Theorien einer schrittweisen Eindämmung des Kapitalismus das von ihm verwendete Argument, dass manche Prognosen sich erst verzögert durchsetzen würden, gegen ihn vorgebracht werden können. Mein Ansatz ist, wie unschwer erkennbar sein dürfte, von der Hoffnung auf eine derartige Möglichkeit der Eindämmung getragen.

17 Charles Taylor, «What's Wrong with Negative Liberty», in: A. Ryan (ed.), *The Idea of Freedom*, Oxford 1979, S. 150f.

18 Vgl. dazu Albena Azmanova, «Social Justice and Varieties of Capitalism: An Immanent Critique», *New Political Economy* 17(4) (2012), S. 445–463.

19 Vgl. z.B. *Der Weg zur Knechtschaft*, hg. von Manfred E. Streit, übers. von Eva Röpke (Tübingen 2004), Kap. 9.

20 Eine Frage, die in diesem Zusammenhang öfters diskutiert wird, ist die nach einem bedingungslosen Grundeinkommen. Der belgische Sozialphilosoph Philippe van Parijs zum Beispiel hat sein Plädoyer dafür «Echte Freiheit für alle» (*Real Freedom for all*, Oxford 1997) mit dem Untertitel «What (if anything) can justify capitalism?» versehen, der andeutet, dass nur dasjenige kapitalistische System, das mit einem bedingungslosen Grundeinkommen einhergeht, überhaupt rechtfertigbar ist. Ich werde an dieser Stelle nicht ausführlicher auf alle Vor- und Nachteile eines derartigen Vorschlags eingehen; vor einer flächendeckenden Umsetzung einer derartigen Politik wären wohl ausführliche Feldstudien zur Realisierbarkeit und den zu erwartenden Effekten nötig. Mir scheint aber, dass die Tatsache, für den eigenen Lebensunterhalt arbeiten zu müssen (mit Ausnahme von Behinderten, chronisch Kranken usw.), nicht an sich das Problem ist; schließlich ist für sehr viele Menschen ihre Arbeit auch eine Quelle sozialer Kontakte und persönlicher Erfüllung. Wichtiger als ein bedingungsloses Grundeinkommen scheint mir zu sein, die Bedingungen, unter denen manche Leute arbeiten müssen, anders zu gestalten. Mit der Einführung eines bedingungslosen Grundeinkommens könnten Arbeitnehmer zwar leichter kündigen, wenn sie die Arbeitsbedingungen als unzumutbar erleben; die Gefahr dabei wäre aber, dass gerade mit dem Verweis auf das bedingungslose Grundeinkommen der Druck wegfallen könnte, würdige, vernünftig bezahlte Arbeitsplätze für alle Qualifikationsniveaus zu schaffen. Es bestünde die Gefahr, dass beruflich wenig erfolgreiche Individuen

mit dem Grundeinkommen «abgespeist» würden und das Ziel sozialer
Integration und Teilhabe – wichtige Voraussetzungen für ein selbstbestimmtes Leben – damit gerade *nicht* erreicht würde. Anderseits könnte
das strukturelle Machtungleichgewicht zwischen Arbeitnehmern und Ar-
beitgebern reduziert werden (s. u., Kapitel IV).

21 *A Theory of Justice*, S. 152.

22 Vgl. dazu z. B. das E-Book von Laurence Lessing, *Lesterland. The Corruption of Congress And How to End It*, TED Conferences, 2013.

23 *Post-democracy*, Oxford 2005. Vgl. auch vom selben Autor *The Strange
Non-Death of Neoliberalism*, Cambridge 2011.

24 Dies hat im Grunde schon Adam Smith mit seiner stilisierten Geschichte
des westlichen Kapitalismus in Buch III des *Wealth of Nations* nahegelegt.
Ganz ähnlich gelagert ist die Unterscheidung zwischen extraktiven und inklusiven Strukturen, die Daron Acemoglu und James Robinson kürzlich
vorgelegt haben (*Why Nations Fail: The Origins of Power, Prosperity, and
Poverty*, New York 2012).

25 Lawrence Mishel/Natalie Sabadish, «CEO Pay in 2012 Was Extraordina-
rily High Relative to Typical Workers and Other Higher Earners», *Economic Policy Institute*, 26. 6. 2013, http://www.epi.org/publication/ceo-pay-
2012-extraordinarily-high/.

26 Es geht hier nicht um Verschwörungstheorien, sondern um objektiv doku-
mentierbare Interessensverflechtungen, sowohl in den USA als auch in
Europa, zwischen politischen Kreisen und Finanzwirtschaft, inklusive der
akademischen Ökonomie, die eine unrühmliche Rolle bei der Rechtfertigung bestimmter Liberalisierungsmaßnahmen spielten. Vgl. dazu z. B. den
Dokumentarfilm «Inside Job» von Charles H. Ferguson (2007).

27 Der Einwand, dass dann keine fähigen Manager mehr zur Verfügung stünden, scheint mir massiv überzogen, schließlich gibt es eine große Zahl an
Kandidaten, die gerne auf die entsprechenden Posten kämen. Vgl. dazu
auch Mark R. Reiff, *Exploitation and Economic Justice in the Liberal Capitalist State*, Oxford 2013, Kap. 4.6.

28 Man denke z. B. an die bis an die Zähne bewaffneten Sicherheitsleute und
die «gated communities» der Reichen in Ländern mit großer wirtschaftlicher Ungleichheit …

29 Vgl. dazu z. B. Philip Pettit, *Republicanism: A Theory of Freedom and Government*, Oxford 1997; Quentin Skinner, *Liberty before Liberalism*,
Cambridge, MA, 1998.

30 Rousseau, *Du Contrat Social*.

31 Dieses Thema wurde im 20. Jahrhundert zum Beispiel von Hannah Arendt
besonders hervorgehoben (deren Position allerdings insofern problema-

tisch ist, als andere Formen menschlichen Handelns, und auch andere Formen politischen Agierens, tendenziell abgewertet werden). Vgl. insbesondere *Vita activa oder Vom tätigen Leben*, München 1960, Teil V.

32 Vgl. Kapitel I, S. 41 f.

33 Dieses Thema habe ich in *Inventing the Market*, Kapitel V.2, weiter ausgeführt.

34 Vgl. z. B. die Darstellung bei Andreu Mas-Colell/Michael D. Whinston/ Jerry R. Green, *Microeconomic Theory*, Oxford 1995, Kap. 18.E.

35 *Wealth of Nations*, I.VIII.12; vgl. auch oben S. 43.

36 Vgl. dazu auch Helga Duda/Ernst Fehr, «Macht und Ökonomie. Das Beispiel atomistischer Arbeitsmärkte», in: Willi Küpper/Günther Ortmann (Hrsg.), *Mikropolitik. Rationalität, Macht und Spiele in Organisationen*. 2., durchgesehene Auflage, Opladen 1992, S. 131–154.

37 *A Theory of Justice*, S. 75.

38 Vgl. dazu die Darstellung aktueller Forschung in Olaf Storbeck, «Das Gesetz des Zufalls. Wie Glück und Pech Märkte verzerren», *Handelsblatt*, 18.6.2007, http://www.handelsblatt.com/politik/oekonomie/nachrichten/wie-glueck-und-pech-maerkte-verzerren-das-gesetz-des-zufalls-seite-all/2 823 806-all.html.

39 Dies passiert oft, wenn es darum geht, die *Aufmerksamkeit* von Kunden zu gewinnen – wer an der Spitze steht, hat dann oft einen überproportionalen Vorteil. Außerdem entstehen selbstverstärkende Effekte, wenn ein kleiner, rein zufälliger Vorsprung von anderen Beteiligten als Zeichen von Leistungsfähigkeit ausgelegt wird und dazu führt, dass die Person weitere Möglichkeiten bekommt, sich zu beweisen. Dann kann der Matthäus-Effekt einsetzen: Wer hat, dem wird gegeben. Für den wissenschaftlichen Bereich hat Robert Merton dies schon in den 1950er Jahren nachgewiesen («The Matthew Effect in Science», *Science* 159, no. 3810 (1968), S. 59–63).

40 Liam Murphy/Thomas Nagel, *The Myth of Ownership: Taxes and Justice*, New York 2002.

41 Kapitel II, S. 29 ff.

42 *The Second Treatise on Government*, Kap. 5.

43 Vgl. z. B. Serena Olsaretti, *Liberty, Desert and the Market: A Philosophical Study*, Cambridge 2004.

44 Diese extreme Position vertritt z. B. David Gauthier, der behauptet, Märkte, die vollkommen der Lehrbuchvorstellung entsprächen, würden überhaupt keine Moral benötigen (*Morals By Agreement*, Oxford 1976, S. 84).

45 Der allerdings, im Vergleich zum Versicherungsmarkt, weniger stark staatlich reguliert ist, besonders wenn außerhalb der regulären Handelsplätze «over the counter» zwischen zwei Parteien gehandelt wird. Das Auswei-

chen von Finanztransaktionen in den unregulierten Bereich ist eine der großen Herausforderungen, vor denen eine stärkere Regulierung der Finanzmärkte steht.

46 Siehe Reiff, *Exploitation and Economic Justice in the Liberal Capitalist State*, S. 233 ff., für eine detaillierte Diskussion verschiedener Finanzinstrumente und deren Sinnhaftigkeit für nachhaltige Wertschöpfung.

47 Einen ähnlichen Gedanken – dass der heutige Staat eine Versicherungsfunktion für Risiken aller Art übernehme – hat kürzlich Ludger Schuknecht entwickelt, wie von Rainer Hank hier dargestellt: http://faz-community.faz.net/blogs/fazit/archive/2013/01/19/der-allversicherungsstaat.aspx. Auch dort wird das Problem ungleicher Macht beim Zugang zu politischen Prozessen betont. Meine Schlussfolgerungen sind allerdings andere als die dieser Autoren.

48 Smith, *Moral Sentiments*, VI.II.1.

49 Streeck, *Gekaufte Zeit*, Kap. II. Ich teile Streecks Einschätzung, dass das Problem *nur* oder *in erster Linie* durch den Finanzsektor verursacht wurde, allerdings nicht – das Allmende-Problem der öffentlichen Finanzen ist ein allgemeineres Strukturproblem.

50 Siehe z. B. John Tomasi, *Free Market Fairness*, Princeton/Oxford 2012, S. 253.

51 Vgl. auch Kapitel IV, S. 111 ff. zu Komplexität.

52 Vgl. z. B. Larry M. Bartels, *Unequal Democracy. The Political Economy of the New Gilded Age*, Princeton 2008.

53 Shiller, *Märkte für Menschen*, S. 265 ff.

54 Dies beschreibt auch der Begriff der «deliberativen Demokratie», der ursprünglich von Joseph Bessette geprägt wurde («Deliberative Democracy: The Majority Principle in Republican Government», in: *How Democratic is the Constitution?*, Washington, D.C., 1980, S. 102–116) und seitdem in der politischen Philosophie viel diskutiert wurde, bis hin zu praktischen Experimenten der deliberativen Entscheidungsfindung (siehe z. B. James Fishkin/Robert C. Luskin, «Experimenting with a Democratic Ideal: Deliberative Polling and Public Opinion», *Acta Politica* 40 (2005), S. 284–298).

55 Dieses Prinzip wurde besonders von der katholischen Soziallehre hochgehalten, besonders seit es in die Enzyklika «Rerum Novarum» (1891) und «Quadragesimo anno» (1931) einging.

IV. Liberalismus ohne Komplexität

1 Wikipedia führt eine eindrucksvolle Liste unter http://de.wikipedia.org/wiki/Wolfskind.

2 Die Quelle dafür ist die Chronik des Salimbene von Parma (1221–1288). Siehe http://de.wikipedia.org/wiki/Friedrich_II._(HRR).

3 Smith, *Moral Sentiments*, III.I.3 ff.

4 Ernst-Wolfgang Böckenförde, *Staat, Gesellschaft, Freiheit*, Frankfurt am Main 1976, S. 60. Im amerikanischen Kontext hat Daniel Bell eine vergleichbare These mit einem etwas anderen Schwerpunkt vertreten: Der Kapitalismus schaffe ein Streben nach persönlicher Bedürfniserfüllung, das seine ursprüngliche Arbeitsethik unterminiere (*The Cultural Contradictions Of Capitalism*, Anniversary Edition, New York 1996).

5 Siehe z. B. Fred Hirsch, *Social Limits to Growth*, London 1977 – dort lautet die Überschnitt eines Abschnitts «The Depleting Moral Legacy».

6 Michael Walzer, *Spheres of Justice. A Defense of Pluralism and Equality*, New York 1983, S. 109.

7 Ein Überblick findet sich bei Dan Pink, *Drive: The Surprising Truth About What Motivates Us*, Edinburgh 2010, Kap. 1 und 2.

8 Dies wurde von Richard Titmus in einer berühmten Studie theoretisch analysiert (*The Gift Relationship: From Human Blood to Social Policy*, ed. Ann Oakley and John Ashton, New York 1977). Eine schwedische Studie aus dem Jahr 2008 zeigte interessanterweise, dass für Frauen derartiges «Crowding Out» tatsächlich vorliegt, für Männer waren die Ergebnisse dagegen nicht signifikant. Siehe Carl Mellström/Magnus Johannesson, «Crowding Out in Blood Donation: Was Titmus Right?», *Journal of the European Economic Association* 6(4) (2008), S. 845–863.

9 Beispiele dafür finden sich in z. B. bei Bruno S. Frey, *Not Just for the Money. An Economic Theory of Personal Motivation*, Cheltenham 1997.

10 *Essays, Moral, Political, and Literary*, ed. Eugene F. Miller, Indianapolis 1985, Part I, Essay VI, «Of the independence of Parliament», par. 2. Diese Aussage reiht sich ein in das Bemühen um ein realistisches Menschenbild im Liberalismus, das ich im zweiten Kapitel diskutiert habe.

11 Vgl. z. B. Evensky, Jerry, ««Chicago Smith» versus ‹Kirkaldy Smith»», *History of Political Economy* 37 (2) (2005), S. 197–203. Vgl. auch Joseph Schumpeter, «The March into Socialism», *American Economic Review* 40 (1950), S. 446–456, hier 448.

12 Umfassend zur Rolle von sozialen Normen in Märkten z. B. Jens Beckert, *Grenzen des Marktes: Die sozialen Grundlagen wirtschaftlicher Effizienz*, Frankfurt am Main 1997.

13 *Dependent Rational Animals. Why Human Beings Need the Virtues*, London 1999, S. 117. Smiths Zitat lautet: «Nicht vom Wohlwollen des Metzgers, Brauers und Bäckers erwarten wir das, was wir zum Essen brauchen,

sondern davon, daß sie ihre eigenen Interessen wahrnehmen.» (*Wealth of Nations*, I.II.2).

14 Ein erschreckendes Beispiel davon, dass auch letzteres Verhalten vorkommt, lieferte vor zwei Jahren ein Fall in China: Ein zweijähriges Mädchen, Wang Yue, wurde von einem Auto angefahren und von zahlreichen Passanten ignoriert, bis ihm schließlich geholfen wurde. Der Fall sorgte weltweit für Aufsehen und löste eine Debatte darüber aus, ob die gesellschaftlichen Entwicklungen der letzten Jahre in China grundlegende moralische Normen erodiert hätten.

15 *Bowling Alone: The Collapse and Revival of American Community*, New York 2000.

16 Siehe besonders Putnam, *Bowling Alone*, Kap. 15.

17 Diese Gegenüberstellung findet sich vor allem bei Albert O. Hirschman, «Rival Interpretations of Market Society: Civilizing, Destructive, or Feeble?», *Journal of Economic Literature* 20(4) (1982), S. 1463–1484.

18 Hirschman, «Rival Interpretations», S. 1466ff.

19 Hirschman, «Rival Interpretations», S. 1468f.

20 Eine weitere Gegenposition, deren unterschiedliche Varianten Hirschman beschreibt, ist die These, dass der Kapitalismus es überhaupt nicht geschafft habe, die feudale Vergangenheit zu überwinden, und diese im Wesentlichen intakt geblieben sei. In England wurde diese These als die «Nairn-Anderson»-These bekannt.

21 Samuel Bowles, «Is Liberal Society a Parasite on Tradition?», *Philosophy and Public Affairs*, 39(1) (2011), S. 46–81, hier 71.

22 Kapitel II, S. 52f.

23 Bowles, «Liberal Society», S. 64: «the groups with greater exposure to markets on average both made more generous offers as proposers in the Ultimatum Game and as respondents were more willing to reject low offers and as a result receive nothing rather than accept a highly unequal division of the pie».

24 Bowles, «Liberal Society», S. 76f.

25 Zum Beispiel baue sich Druck auf wie an einem Damm, wenn eine Regierung versucht, den Abfluss an Edelmetall aus einem Land zu stoppen (vgl. z.B. *Wealth of Nations*, IV.V.19, II.II.30). Bei Daniel Defoe, um ein anderes Beispiel zu nennen, wird das Landgut eines Adeligen mit einem Teich verglichen, der Handel dagegen mit einer Quelle, die nie erschöpft (zitiert und diskutiert bei Thomas Rommel, *Das Selbstinteresse von Mandeville bis Smith. Ökonomisches Denken in ausgewählten Schriften des 18. Jahrhunderts*, Heidelberg 2006, S. 95f.).

26 Wie Smith schreibt: Die einzelnen Individuen sind nicht bloße Schach-
figuren, sondern jede Figur hat ein eigenes Bewegungsprinzip. Siehe *The
Theory of Moral Sentiments*, VI.II.2.17.

27 Oder besser gesagt: die Summe von deren Verhalten – auf den oder die
Einzelne kommt es nicht an, solange es ein statistisches Mittel gibt, das sich
vorhersagen lässt.

28 Tatsächlich hat 1949 der Ökonom William Phillips ein Modell einer Volkswirtschaft als hydraulisches System entwickelt: den Monetary National
Income Analogue Computer, kurz MONIAC. Siehe http://en.wikipedia.
org/wiki/MONIAC_Computer.

29 Vgl. besonders Hayek, «The Use of Knowledge in Society».

30 Vgl. z. B. *Capitalism, Socialism and Democracy*, New York 1942.

31 Alfred E. Kahn, «The Tyranny of Small Decisions: Market Failures, Im-
perfections, and the Limits of Economics», *Kyklos* 19 (1966), S. 23–47.

32 Thomas Sedlacek veranschaulicht dies am Beispiel des Propheten Jonah:
Er sagte den Untergang der Stadt Ninive voraus, doch als die Bewohner
der Stadt dies hörten, taten sie Buße, und Gott verschonte sie – zum Ärger
von Jonah, dessen Prognose sich damit erübrigte (*Die Ökonomie von Gut
und Böse*, übers. von Ingrid Proß-Gill, München 2012, S. 380 f.). Die dahinterstehende, größere theoretische Frage ist, wie man den Menschen
als «sich selbst interpretierendes Tier» versteht. Vgl. dazu insbesondere Charles Taylor, «Self-interpreting animals,» in: *Philosophical Papers:
Volume 1, Human Agency and Language*, Cambridge 1985, S. 45–76.

33 Vgl. den gleichlautenden Buchtitel von Horst Siebert: *Der Kobra-Effekt:
Wie man Irrwege der Wirtschaftspolitik vermeidet*, München 2002.

34 Ein berühmtes Beispiel in diesem Zusammenhang ist der Fall einer israeli-
schen Kindertagesstätte, wo die Einführung von Geldstrafen für zu spät
kommende Eltern die Zahl der Zuspätkommer stark erhöhte – schließlich
bezahlte man jetzt für etwas, das vorher durch eine moralische Norm (die
Kindergärtner nicht länger als unbedingt nötig warten zu lassen) geregelt
war. Siehe U. Gneezy/A. Rustichini, «A Fine Is a Price», *Journal of Legal
Studies* 29(1) (2000), S. 1–17.

35 Der Begriff des «Habitus» wurde geprägt von Pierre Bourdieu. Siehe insbesondere *Die feinen Unterschiede. Kritik der gesellschaftlichen Urteilskraft*, Frankfurt am Main 1982.

36 Vgl. insbesondere Niklas Luhmanns Systemtheorie (insbesondere *Die Gesellschaft der Gesellschaft*, Frankfurt am Main 1997). Luhmann treibt die
These von der funktionalen Differenzierung der Gesellschaft in der Moderne auf die Spitze, sodass am Ende die Frage bleibt, ob überhaupt noch
von einer einheitlichen «Gesellschaft» gesprochen werden kann. Diese

Theorie bleibt aber unbefriedigend, wenn es um die Frage geht, woher normative Orientierungshilfen (geschweige denn Vorschläge zur praktischen Umsetzung) kommen sollen. Außerdem besteht die Gefahr, gewollt oder ungewollt eine Apologie für derzeit bestehende Systeme zu liefern, auch wenn gar nicht klar ist, ob deren Fortbestehen wünschenswert ist.

37 Die folgenden Ausführungen sind inspiriert von Alasdair MacIntyre, *After Virtue* (2nd edition, Notre Dame 1984), weichen aber auch in wichtigen Hinsichten von ihm ab. Insbesondere teile ich MacIntyres Pessimismus bezüglich der moralischen Ressourcen der Gegenwart nicht.

38 MacIntyre ist pessimistisch, ob es möglich ist, Praktiken innerhalb von Anreizsystemen aufrechtzuerhalten: Für ihn verzerren *alle* Systeme, schon alleine durch das Setzen äußerlicher Anreize (anstelle des reinen Strebens nach Exzellenz beim Ausführen der Tätigkeit) die Praktiken (siehe *After Virtue*, Kap. 14). Damit aber scheint er die Stärke der Ressourcen, die er selbst dagegen vorschlägt (ein Ethos und die entsprechende Charakterbildung), selbst zu unterschätzen. Es gibt zahlreiche Beispiele von Institutionen, in denen *trotz* absurder Anreize ein echtes Bemühen um den eigentlichen Sinn der Tätigkeit vorliegt.

39 Vgl. dazu auch Joris Luyendijk, «Where Are the Financial Whistleblowers?», *The Guardian*, 27.12.2011 (http://www.guardian.co.uk/commentisfree/2011/dec/27/financial-whistleblowers-silence). Luyendijk argumentiert, dass die hohen Gehälter der Finanzbranche dazu beigetragen haben könnten, dass niemand bereit war, mit Informationen an die Öffentlichkeit zu gehen, weil die Opportunitätskosten in Form der entgangenen Gehälter zu hoch gewesen wären.

40 Zitiert z.B. in http://dealbook.blogs.nytimes.com/2007/07/10/citi-chief-on-buyout-loans-were-still-dancing/.

41 Zur Bedeutung von Software (und der ihr innewohnenden ökonomischen Theorien) für die Finanzwelt vgl. z.B. Donald A. MacKenzie, Material Markets: How Economic Agents Are Constructed, Oxford 2009.

42 Vgl. dazu insbesondere Katharina Pistor, «A Legal Theory of Finance», *Journal of Comparative Economics* 41 (2013), 315–330.

43 Dies wird insbesondere klar, wenn man die verschiedenen Berichte des «Banking Blogs» des *Guardian* liest, für den Joris Luyendijk zahlreiche Interviews mit Leuten aus der Londoner «City» geführt hat. Siehe http://www.guardian.co.uk/commentisfree/joris-luyendijk-banking-blog.

44 Genauer: Andrew Haldane, Direktor für Finanzmarktstabilität der Bank of England, und Daniel Tarullo von der amerikanischen Federal Reserve. Siehe Malte Buhse, «Rezepte gegen den Größenwahn», *Handelsblatt*, 25.3.2013, S.11.

45 Wie Buhse («Rezepte») betont, merken Kritiker des Vorschlags an, dass Banken sich dann stärker in die eigenen Länder zurückziehen müssten und somit weniger internationale Risikostreuung betreiben könnten. Allerdings ist die Frage, wie groß die Verluste dadurch wirklich wären – lokale Banken dürften immerhin den Vorteil haben, sich besser mit ihren Investitionen auszukennen und sie besser beurteilen zu können, und für die Risikostreuung sind auch Versicherungslösungen denkbar.

46 Vgl. auch Steven Lukes, *Power: A Radical View*, 2nd edition, Basingstoke 2005, S. 30 ff. Wie er betont, sind Machtdefinitionen selbst eine politische Angelegenheit. Lukes' Überlegungen sind nicht die neuesten, meines Erachtens stellen sie für die vorliegende Fragestellung aber immer noch eine der klarsten und umfassendsten Konzeptionen dar.

47 So z. B. bei Robert A. Dahl, «The Concept of Power», *Behavioral Science* 2(3) (1957), S. 201–215, der Macht so beschreibt: «A has power over B to the extent that he can get B to do something that he would not otherwise do» (S. 202 f.).

48 *Power: A Radical View*.

49 Lukes, *Power*, S. 16–19, mit Verweis z. B. auf Robert A. Dahl.

50 Lukes, *Power*, S. 19 ff., mit Verweis vor allem auf die Kritik von Bachrach und Baratz an Dahl.

51 *States and Markets*, 2nd edition, London 1994, S. 24 f. Strange unterscheidet strukturelle Macht über Sicherheitsfragen, Produktion, Kreditvergabe und Wissensverteilung (S. 26 f.). Auch hierfür lassen sich teilweise Analogien auf anderen Ebenen als der Weltwirtschaft finden.

52 Derartige Prozesse hat besonders Michel Foucault untersucht: Disziplinierungsmechanismen in Institutionen wie Krankenhäusern, Fabriken oder Gefängnissen (vgl. insbesondere *Surveiller et punir*, Paris 1975). Foucaults Analysen sind enorm erhellend, allerdings stellt sich das Problem, dass für ihn Macht überall ist und wirkt, sodass es schwierig wird, zwischen legitimen und weniger legitimen Formen von Machtausübung zu unterscheiden. Lukes setzt sich in *Power. A Radical View*, Kap. 2, mit Foucault auseinander und zeigt, dass man von dessen Einsichten profitieren kann, auch wenn man seine radikale Position nicht teilt.

53 Vgl. auch Lukes, *Power*, S. 13 und besonders Kap. 3.

54 Vgl. Miranda Fricker, *Epistemic Injustice: Power and the Ethics of Knowing*, Oxford 2007. Fricker beschreibt die Ungerechtigkeit, die darin liegt, als Träger von Wissen nicht ernst genommen zu werden, oder darin, nicht ausdrücken zu können, was die eigenen Erfahrungen sind, sodass es nicht möglich ist, die Stimme dagegen zu erheben.

55 Dies entspricht dem marxistischen Thema der Ideologiekritik: Manche
Theorien dienen, mehr oder weniger verdeckt, den Interessen bestimmter
Gruppen. Auch Smith thematisiert dieses Problem schon: Er kritisiert die
merkantilistischen Theorien dafür, dass sie ein Schutzschild für die Sonder-
interessen bestimmter Gruppen (der mächtigen «Händler und Produzen-
ten») darstellen, das diesen hilft, sie gegen das Interesse der Gesellschaft als
Ganzer, und insbesondere der unteren Klassen, durchzusetzen (*Wealth of
Nations*, Buch IV).

56 Vgl. z. B. Walter Eucken, *Grundsätze der Wirtschaftspolitik*, Bern 1952.

57 *Wealth of Nations*, I.X.82.

58 *Markt und Macht: Was Sie schon immer über die Wirtschaft wissen wollten,
aber bisher nicht erfahren sollten,* Stuttgart 2010.

59 Katharina Pistor, «A Legal Theory of Finance».

60 Samuel Bowles, «What Markets Can and Cannot Do», *Challenge* July/
August 1991, S. 11–16. In die gleiche Richtung geht die «efficiency wage
theory» – siehe z. B. Georg A. Akerlof, «Labor Contracts as Partial Gift
Exchange,» *Quarterly Journal of Economics* 97 (1982), S. 543–569.

61 Ein bedingungsloses Grundeinkommen könnte an dieser Stelle eine Lösung bieten. Vgl. dazu auch oben, Fußnote 20 zu Kapitel III.

62 Norbert Häring zitiert eine Studie von James Westphal und Poona Khanna,
die beschreibt, wie Netzwerkmechanismen und Konformitätsdruck in
Kreisen des Topmanagements wirken: Demnach wurden Vorstandsmit-
glieder, die Meinungen vertraten, die von anderen Vorstandsmitgliedern als
bedrohlich für die Macht des Managements empfunden wurden, anschließend von anderen Vorstandsmitgliedern massiv sozial ausgegrenzt. Und
bei Vorstandsmitgliedern, die derartige Erfahrungen hinter sich haben, ist
es wenig wahrscheinlich, dass sie weiterhin «gefährliche» (im englischen
Original heißt es so schön: «elite-threatening») Veränderungsvorschläge
machen; die Disziplinierung scheint also zu wirken (James D. Westphal/
Poonam Khanna, «Keeping Directors in Line: Social Distancing as a Cont-
rol Mechanism in the Corporate Elite», *Administrative Science Quarterly*
48 (2003), S. 361–398). Das klingt nach der Welt der 1950er Jahre, in der di-
cke Herren mit Zigarren an Mahagonischreibtischen saßen und mit schwe-
ren schwarzen Telefonen geheime Telefonate führten, um über das Wohl
und Wehe der Wirtschaft zu entscheiden. Aber die Studie wurde im Jahr
2003 veröffentlicht; die Autoren haben ihren Fragebogen im Jahr 1999 an
Direktoren und Vorstandsvorsitzende von Firmen aus der Forbes-500-
Liste verschickt. Dass es «untypische» Bewerber in diesen Sphären immer
noch schwer haben, erstaunt von daher wenig.

63 Vgl. auch Okun, *Equality and Efficiency,* S. 77.

64 Einen guten Überblick mit weiteren Literaturverweisen gibt J. Kang, «Implicit Bias: A Primer for Courts», *National Campaign to Ensure the Racial and Ethnic Fairness of America's Courts* (2009), verfügbar unter http://jerrykang.net/research/2009-implicit-bias-primer-for-courts/.

65 Quoten für «Minderheiten» (inklusive Frauen) sind auf den ersten Blick alles andere als liberal, sie arbeiten sozusagen mit dem Holzhammer, und die Einschnitte in die Freiheit anderer, die durch sie ausgelöst werden, sollten nicht auf die leichte Schulter genommen werden. Ob sie aus liberaler Sicht befürwortet werden können oder nicht, hängt von den konkreten Umständen ab. Die eine Freiheitseinschränkung – das Verbot für die entsprechenden Organisationen, ihre Gremien nach eigenem Gutdünken zu besetzen – ist sichtbarer und greifbarer als die andere – die Schwierigkeit oder Unmöglichkeit der betroffenen Gruppen, bestimmte Positionen zu erreichen. Aber das heißt nicht, dass sie insgesamt schwerer wiegt. In vielen Fällen dürften andere Maßnahmen, die weniger stark in die Freiheit anderer eingreifen, sinnvoller sein: Maßnahmen, die konkrete Hindernisse für die Betroffenen beseitigen. Dabei müssen alle drei Dimensionen von Macht, die Lukes beschreibt, in den Blick genommen werden – insbesondere auch die subtilen Mechanismen, die dazu führen, dass manche Gruppen bestimmte Wünsche von vornherein nicht äußern. Ob dies aber ausreicht, oder ob nicht doch härtere Schritte nötig sind, muss sich im konkreten Fall zeigen – bisher jedenfalls haben die «weichen» Maßnahmen nicht die Chancengleichheit gebracht, die einer freiheitlichen Gesellschaft würdig wäre.

66 Vgl. besonders das schon erwähnte Werk von Gauthier, *Morals by Agreement* (siehe Fußnote 44 zu Kapitel III). Die Position ist allerdings viel weiter verbreitet und wird implizit auch in so manchen philosophischen Ansätzen angenommen, die den Markt als ein «System» betrachten, das nach einer eigenen Logik funktioniere und nicht nach moralischen Maßstäben bewertet werden könne.

67 Milton Friedman, «The Social Responsibility of Business is to Increase its Profits», *The New York Times Magazine*, 13.9.1970.

68 Vgl. Einleitung, S. 6.

69 Ein faszinierendes Beispiel dafür, wie langanhaltend derartige Effekte sein können, liefert eine Studie, die untersucht hat, wie sich die Frage, ob eine Stadt in Mitteleuropa früher zum Habsburger Reich gehört hat oder nicht, auf das Vertrauen gegenüber den lokalen Behörden und das Maß an Korruption in Gerichtshöfen und Polizei auswirkt. Die Autoren finden einen «Habsburg Effekt», der bis heute anhält (Sascha O. Becker/Katrin Boeckh/Christa Hainz/Ludger Woessmann, «The Empire Is Dead, Long Live The

Empire! Long-Run Persistence of Trust and Corruption in the Bureaucracy», IZA Discussion Paper No. 5584, March 2011).

70 Otto Neurath (1882–1945). Popularisiert wurde die Metapher von W.V.Q. Quine in *Word and Object*, Cambridge, MA, 1964, S. 3 f.

71 Eine gewisse Ausnahme bilden Revolutionen und Neugründungen von Staaten. Doch auch in diesen Fällen leben Gewohnheiten, Traditionen und alte Machtverhältnisse oft weiter – wie die Anhänger des Gedankens vom «Demokratieexport» schmerzhaft erfahren mussten.

72 Möglicherweise verbunden mit weitgehender Überwachung durch Sicherheitsapparate – ein aus liberaler Sicht höchst problematisches Szenario.

V. Liberalismus ohne Endlichkeit

1 John Kenneth Galbraith, *Gesellschaft im Überfluss*, München 1959.

2 Saskia Sassen, «A Savage Sorting of Winners and Losers: Contemporary Versions of Primitive Accumulation», *Globalizations* 7(1–2) (2010), S. 23–50.

3 Smith, *Moral Sentiments*, VI.III. Smith lobt dennoch diejenigen, die bereit sind, ihr eigenes Wohl für das der Gesellschaft zu opfern, er geht aber davon aus, dass nur wenige Leute dazu in der Lage sind – deswegen sucht er nach Wegen, eine Gesellschaft zu gestalten, in der die meisten Menschen andere Motive haben.

4 Vgl. dazu z.B. Derek Parfitt, *Reasons and Persons*, Oxford 1986, S. 85 ff.

5 Ernst Bloch, *Das Prinzip Hoffnung*, Berlin 1954–59.

6 Hans Jonas, *Das Prinzip Verantwortung: Versuch einer Ethik für die technologische Zivilisation*, Frankfurt am Main 1979.

7 Jonas, *Prinzip Verantwortung*, S. 247.

8 Jonas, *Prinzip Verantwortung*, besonders S. 245.

9 Jonas, *Prinzip Verantwortung*, S. 249.

10 D. H. Meadows/D. L. Meadows/J. Randers/W. W. Behrens III, *The Limits to Growth*, New York 1972.

11 Vgl. zum Beispiel die Studie des Wissenschaftlichen Beirats der Bundesregierung zu Globalen Umweltveränderungen (*Welt im Wandel. Gesellschaftsvertrag für eine Große Transformation*, Berlin 2011) sowie die dort zitierte Literatur.

12 Dies zeigt sich unter anderem daran, dass zahlreiche deutsche Binnengewässer inzwischen wieder eine hervorragende Wasserqualität und muntere Fischpopulationen haben. Vgl. exemplarisch den Bodensee: http://de.wikipedia.org/wiki/Bodensee#Wasserqualit.C3.A4t.

13 Warum diese Position nicht haltbar ist, wird ausführlich dargelegt von Avram Hiller, «Climate Change and Individual Responsibility», *The Monist* 94(3) (2011), S. 349–368.

14 Ein Problem stellt allerdings der sogenannte Rebound-Effekt dar: Effizienzsteigerungen können zu erhöhtem Verbrauch führen, der die Energieeinsparungen ganz oder teilweise hinfällig macht. Insofern ist das Hoffen auf rein technische Lösungen ohne Verhaltensänderungen problematisch. Letztlich stellt sich auch die Frage nach der Dynamik des weltweiten Bevölkerungswachstums: Steigender Wohlstand führt tendenziell zu abnehmenden Geburtenzahlen. Aber ob diese Dynamik rechtzeitig einsetzt, bevor der Klimawandel jenseits eines bewältigbaren Punktes liegt, darf bezweifelt werden.

15 Interessant sind hierzu zwei Aufsätze, in denen der amerikanische Philosoph Richard Arneson sich mit der Frage beschäftigt, ob Staaten sich mit der Qualität der in einer Gesellschaft angebotenen Arbeitsplätze befassen sollten. Nach einer klassisch liberalen Position in den 1980er Jahren – der Staat habe neutral zu sein – räumte er im Jahr 2009 ein, dass bei der Frage nach dem Arbeitsplatz die Analogie zur Staatsneutralität bezüglich religiöser Vielfalt problematisch ist, weil *jede* staatliche Politik bestimmte Formen der Arbeit gegenüber anderen bevorzugt («Meaningful Work and Market Socialism», *Ethics* 97(3) (1987), S. 517–545, und «Meaningful Work and Market Socialism Revisited», *Analyse & Kritik* 31(1) (2009), S. 139–151).

16 John Stuart Mill, *A System of Logic*, London 1949 [1843], book VI, chap. 9, sect. 3.

17 John Stuart Mill, *On Liberty,* besonders Kap. III, «On individuality, as one of the elements of wellbeing».

18 Dan Pink, *Drive.*

19 Im Englischen heißt es: «they search for daily meaning as well as daily bread», Stud Terkel, *Working: People Talk About What They Do All Day and How They Feel About What They Do*, New York 1972, S. XI.

20 Allerdings ist auch der umgekehrte Effekt möglich: dass *weniger* Konsum mehr soziales Ansehen bringt. In diesem Fall wäre der Umwelt gedient.

21 Smith, *Moral Sentiments*, I.III.II.1, eigene Übersetzung.

22 Smith, *Moral Sentiments*, IV.I.10.

23 Smith, *Theory of Moral Sentiments*, IV.I.9.

24 Vgl. z. B. Frank, R. H., «Positional Externalities Cause Large and Preventable Welfare Losses», *American Economic Review* 95(2) (2005), S. 137–141.

25 Vgl. dazu die großartige Studie von Hartmut Rosa, *Beschleunigung. Die Veränderung der Zeitstrukturen in der Moderne* (Frankfurt am Main 2005). Allerdings ist Rosas Sicht insgesamt sehr pessimistisch, er sieht nur wenige

Gegenbewegungen zu der ständigen Beschleunigung und auch wenig Möglichkeiten, sich ihr individuell oder kollektiv zu entziehen.

26 Rutger Claassen, «The status struggle: A recognition-based interpretation
of the positional economy», *Philosophy and Social Criticism* 34(9) (2008),
S. 1021–1049.

27 Auch Sigmund Freuds These, dass alle Kultur nur auf der Sublimation nie-
derer Triebe beruhe, ist dann nicht mehr weit entfernt ...

28 Jean-Jacques Rousseau, *Discours sur les sciences et les arts* (1750), Paris 1992.

29 Jean-Jacques Rousseau, *Discours sur l'origine et les fondements de l'inéga-
lité parmi les hommes* (1754), Paris 2010, S. 54.

30 «Market Economies and Market Societies», *Journal of Social Philosophy*
36(2) (2005), S. 129–142.

31 Heinrich Böll hat in seiner herrlichen Kurzgeschichte «Es wird etwas geschehen. Eine handlungsstarke Geschichte» (z.B. in *Doktor Murkes ge-
sammeltes Schweigen und andere Satiren*, Köln 2000) diese Mentalität
wunderbar aufs Korn genommen: «Es wimmelte [...] von Leuten, die ver-
rückt darauf waren, ihren Lebenslauf zu erzählen, wie eben handlungsstarke Persönlichkeiten es gern tun. [...] man braucht nur auf einen Knopf
zu drücken, und schon erbrechen sie ihn in Ehren.» Der arbeitsuchende
Protagonist gerät in die Fabrik des Herrn Wunsiedel und merkt schnell,
welche Antworten von ihm erwartet werden, um einen Job zu ergattern:
«Selbst vier Arme, Beine, Ohren würden meinem Tatendrang nicht ge-
nügen», schreibt er in einen Fragebogen und operiert daraufhin an neun
Telefonen, in die er «Handeln Sie sofort!» oder «Es muss etwas geschehen»
ruft – bis ihm eines Tages der Fabrikbesitzer tot vor die Füße fällt. Das
Ende der Geschichte soll hier nicht verraten werden.

32 Vgl. auch die Rede vom «erschöpften Selbst» bei dem französischen Sozio-
logen Alain Ehrenberg (*Das erschöpfte Selbst. Depression und Gesellschaft
in der Gegenwart (La Fatigue d'être soi)*, Frankfurt am Main 2004). Ehrenberg deutet die starke Zunahme von Depression und Sucht in den westlichen Gesellschaften als dadurch bedingt, dass viele Menschen von der
Aufgabe überfordert seien, ein selbstbestimmtes Leben zu führen, und die
vielbeschworene «Autonomie» zu viel von ihnen verlange.

33 Vgl. dazu insbesondere John Roemer, «Ideology, Social Ethos, and the
Financial Crisis», *Journal of Ethics* 16 (2012), 273–303.

34 Vgl. Malte Buhse, «Gefangen in der Niedriglohn-Spirale», *Handelsblatt*
3.10.2012, verfügbar unter http://www.handelsblatt.com/politik/oeko-
nomie/nachrichten/arbeitsmarkt-oekonomie-gefangen-in-der-niedrig-
lohn-spirale-seite-all/7201752-all.html.

35 Rosa, *Beschleunigung*, S. 472 f.

36 Vgl. besonders Charles Tayor, *Quellen des Selbst. Die Entstehung der neu-zeitlichen Identität*, Frankfurt am Main 1996.

37 Rosa, *Beschleunigung*, S. 481.

38 Für einen Überblick über die Debatte vgl. z. B. Michael Blake, «International Justice», *The Stanford Encyclopedia of Philosophy (Winter 2008 Edition)*, ed. Edward N. Zalta, http://plato.stanford.edu/archives/win2008/entries/international-justice/.

39 Vgl. insbesondere *The End of Poverty: Economic Possibilities for Our Time*, New York 2005.

40 *Dead Aid: Why Aid is Not Working and How There is a Better Way For Africa*, New York 2009.

41 Vgl. z. B. David Roodman, *Due Diligence. An Impertinent Inquiry into Microfinance*, Washington, D.C., 2012. Einseitiger ist Milford Bateman, *Why Doesn't Microfinance Work? The Destructive Rise of Local Neoliberalism*, London 2010.

42 Vgl. z. B. Paul Collier, *The Bottom Billion. Why the Poorest Countries are Failing and What Can Be Done About It*, Oxford 2008.

43 Dieses Muster haben, wie schon erwähnt (vgl. Fußnote 24 zu Kap. III), Daron Acemoglu und James Robinson in Bezug auf die Wirtschaftsgeschichte mit zahlreichen Beispielen unterstrichen: «Extraktive» im Gegensatz zu «inklusiven» Institutionen hindern Gesellschaften daran, sich zu entwickeln (*Why Nations Fail*).

44 «Are We Violating the Human Rights of the World's Poor?», *Yale Human Rights and Development Law Journal* 14(2) (2011), S. 1–33.

45 «The Health Impact Fund and Its Justification by Appeal to Human Rights», *Journal of Social Philosophy* 40(4) (2009), S. 542–569.

VI. Schluss

1 Die leidige Frage, ob Firmen Gewinne «maximieren» dürfen oder gar sollten, lässt sich in diesem Kontext ebenfalls beantworten: Sie sollen es, indem sie echten Wert schaffen (d. h. echte, nicht künstlich erzeugte Bedürfnisse befriedigen, und dies nicht auf Kosten Dritter oder durch die Ausnutzung bloßer Marktmacht), und nicht, indem sie innerhalb des Rahmens positiver Gesetze alles tun, das irgendwie möglich ist. Selbst wenn einzelne Geschäftsmodelle dann nicht mehr tragfähig wären: Es ist kein Selbstzweck, dass es bestimmte Firmen gibt! Übrigens hat der Soziologe Jens Beckert darauf hingewiesen, dass die «Maximierung» von Gewinnen rein kognitiv gar nicht möglich ist, weil nicht genügend Informationen vorliegen, um eine «Maximierung» im mathematischen Sinne anzustreben

(*Grenzen des Marktes. Die sozialen Grundlagen wirtschaftlicher Effizienz*, Frankfurt am Main/New York 1997). Konkret geht es für Firmen darum, um welchen Preis und wodurch sie Gewinne erzielen. Die Rhetorik von der «Maximierung» der Gewinne dürfte dabei erheblichen Schaden angerichtet haben.

Eine sehr interessante Sammlung von Reformvorschlägen in Bezug auf die ökologische Dimension, von Energie über Landwirtschaft bis hin zu Stadtentwicklung, die sich vor allem auf die Verstärkung der Nachhaltigkeit beziehen, liefert der WBGU in dem oben erwähnten Gutachten (Fußnote 11 zu Kap. V). Auch in diesem Gutachten wird betont, wie nötig es ist, mit Änderungen auf den verschiedensten Ebenen anzusetzen.

2 Dieser Begriff wurde in letzter Zeit vor allem im Bereich der Social Entrepreneurship verwendet (siehe http://en.wikipedia.org/wiki/Patient_capital).

3 Vgl. z. B. Sylvia Hewlett, «The ‹Me› Generation Gives Way to the ‹We› Generation», *Financial Times* 19. 6. 2009.

4 Eine interessante Studie, die Pink in diesem Zusammenhang zitiert, ist Christopher P. Niemiec/Richard M. Ryan/ Edwad L. Deci, «The Path Taken: Consequences of Attaining Intrinsic and Extrinsic Aspirations», *Journal of Research in Personality* 43 (2009), S. 291–306. Studenten, die sich monetäre oder andere Ziele gesetzt hatten, wurden in den Jahren nach dem Berufseinstieg nach ihrer Lebenszufriedenheit gefragt. Diejenigen, die extrinsische Ziele hatten, waren nicht glücklicher, *auch* wenn sie ihre Ziele erreichten, unter anderem weil Druck und Angst zunahmen.

5 Michael E. Porter/Mark R. Kramer, «Creating Shared Value», *Harvard Business Review* (Januar/Februar 2011).